国学经典译注丛书

列子

译注

严北溟 严 捷 撰

上海古籍出版社

图书在版编目（ＣＩＰ）数据

列子译注/严北溟,严捷撰. —上海：上海古籍出版社,
2012.8（2019.5 重印）
（国学经典译注丛书）
ISBN 978 – 7 – 5325 –6390 – 6

Ⅰ. ①列… Ⅱ. ①严…②严… Ⅲ. ①道家 ②列子－译
文③列子－注释 Ⅳ. ①B223.2

中国版本图书馆 CIP 数据核字（2012）第 047112 号

国学经典译注丛书
列子译注
严北溟　严捷　撰

上海世纪出版股份有限公司
上 海 古 籍 出 版 社　出版
（上海瑞金二路 272 号　邮政编码 200020）
（1）网址：www.guji.com.cn
（2）E – mail：gujil @ guji.com.cn
（3）易文网网址：www.ewen.co
上海世纪出版股份有限公司发行中心发行经销
常熟新骅印刷有限公司印刷
开本 700×1000 1/16　印张 12.5　插页 2　字数 174,000
2012 年 8 月第 1 版　2019 年 5 月第 4 次印刷
印数：6,401—8,500
ISBN 978 – 7 – 5325 – 6390 – 6
K·1552　定价：27.00 元
如有质量问题,请与承印公司联系

前　言

（一）

　　唐天宝元年（公元742年），笃信道教的唐玄宗下旨置"玄学博士"，并以四部道家著作为经典，士人习之可以应试科举。其中一部被奉为《冲虚至德真经》的，就是摆在我们面前的这本相传为战国列御寇所撰的《列子》。

　　但是时隔不久，便有人对这部经典的真伪发生了怀疑。柳宗元率先，高似孙继起，于是考辨《列子》真伪者不绝于史，至今可说是真相大白了：原来《汉书·艺文志》所著录的《列子》八篇早已亡佚，今本《列子》八篇从内容看掺杂着大量魏晋思想；从语言使用看，出现许多先秦所不能有的词汇，其出于魏晋间人的伪托是无疑的。

　　由于《列子》被判为伪书，列御寇其人的存在也成了怀疑的对象。根据《庄子·天下篇》、《荀子·非十二子》论道术流变及于诸家，独不提列御寇；而司马迁撰《史记》也无一字涉及列子，宋高似孙便认为："岂御寇者，其亦所谓鸿蒙、列缺者欤？"（《子略》）将之归入神怪杜撰一类。

　　但现存的史料片断，却从不同角度肯定了列子的存在。《汉书·艺文志》班固注"圄寇，先庄子，庄子称之"，而《庄子》一部书确有十多处提到列子，似不无所据。《庄子·让王篇》谓："子列子穷，容貌有饥色，客有言之于郑子阳者。"子阳之事可见《吕览·适威》，又见《淮南子·氾论》，这证明列子与子阳同时，据《史记·郑世家》说，"郑缪公二十五年，郑君杀其相子阳"，则其时为公元前389年。另据《战国策·韩策》："史疾为韩使楚，楚王问曰：'客何方所循？'曰：'治列子圄寇之言。'曰：'何贵？'曰：'贵正。'"郑于前375年为韩所灭，韩徙于郑，史疾据以习闻御寇之言，似属可信。

　　可是此处说列子"贵正"，而《尸子·广泽篇》及《吕氏春秋·不二篇》却说"子列子贵虚"。正即正名，虚则无名，岂不自相矛盾？故清人汪继培《列子序》云："其文或浅近卑弱，于《韩策》所称贵正，《尸子》、《吕氏春秋》所称贵虚之旨，持之不坚，故先儒多疑其伪。"其实列子倒从来没有"持之不坚"的地方，从《庄子》所描述的列子行事看，他一生正是"离形去智，泊然虚无，飘然与大化游"，故"贵虚"方为正宗。史疾游说者流，其言殊不可信。

要之，列子是战国时身居郑国圃田的一位隐者。他有自己的老师、同学以及弟子，崇尚清虚无为，顺性体道。所学的那一套本事如"心凝形释，内外尽矣"以及壶丘子向神巫季咸所显示的"杜德机"、"衡气机"、"太冲莫朕"等相，很有点像后人的辟谷、导引、入定等气功术，而他思想特点的形成又同这很有关系。庄子"心斋"、"坐忘"等修身方法受其影响也未可知。也像庄子一样，列子虽然穷得"容貌有饥色"，却不肯出仕而"为有国者所羁"。他当然不会想到，千年之后竟会被捧上"冲虚真人"的宝座，也不会想到居然有人会代为立言，而且伪造得如此言之凿凿，乃至酿成千古公案。那么，谁是伪造《列子》的作者呢？

历代考辨家大多把怀疑的眼光盯住《列子》注者张湛。据《世说新语·任诞篇》注引《晋东宫·官名》，张湛字处度，高平人，仕至中书侍郎、光禄勋。他作《列子注》，序中自称，其祖父曾于永嘉之乱渡江，根据从王宏、王弼家所得而仅存三篇的《列子》，加上从刘正舆和王弼女婿赵季子家得到的残编九卷，然后"参校有无，始得其备"。因张湛叙述得书源流，辗转不离王氏，而且西晋玄风正盛，却不见诸家引称《列子》者，后人就认为张湛此说实在是欲盖弥彰，逃不脱作伪的嫌疑。但是，如果肯定是张湛伪造《列子》，就无法解释以下两点：

一、张湛于正文常有不解之处，如《仲尼篇》"孤犊未尝有母"句下注道"未详此义"；甚或有注释错误之处，如"不生者疑独"之"疑"应训为"定"，张注却训为"疑惑"；时亦有纠正原文之处，如《力命篇》说子产杀邓析，张注便据《左传》给予纠正。既然自撰自注，怎会有不通不解之处？

二、张湛注谓《列子》之旨"往往与佛经相参"，"群有以至虚为宗，万品以终灭为验"。其实《列子》虽然受了些佛教"幻化生灭"等说影响，但仍肯定"道"亦即世界物质本体及规律的客观存在，而当时流行中土的大乘般若学则以万物空无自性而否认世界的真实本质，两说大相径庭，怎能"相参"？更从张注表现的思想看，主要是调和当时"贵无"和"崇有"两种相反的学说，这同《列子》主旨亦不尽相同。另外张注还有批评正文处，如《杨朱篇》讥讽伯夷和展禽，张湛便说"此诬贤负实之言"。既然自撰自注，怎会与正文有如此的思想差距？

因之，我们不能同意张湛作伪说，尽管《列子》有今日之貌，全赖他的保存整理，但这与伪造毕竟是两码事。另有近人马叙伦以张湛之祖得书于王氏，怀疑是王弼之徒所伪造，也只能算是臆测。我们倒倾向于他在《列子伪书考》中说的："盖《列子》书出晚而亡早，故不甚称于作者。魏晋以来，好事之徒，聚敛《管子》、《晏子》、《论语》、《山海经》、《墨子》、《庄子》、《尸佼》、《韩非》、《吕氏春秋》、《韩诗外传》、《淮南》、《说苑》、《新序》、《新语》之言，附益晚说，成此八篇，假为向《序》以见重。"但此说尚须纠正的是，从《列子》文气简劲宏妙、内容首尾呼应自成一体的特点看，似乎不可能在这样一个长时期内经过多人多次的增窜而成，而只能出于一家之手笔。倘此说成立，便可将成书时间缩到一个小的范围。根据《周穆王篇》本自《穆天子传》，而后者系西晋太康二年与《竹书纪年》等册简同出于魏襄王或魏安釐王冢，可定其成书最早不会超过公元281年，至迟不晚于永嘉南渡（公元315年）前后。至于伪作者谁，在没有可靠资料证明之前，最好不要捕风捉影。

以往学者辨明某书为伪，无不像对待文物赝品一样，以弃之为快，如梁启超的《古书真伪及其年代》便举《列子》为例狠狠说道："有一种书完全是假的，其毛病更大，学术源流都给弄乱了。"其实，这种态度未必真科学。就《列子》而言：

第一，如果杂纂诸家之言，最多只能弄出一个大拼盘，怎会造出《列子》这样有整个思想体系的重要著作？妥当的解释是，其一，伪作者自有其一贯之道，他据此来剪裁诸家之说；其二，伪作者当有所本，亦即不能排斥这种可能性，今本《列子》中有部分章节正是先秦《列子》的佚卷，在伪造时作为线索被补缀进去，因此它并非全盘伪造，而是伪中杂真。这一点，宋人黄震、明人宋濂至清人姚际恒、姚鼐都有觉察，是比较客观的。试以《天瑞篇》为例。其首章"有生不生，有化不化……不生者疑独，不化者往复"一段，不见于先秦两汉群籍。"疑独"之"疑"，张注为："疑其冥一而无始终"，亦即训"疑惑"，作动词用。译成白话，即"不生者怀疑是独立的"。而后一句"往复"二字则全作形容词用，译成白话是"不化者是往复无穷的"。两句虽骈联而出，辞气却极不相称。其实张注全是误解。《诗经·桑柔》有"靡所止疑"，传曰"疑，定也"。《说文》段注认为此"疑"应是"𣲖"之误，"𣲖"训"定"，"疑𣲖相似，学者识疑不识𣲖，于是经典无𣲖"。"疑独"之"疑"显系"𣲖"的传抄之误，应训作"定"，译成白话即"不生者是独立不改的"，便与后句辞气连贯。看来张湛不识"𣲖"，而传《诗经》的毛亨也不识此字。《毛传》出于西汉，可见"𣲖"字在当时已鲜为人知，由此似可判断上面一章应为先秦佚文，此章之下"谷神不死"一段，抄自《老子》六章；再下"有太易，有太初"一段，抄自《易纬·乾凿度》；"清轻者上为天"一段，抄自《淮南子·泰族训》；后面"种有几，若蛙为鹑"则抄自《庄子·至乐篇》，皆有所出，可是它们一旦缀合，便自成体系，表达了《列子》独特的自然天道观。这里似可显出伪造《列子》者以《列子》佚书为纲，兼采众家以从事再创作的高明手法。

第二，《列子》还保存了不少先秦佚书的片断，如鬻子之言四段，不见于今本伪《鬻子》书，有人认为可能是古《鬻子》的残遗；另如《杨朱篇》，古来就有人因其辞气不类，而怀疑其中有先秦杨朱的佚文。至于书中许多富有价值的寓言故事，如《愚公移山》、《鲍氏之子》等，皆为他书所无，全赖《列子》得以保存至今。

第三，说《列子》是伪作，只是说它不能代表先秦的思想，但既已查明它成书于魏晋时期，它便可代表当时的某种哲学思潮，这非但不会将学术源流弄乱，反而使我们发现了魏晋哲学的逻辑发展中一个不可或缺的环节，这便是下面将重点讨论的内容。

（二）

魏晋玄风煽起，标志着哲学思维的大深化。《列子》因是杂纂诸家，代先人言，自然不好直接使用当时流行的许多新范畴，但就全书思想倾向看，它并没有回避有关本末、有无、名教、自然等问题的激烈论争。看得出，《列子》赞同王弼等贵无派对两汉神学目的论和谶纬迷信的批判，却又反对他们"以无为本"的精神实体；它赞同裴頠等崇有派"无不能生有"的观点，却又断然毁弃他们所推崇的礼教纲常。更突出的是，它不满于两汉元气论用特殊物质去说明万物生成，进而将眼光探到世界的背后。它的宇宙观包括三个层次。

一、它首先提出"有生不生，有化不化；不生者能生生，不化者能化化"。所谓"生者"、"化者"，指生死代谢的具体事物；所谓"不生者"，"不化者"，便是比具体事物更为根本的东西，亦即"道"。"道"的特性是"往复，其际不可终；疑独，其道不可穷"，即是说，"道"在永恒的循环运动中化生万物，而本身则无增无减，独立不改。显然，具有这种无限特性的，除了客观世界本身，别无他物。因此，《列子》的"道"便是对世界总体的称谓。具体的、特殊的物质如精气或元气，不能说明世界无限多样性的统一，因为世界统一性即是世界的本质，本质是普遍的、无形式的。用某种特殊物质当作世界的本质，势必陷入既是具体而感性的，又是普遍而无形式的两难推理。只有普遍而无形式的"道"，才好拿去作普遍而无形式的世界本质。《列子》的抽象思维水平显然高出前人一筹。

但仅止于此，还无法判断此"道"的实质究属物质还是精神。因为这时候说的"道"并非存在本身，还只是对世界本体的一种抽象概括，一种"纯思"或曰主观映象。早在《列子》之前，就有不少哲学家已经达到了这种抽象，如扬雄的"玄"、王弼的"无"或"至道"同样是对独立于人意识之外的世界本质的抽象。问题的关键，在于用"道"去作为世界本体时，究竟怎样解释它与万物的关系？因为"道"的属性只有在这种关系中方能显现出来。偏偏在这一步，许多人纷纷失足。他们不懂本质与现象割裂不得，只能是道在物中，物自体道。"道"脱离了物，即便刚才还是对世界物质本质的正确抽象，也会立刻变成一种虚构的精神实体。因而，一旦他们把这种"道"以"崇本息末"的方式凌驾于万物之上，便是将纯思辨的产物充做了世界的本质，于是这种"道"实质上便离"上帝"相去不远了。不仅扬雄、王弼，就连先秦道家巨擘老、庄，只要谁试图对世界本质作更高的抽象，就会在这个问题上堕入迷雾。可见，要克服"道"的精神实体化，就必得从本质与现象、普遍与特殊、主观思维与客观存在的矛盾统一上，去正确解决"道"与"物"的关系。

二、幸运的是，《列子》在此未曾失足，大概是王弼首创的"体用不二"命题淬砺了它的辩证思维能力。王弼用"体用不二"的辩证方法来强调"用以无为本"的唯心观点，而《列子》则用它来剖析"道""气"关系，以此揭开道的第二层次——宇宙万物的生成过程。

它指出："夫有形生于无形，则天地安从生？故曰：有太易，有太初，有太始，有太素。太易者，未见气也；太初者，气之始也，太始者，形之始也；太素者，质之始也。"这个生成运动一直发展到"天地含精，万物化生"。说"太易者未见气"，岂不是认为世界有一个绝对虚无的本体吗？说"太初者气之始"，岂不是说世界有一个发展的开端吗？不对。首先，《列子》否认"无能生有"，而是认为"有形生于无形"，"无形"非"虚无"之谓，而是无形体之谓。其次，《列子》所说"太易者未见气"，是指太易时不见有形之气。究其实，"太易"很像庄子的"芒芴"。《庄子·至乐篇》云："察其始而本无生，非徒无生也而本无形，非徒无形也而本无气。杂乎芒芴之间，变而有气，气变而有形。"这里说"芒芴"无气，同样是说无有形之气。"芒芴"同"浑沦"同"忽恍"，皆一声之转，而"忽恍"据《老子》十四章说即是"其上不曒，其下不昧，绳绳不可名，复归于无物，是谓无状之状，无物之象，是谓忽恍"。可见"太易"指的是一种比有形之气更为原始的物质。《列子》形容它"视之不见,听之不闻,循之不得,故曰易也",此句源自《老子》十四章"视之不见名曰夷,听之不闻名曰希,搏之不得名曰微",故张湛注道:"易亦'希'简之别称也。太易之义如此而已,故能为万化宗主,冥一而不变者也。"这说明,《列子》的太易便是气之本体,万象世界都是这气本体聚散变化的结果。其后有一段"舜问乎烝"的故事,说明"道不可得而有"是因为"天地强阳,气也,又胡可得而有"。这里用"太易"把"道"与"气"统一起来,对"道"作了第一个物质性的规定。

三、在第三层次中,《列子》通过一段有关生物进化的描述,突出强调了"种有幾"和"万物皆出于机,入于机"的观点。"幾",即"幾微",《易·系辞下传》谓"幾者,动之微",义指极细微的质素。"机",即自然,如《庄子·至乐篇》成玄英疏:"机者发动,所谓造化也。"造化乃自然之谓。这里说明,万物皆种,以不同形相禅,幾微入水,则为续断,为青苔;登陆,则为草,为虫,为鸟,为兽,乃至为人;人死又化成幾微,返回自然界无穷的循环变化中。这里的进化程序用现代生物学眼光看固然有点可笑,但在当时能够出现这种进化论思想,又是十分可贵的。更加可贵的还在于,它以此来肯定非生命物与生命物在物质基础上的统一,使"道"在此又获得第二次物质性的规定。

通过这三个层次,《列子》分别从世界本体的角度,从万物生成的角度,从物种进化的角度,论证了世界的物质统一性。这三大段如果分开看,什么都不是,但一经结合成整体,便相互联系,相互统摄,形成由抽象到理性具体,由微观到宏观,由局部到总体的层次,使"道"、"太易"、"机"三个相等价的范畴构成一个整体,从不同侧面表示出"道"与"物"的有机统一,合而言之,"道"即是"气",即是"幾";分而言之,"道"是体,"气"和"幾"是具体运动状态。

推其原,《列子》以"道""易""机"三结合来解决道、物关系的做法,直接是对东汉张衡、王符的继承。张衡已经开始把他的宇宙形成论同本体论结合起来,将天地的起源分成"溟涬"、"庞鸿"、"天元"三个阶段,分别作为"道之根,道之干,道之实"(《灵宪》)。王符则以"道"作为"气之根",将"气"作为"道之使","必有其根,其气乃生,必有其使,变化乃成"(《潜夫论·本训》),亦即道气一体,体用一原,道即气之体,气即道之用。《列子》则进一步发展了他们的观点,出现了元气本体论的萌芽。

今人已经发现张载是通过中唐柳宗元"太虚元气说"这一中介,把东汉王充的元气自然论转化为他的元气本体论的;而从现有资料看,柳宗元在自然观上的成就又同王弼有很大关系。柳少时即从父学王弼的易学,常说未读韩康伯的《周易注》和孔颖达的《周易正义》就不能知所谓《易》,而韩、孔易学只是对王弼易学的诠释补充。我们则认为,柳、王之间还应有一个过渡环节——《列子》书。从上述看出,《列子》正是抛弃了王弼以无为本的精神实体,但同时又吸取了他关于体用、本末、动静等范畴中的辩证法因素,才得提出接近元气本体论的"道、气、幾"实体。这条思想路线同柳宗元是一致的。柳宗元当悉心揣摩过《列子》,并深受其影响,这从他对《列子》的过分奖誉,乃至置《列》于《庄》之上,可以窥见。他在《辨列子》一文中谓《列子》"虽不概孔子之道,然而虚泊寥阔,居乱世远于利,祸不得逮于身,而其心不穷,《易》之遁世无闷者,其近是与? 余故取焉。其文辞类《庄子》,而尤质厚,少伪作,好文者可废耶?"因《列子》杂纂一篇常由数家之言合成,故自己的观点多不直抒,而是隐藏在篇章段落的关系之中。不了解《列子》的特点,就可能见仁见智,相差很远。倒是柳宗元独具只眼,只因后人不解柳文深义,反讪其不识货。如清人姚际恒便说:"柳子厚曰:《列》较《庄》尤质厚……如此之类,代代相仍,依声学古。噫! 以诸公号能文者而于文字尚不能尽知,况识别古书乎?"(《古今伪书考》)其实倒是他"不能尽知",不知柳宗元对王弼贵无本体论的借鉴原是承着《列子》的一脉。

(三)

《列子》能在元气理论上达到如此高度,同它有着较丰富的辩证法思想分不开。书中有关物质与运动不可分,时空无限与有限统一等精彩论述在在可见。

它借鬻熊的话说:"运转亡已,天地密移,畴觉之哉?"(《天瑞篇》)即运动瞬息不停,天地暗暗移动,不靠理性思维的把握,谁能感觉到呢? 当然,早在先秦两汉,就已经有不少人发现,不但天在运动,地也在运动,如汉代《尚书纬·考灵曜》指出:"地恒动不止而人不知,譬如人在大舟中,闭牖而坐,舟行不觉也。"(《太平御览·地部》引)但《列子》则进一步从哲学的高度,指出运动乃是事物的普遍规律。张湛有一段注文比较正确地阐发了此文旨义:"夫万物与化为体,体随化而迁。化不暂停,物岂守故?"这便是说,物质与运动同为一体,不可分割,物质在运动中发展。"化不暂停",因而一物向他物的转化是绝对的;"物岂守故",于是任何事物的常住性只是相对的。

那么,物质又如何运动呢? 夏革回答殷汤道:"物之始终,初无极已,始或为终,终或为始,恶知其纪?"(《汤问篇》)这句话包含三层意思。其一,具体事物有终有始,但世界总体的运动转化则无始无终,"初无极已"。其二,每一事物都是总体长链上的一环节,此一物的终结,即彼一物的开始,间不可分。其三,由于始终相续,互为因果,因而任何事物决无孤立之理,世界万物的普遍联系,就表现在物之始终相续的运动转化中。

　　它说:"故物损于彼者盈于此,成于此者亏于彼。损盈成亏,随世(生)随死"(《天瑞篇》),"自短非所损,自长非所增"(《力命篇》),更表明,物质和运动可以从一种形态(如损亏)转化为另一种形态(如盈成),但宇宙总体则既不损亦不增。这是老子"道兼变常"观点的发展,并直接为王船山所谓"(气)聚散变化,而其本体不为之损益"(《正蒙注·太和篇》)的质量守恒思想奠定了基础。至于"一气不顿进(尽),一形不顿亏"(《天瑞篇》)的观点乃是承认事物的渐变,而"间不可觉,俟然后知"(同上)则包含着突变的意味。"积于柔则刚,积于弱则强,观其所积,以知祸福之乡(向)"(《黄帝篇》)说明任何相对待的事物可以转化,柔由于积(量变)可达到自身的否定——刚(质变)。这里不同于传统的"物极则反"。物极必反,指不极不反,忽视了量变之中的局部质变。王夫之就反对物极方反的观点,认为对立实相蕴涵,一事物正在发展中,其中所蕴涵的相反即渐成长而出现,因而"方动即静,方静旋动,静即含动,动不舍静","岂皆极其至而后反哉"(《思问录·外篇》)?《列子》所谓"观其所积,以知祸福之乡",指在事物量的积累中,便可知其质变,就已经包含了这一可贵的思想。

　　但更为可贵的是,《列子》已经初步意识到物质运动转化的无限性,就在于其本身结构层次的无限性。《汤问篇》中,夏革说了"古初无物,今恶得物"以肯定物质只能产生于物质,而物质是无限的以后,又进一步提出"无则无极,有则无尽"的命题。("无尽"原文应为"有尽",据陶鸿庆《读列子札记》说,有尽为无尽之误。)第一个"无"字是"虚空"的别称,故"无则无极"指的是宏观世界的无限;所谓"有则无尽",则指微观世界的无限。(如陶鸿庆谓,"有则无尽"者,即公孙龙所谓"有物不尽",惠施所谓"一尺之棰,日取其半,万世不竭"。)为了说明宏观世界的无限,它指出了"四海、四荒、四极"乃至"含万物者"、"含天地者"等递相包含的层次;为了说明微观世界的无限,它用了一个"含万物也故不穷"的譬句,最后又把宏观、微观统一起来,提出"大小相含,无穷极也"的宝贵命题。这显然继承了先秦名家惠施"至大无外,谓之大一;至小无内,谓之小一"的命题,但《列子》的辩证思维要比惠施那种单纯的概念分析要科学得多。它意味着物质层次结构是无穷尽的,而每一层次结构又都包含有限与无限的相互对待。比如它在"杞人忧天"的故事中指出"天地不得不坏",即作为一个特定层次结构的"天地",在时空中的存在是有限的;而这里又说天地因为"含万物也故不穷",乃指天地自身包含着无限的结构层次,各层次结构之间的运动和转化又是无限的。因而"天地"既不得不坏,又无穷无尽。无限存在于有限,有限包含无限,物质作为特定结构是有限的,但对于物质运动转化的无穷序列来说又是无限的。应该说,《列子》这种朴素辩证法思想达到了相当高的程度;在它之前,还很少有人如此透彻而明确地提到这个问题。

　　《列子》丰富的辩证法思想同它善于吸收当时自然科学的成果又是分不开的。在《天瑞篇》中它用古人对生物进化的猜测来论证物质的统一性,《周穆王篇》中采取秦汉时重要医学文献《灵枢经》的文字,解释成梦的原因,以正确说明形神关系。特别是"杞人忧天"故事中所提出的宇宙理论,当直接来源于后汉郄萌所传述的"宣夜说",比"盖天说"、"浑天说"更为科学。两汉魏晋的哲学家一般都从元气论的立场去探讨宇宙天文,但在辩证思维水平上却有高下之分。王充认为"夫天者,体也,与地同"(《论衡·谈天》),把天看成与地同为固体,并不正确;而《列子》不仅认为天是"积气",同时认为日月星辰是"积气中之有光耀者",这同杨泉说的"夫天,元气也","星者,元气之英"当有直接关系。但杨泉却又认为"日月之精为星辰,星辰生于地"(《物理论》),而《列子》则避免了这一缺陷,指出日月星辰云雾虹蜺,都是"积气之成乎天者也"。至于"天地不得不坏,则会归于坏"的见解,也显然比王充"天地不生,故不死"(《论衡·道虚篇》)的看法要高明。尤其《列子》认识到,天地虽然是肉眼所能见到的有形物中之最巨者,但却不过是广漠无垠宇宙空间中的一个"细物",其中不仅包含着可贵的辩证思想,而且在它所描绘的这一幅宇宙图景中,可以看出"地载气而浮"的认识萌芽。《列子》以前的哲学家即便已经用"天乘气而立"来解决了"天"的问题,但对"地"的运动论述却十分落后,就连比较正确的杨泉也认为地"载水而浮",直到北宋张载明确指出"地在气中"(《正蒙·参两》),才算解决了地球浮于气中的问题。于是,《列子》所谓"天地者,空中之一细物"的见解,便有抹煞不了的理论价值。

　　同先秦道家一样,《列子》也用较多篇幅论述了"养生"与"体道"的关系,亦即如何修养身心以把握世界本质及其规律。认识到"至道不可以情求"(《黄帝篇》),则偏执于名言概念或感性具体的方法无法认识世界本质,必得依靠理性思维,这无疑是正确的;认识到耳目感官造成的错觉谬见会妨害认识的正确性,因而提出"在己无居,形物其箸,其动若水,其静若镜,其应若响"(《仲尼篇》),即像水一样顺从自然规律,像镜子、回声一样如实反映客观世界,这无疑也包含有唯物反映论的合理因素,但过分强调名言概念和耳目感官的局限,不知它们乃是联接主客体的桥梁,因此认为"善若道者,亦不用耳,亦不用目,亦不用力,亦不用心"(《仲尼篇》),就不免使人对世界总体的把握变成一种"默而得之,性而成之"的神秘直觉。

但是,同前期道家片面强调"涤除玄览"(《老子》十章),"不出户,知天下;不窥牖,见天道"(《老子》四十七章)有所不同,《列子》并非提倡坐而体道,而认为只有通过长期实践,才能达到对至道的直觉体验。《黄帝篇》、《仲尼篇》中包含二十多个寓言故事,为"梁鸯饲虎"、"觯深操舟"、"吕梁济水"、"痀瘘承蜩"、"纪渻子斗鸡"等,描写的都是终日生活在生产实践中的下层劳动人民,无不胼手胝足,苦学勤练,方臻与道神契的境界。与前期道家"弃圣绝智"、"恬愉无为,去知与故"还有不同的是,《列子》也并非一概地反对"智",相反,在《说符篇》中,以孟氏二子、宋国兰子、牛缺等人的遭遇,指出:"投隙抵时,应事无方,属乎智。智苟不足,使博如孔丘,术如吕尚,焉往而不穷哉?"说明人应该发挥主观能动性,不失时机地把握事物变化的一切条件和环节。

由于承认认识活动与"行"和"智"的关系,《列子》着重阐述的"贵虚无为"思想便呈现不同于前人的特点。老子的"无为而无不为"本身包含的矛盾,使其出现两条不同的发展路线。如田骈、慎到的无为便是自同于草木土石般的无为,其"于物无择,与之俱往","椎拍辁断,与物宛转"(《庄子·天下篇》),是将老子的无为朝死的无为发展。而《淮南子》则反对"寂然无声,漠然不动,引之不来,推之不往"的死无为,认为"所谓无为者,不先物为也,所谓无不为者,因物之所为也"(《原道训》)。《列子》正是继承了《淮南子》这一条路线,以"发无知,何能知?发不能,何能为?聚块也,积尘也,虽无为而非理也"(《仲尼篇》),批判了和光同尘、不自别异的无为。"愚公移山"描写了人类改造自然的伟力,而"盗亦有道"则强调人们凭其智力从自然界获取生产生活资料的合理性。托名黄帝撰的《阴符经》中有"天地万物之盗,万物人之盗,人万物之盗也",意思同《列子·天瑞篇》"盗亦有道"一节文字十分相似,它直接启迪唐代哲学家李筌提出人定胜天的"盗机"思想。据近人余嘉锡考证,《阴符经》可能成书于北朝,或与道士寇谦之有关(见《四库提要辨正》),则其滥觞于《列子》的盗天思想就不为无据。

（四）

　　在前面两章里，我们破斥了通常以为《列子》在自然观上鼓吹"无能生有"的精神本体，在认识论上取消理性思维，宣扬神秘直觉的误解。但今人对《列子》误解最深、诟难最多的，乃在于《力命篇》和《杨朱篇》。认为前者代表封建统治者宣扬麻痹劳动人民的宿命论，后者则是魏晋门阀士族宣扬自身腐朽淫乐的世界观，几成定论。但只要我们弄清两篇的逻辑结构及相互关系，就会发觉问题并不那么简单。

　　《力命篇》确实宣扬命定论，但其出发点一开始就与相信"天"能赏善罚恶、因果报应的宿命论有所不同，它恰恰反对两汉神学目的论的"天人感应"说以及有鬼论。西汉董仲舒认为"今善善恶恶，好荣憎恶，非人能自生，此天施之在人者"（《春秋繁露·竹林》），而《力命篇》却反复强调，人的命运"天地不能犯，圣智不能干，鬼魅不能欺"，"罪祐自天，弗擘由人"，"不由天，不由人，亦不由鬼"。王充在抨击神学目的论时说："人不晓天所为，天安能知人所行？"（《论衡·变虚》）《列子》连语言都同王充相似，究其实，它同王充的机械命定论有着相同的思想根源。

　　社会上存在着大量"穷圣而达逆，贱贤而贵愚，贫善而富恶"等不平等不合理的现象。这种种吉凶祸福，寿夭贵贱本有其深刻的社会历史原因，《列子》深为叹息，但时代的局限又不可能使它把笔锋指向阶级统治制度的根源，它只能认为"生生死死，非物非我，皆命也"，将原因归咎于"命"，亦即人对之莫可奈何的某种必然性。人只有"于俏而不昧然"，不迷惑于社会上纷呈的偶然现象，洞察其中包藏的必然性，才能不为寿夭、荣辱、安危所萦怀。篇末最后一节，是本篇总旨所在，它认为士、农、工、商，各趋利而逐势，是人力所能为的，至于水旱、成败、否泰，则非力所能，乃命使然。简言之，便是谋事在人，成事在天。可见《列子》命定论还没有走到全盘否定人的主观能动性的地步。

　　至于《杨朱篇》中享乐主义的产生，更有其特定的时代社会背景。东汉以后，中原地区陷入长达三百多年的历史大动乱。豪族的兼并，人口的锐减，外族的入侵，国土的分裂，使生产力受到摧残。但动荡的结果，却同时动摇了儒家独尊的地位。名教纲常稍有松弛，注重思辨的魏晋玄学便以思想解放的形式，从两汉僵死的繁琐经学和谶纬神学中冲决而出，随之而起的是一大批毁弃礼法，放浪形骸的知识分子。《列子》作者当是其中一员。他们高唱"六经以抑引为主，人性以从欲为欢"（嵇康《难自然好学论》），宣扬娱情放诞的享乐主义,其本质在于把宗教神学化的人性和道德拉回到现实世界,以人本身来说明人,因而有其普遍性的进步历史意义。自不可因其鼓吹享乐,就褊狭地归之于豪门贵族的腐朽生活。只有正名定分的礼教,才是封建统治者安身立命之本;他们即便要宣扬自己的腐朽生活,也不可能和不必要把矛头去对准自己的命根子;而《杨朱篇》通篇宗旨,便在于彻底诋毁名教,硬要说它是门阀士族腐朽生活的自我写照,岂不有些牵强?

可以说,在魏晋时代还没有一个人像《列子》那样彻底地否定名教。何晏、王弼的"名教出于自然"在于调和名教与自然的矛盾,而"圣人有情不累于情"则从主观上否认了人是感性的实体;郭象以"物各自生"、万物皆得其宜,表明他既任自然又任名教;即便是宣扬"越名教而任自然"而攻击名教最烈的阮籍、嵇康,也不过是反对被司马氏集团腐化了的礼教,按鲁迅的说法,他们表面上毁坏礼教,"实则倒是承认礼教,太相信礼教"(《魏晋风度与文章与药及酒之关系》)。究其原因,在于他们的思想基础本质上仍属儒家的体系。《列子》则不然,它所拿起的理论武器,乃是先秦杨朱的"为我"主义。

早在战国初年,杨朱学说就已是与儒墨相抗衡的三大显学之一。杨朱本人并无著作传世,其言论由后人记载,散见于《孟子》、《吕氏春秋》、《淮南子》等诸子书中。针对商周以来的神化先王观和天命论从根本上否认个人意志和鄙弃人的自然欲望的倾向,他提出"天生人而使有贪有欲"(《吕氏春秋·情欲》),倘"耳不乐声,目不乐色,口不甘味"则"与死无择"(同上),肯定了感官欲求的满足是人生最高意义。而在追求感官快乐到适足以害生时,则须加节制,"是故圣人之于声色滋味也,利于性则取之,害于性则舍之,此全性之道也"(同上《本生》)。在此基础上,杨朱提出"拔一毛而利天下不为"的个人主义。这就同强调群体价值、强调个人生活只有体现社会伦理要求才有意义的儒家思想发生了尖锐的抵触,因而孟子大辟杨墨时指斥道:"墨子兼爱,是无父也;杨朱为我,是无君也。无父无君,是禽兽也。"(《孟子·滕文公上》)孟子敏锐地觉察到,杨朱的"为我"对于宗法制度的基础礼教,确是一帖峻烈的涣散剂。

本此,面对两汉神学化的名教纲常,《列子》重新拾起杨朱的"为我"以张挞伐,便不是偶然的。尽管《杨朱篇》论旨与前期杨朱派不尽相同,明显打上了魏晋任诞狂放的时代烙印,但其理论出发点是彻底的感觉论,这同先秦杨朱并无二致。不过,当我们进一步剖析了《杨朱篇》的逻辑发展过程,便会发现它有一个先秦杨朱所不曾有的悲剧性结局。

首先，它针对与纲常礼教互为补充的功名利禄，揭露"名者，伪而已矣"，礼义名法不过是人生的"重囚累梏"。人之本性在于好逸乐，而生命短促，即使贤如尧舜，或恶如桀纣，死后都是腐骨一堆，因此应当"从心而动，不违自然所好"，"从性而游，不逆万物所好"。

其次，要满足自己的欲望，就必须承认他人的欲望，根本不承认他人利益的极端利己主义为《列子》所不取。但人人纵情所好，势必相损，应该如何调节人与人的关系呢？它提出："损一毫利天下不与也，悉天下奉一身不取也。人人不损一毫，人人不利天下，天下治矣"，即强调利己，也反对损人。其后，《杨朱篇》进一步提出"智之所贵，存我为贵"，表明每个人任"智"即发挥主体能动性以保存自己是合理的。据此，有人认为"杨朱智而不知命，故其智多疑"（《说苑·权谋篇》）。但就在《杨朱篇》强调"智"快要达到否定"命"的时候，情势却直转而下。

在现实中，个人的利益只有通过人与人之间的生产、分配、交换、分工等社会关系才能实现，因此不可能毫不相损，毫不相利；尤其在阶级社会中，这种相损相利的矛盾直接导致残酷的斗争。《列子》企图以"人人不损一毫，人人不利天下"的主张，割裂人与人的利害关系，来消弭社会矛盾，只能是一种纯粹的空想，因而人人纵情享乐在社会中也根本无法实现。于是，《列子》一头撞到现实的墙壁上，不得不转向另一条向内收敛的路，表现在两个方面：

一、物质上的节制。它借古语说道，"人不婚宦，情欲失半；人不衣食，君臣道息"，倘如人人节欲，则天下太平。因此它要求知足，"有此四者，何求于外？有此而求外者，无厌之性。无厌之性，阴阳之蠹也"。人只要知足，即便"啜菽茹藿"，也会"自以味之极"。先前的纵欲主义倾向至此却变成了禁欲主义。

二、精神上的满足。它以"田夫献曝"、"乡豪尝芹"的故事，说明"野人之所安，野人之所美，谓天下无过者"，不论是穷是富，各人的生理心理要求相对于各人的生活环境条件乃是恒定的，亦即"性之恒"。只有恪守"性之恒"，方能"天下无对，制命在内"。这就要求人们把各自的主观感觉当作唯一的实在，既已自我满足，便当安守本分。

至此，可以发现《列子》从感觉论出发以宣扬贵己非命，不意又落入宿命论的圈套。但它并没有违反自己的逻辑，因为"从感觉出发，可以遵循着主观主义的路线走向唯我论（"物体是感觉的复合或组合"），也可以遵循着客观主义的路线走向唯物主义（感觉是物体、外部世界的映象）"（《列宁选集》第二卷第一二五页）。在撞到现实的墙壁后，《列子》恰恰走上了一条以主观感觉为实在的路。

但《列子》毕竟没有离开它的唯物主义感觉论基础走得太远。在篇末，作为对第一层意思的补充，它申明"名"也非空无一物，"今有名则尊荣，亡名则卑辱，尊荣则逸乐，卑辱则忧苦"，而忧苦便违反了人性。因此，"名胡可去？名胡可宾？但恶夫守名而累实"，名既不可执着也不可抛弃，全以是否遂顺人性作为取舍标准。推而言之，一切名誉、一切道德规范乃至社会精神生活都应建筑在人们实在利益的基础上，这不能说不是对社会伦理本质和根源的一种唯物主义的解释。因此，断言《杨朱篇》鼓吹无名论和道德虚无主义，显然是不符事实的。

历来对《杨朱篇》与《力命篇》宗旨相反却又前后双出的用意，异议颇多。伪刘向《列子新书目录》因"《力命篇》一推分命，杨子之篇唯贵放逸，二义乖背"而怀疑它们"不似一家之书"；另有人则曲为之解，如张湛认为此意在"叩其二端，使万物自求其中"；而今人则多因为"既然《力命篇》和《杨朱篇》是玄学清谈和放荡纵欲的曲折反映，而并没有什么'二义乖背'"，便对两篇关系未加深辨。其实，从上面分析中可以看出，两篇旨义始则乖背，终则契合，两者同是对阶级社会不平等现实和窒息人的宗法道德无可奈何的叹息、微弱的抗争。值得注意的是《杨朱篇》所反映的享乐主义，在西方哲学史上，从古希腊的昔勒尼学派、伊壁鸠鲁直至近代法国唯物主义爱尔维修、霍尔巴赫等，这种思潮是流传有素的；但在中国古代哲学大流中，它只是一种特异的现象，导源于百家争鸣的战国时代，踵起于名教稍弛的魏晋之际，以后随着封建宗法道德的日益僵固化而销声匿迹，至于明清以后的启蒙思想家对于封建专制礼教的抨击，主要是从儒家体系中脱颖而出的。因此，《杨朱篇》思想究竟对后世产生过怎样的影响，尚值得认真研究，岂是一顶"纵欲主义"的帽子所能代替的？

综上所述，《列子》是魏晋哲学发展中的一个重要环节，不仅具有较高的理论思维水平，也有着相当的文学价值。但历来学者因其为伪书而往往加以轻视，对它的注释整理或研究远不及对其他先秦古籍的集中，许多训诂和句义上的问题也纷歧较多，这就给我们的今注今译带来一定的困难。《列子》版本较多，本书取《四部丛刊》的《列子》张湛注本为底本，并参阅清人汪继培校本（《湖海楼丛书》）以及杨伯峻同志所撰《列子集释》，凡于底本有校正处，不一一列出。本书在每篇正文前作一说明，要在点明主旨、结构和思想脉络。注释为求浅显通俗,不多引旧注,凡有诸家意见纷歧处,除极有必要,一般不在注中列出。今译则取直译,力求表达原意,能为中等文化水平的读者提供方便。

译注者

1985 年 5 月

目　　录

天 瑞 篇

　　"瑞"指符瑞，古代用为信物。《列子》作者认为，客观世界存在着统一的本质或规律，即"道"；"道"，本身无形无象，神奇不测，却是万物生息的根本原因，自然界阴阳调燮、四时迁革莫不与之契合，恰如符瑞之有信，是以名曰"天瑞"。本篇十四个段落可分三大部分，都是围绕这一世界本原而展开的。

　　第一部分，首先提出"不生不化者"是万物的本原；接着描述了世界从"太易"开始直至"天地含精，万物化生"的生成过程；然后又以"万物皆出于机，皆入于机"说明生物与非生物在物质基础上的演化历史。这三个层次分别从物质本体、宇宙生成和生物进化的角度阐明了"道"的属性，构成《列子》独特的自然天道观。

　　第二部分，进一步揭示了"道"与具体事物亦即"生者"与"生生者"的关系，揭示了"道"与运动的关系，从有限和无限、普遍和特殊的关系上丰富了"道"的内涵，并由此提出了《列子》的自然生死观。"子贡倦于学"等三则故事说明，既然"道"的运动始终相续，因而生之与死，不过是一往一返，"死也者，德之徼也"，大可不必戚戚于死期，而应在人世间照常生活，直到终年。

　　第三部分的主旨，在于强调"道"之本质在于虚默无为，而人也应以笃守虚静的态度对待人生。既然"物损于彼者盈于此"，又何必斤斤于得失予取？既然"生不知死，死不知生"，又何必效"杞人忧天"？既然天地强阳乃一气回转，又何必固执于自我？值得注意的是，这一部分包含两个寓言，"杞人忧天"反映出当时自然科学在宇宙形成理论上的成果，所谓"积气"、"积块"，"日月星宿亦积气中之有光耀者"、"天地空中之一细物,有中之最巨者"的见解,其辩证思维水平远高出于前人。而"盗亦有道"的"盗天"思想,强调按道之规律征服自然,对后世哲学家有不可低估的影响。

本篇概括了《列子》的自然观和人生观,可说是全书的总纲。

　　子列子居郑圃①,四十年人无识者。国君卿大夫眎之②,犹众庶也③。国不足④,将嫁于卫⑤。弟子曰:"先生往无反期⑥,弟子敢有所谒⑦;先生将何以教? 先生不闻壶丘子林之言乎⑧?"子列子笑曰:"壶子何言哉? 虽然,夫子尝语伯昏瞀人⑨,吾侧闻之,试以告女⑩。其言曰:有生不生⑪,有化不化⑫。不生者能生生⑬,不化者能化化⑭。生者不能不生,化者不能不化,故常生常化。常生常化者,无时不生,无时不化,阴阳尔⑮,四时尔⑯。不生者疑独⑰,不化者往复⑱。往复,其际不可终⑲;疑独,其道不可穷⑳。《黄帝书》曰㉑:'谷神不死㉒,是谓玄牝㉓。玄牝之门㉔,是谓天地之根㉕。绵绵若存㉖,用之不勤㉗。'故生物者不生,化物者不化。自生自化,自形自色㉘,自智自力,自消自息㉙。谓之生化、形色、智力、消息者,非也。"

【注释】

①子列子:对列子的尊称。子,古代学生称呼师长时,在名字前加一"子"字,以表示敬重。列子,相传战国时期的道家,名御寇,一作圄寇或围寇,郑人。《庄子》中有许多关于他的传说。《列子》八篇是否他作,历来说法不一;从思想内容和语言使用上看,可能是晋人作品。郑圃:古地名,又作圃田泽或甫田,在今河南省中牟县西。曾为古泽,现已淤为平地。　　②眎(shì):视的异体字。　　③众庶:百姓。　　④国不足:指国内遭受饥荒。　　⑤嫁:往;到。　　⑥反:同"返"。返回。　　⑦敢:古代有烦他人时所用的自言冒昧之词。谒:请教。⑧壶丘子林:人名,列子的老师,复姓壶丘,名林,春秋时郑国人,一说壶丘子林是假托,并非实有其人。　　⑨伯昏瞀(mào)人:伯昏,复姓。瞀人,愚昧无知的人。此处当指伯昏大智若愚。前人认为伯昏是列子之友,同学于壶子。　　⑩女:通"汝"。你。　　⑪生:有形体的具体事物。不生:派生万物而自体不被他物所生的,实指世界的本原,也即道。　　⑫化:有存亡变化的具体事物。不化:使万物运动变化而自体不被他物所化的,亦指世界的本原。　　⑬生生:产生事物。⑭化化:使事物变化。　　⑮阴阳:中国古代哲学上的一对范畴。《易·系辞

上》:"易有太极,是生两仪。"《老子》四十二章:"道生一,一生二,二生三,三生万物。"这里的"两仪"或"二"皆指由物质本原的运动所产生的阴阳两气(亦可指天地),阴阳两气结合然后产生万事万物。 ⑯四时:由阴阳两种势力相互作用产生的春、夏、秋、冬自然变化。 ⑰疑:固定不变。据段注《说文》"疋"字注引《诗经》:"靡所止疑",传:疑,定也,认为经传中的"疑"字即《说文》之疋字,非《说文》训惑之疑,因而文中的"疑独",即谓独立永存的意思,实指派生万物的本原。⑱往复:指万物生生不息,循环往复的变化规律。 ⑲际:边界。 ⑳道:此处指内在的规律。 ㉑《黄帝书》:战国中期阐发老子学说的古代道家著作。据《汉书·艺文志》载,计有《黄帝四经》四篇,《黄帝铭》六篇、《黄帝君臣》十篇、《杂黄帝》五十八篇及《力牧》二十二篇,今佚。1973 年在长沙马王堆三号汉墓出土了《老子》甲、乙本,在乙本前有《经法》、《十大经》、《称》、《道原》四篇佚著,被认为是著于公元前 4 世纪的《黄帝四经》。 ㉒谷:空虚。神:神妙的作用。谷神,即空虚的神妙作用。 ㉓玄:幽深、奥妙。牝:鸟兽的雌性。玄牝,指雌性生殖器官。 ㉔门:门户,亦即《老子》十章中"天门开阖,能无雌乎"之"天门"。㉕是:此。根:本原。 ㉖绵绵:连续不断。 ㉗用:发挥作用。勤:花费劳力。 ㉘形:作动词用。赋予形体。色:品类。 ㉙消:衰灭。息:生长。

【译文】

列子住在郑圃,四十年无人赏识他。国王和公卿大夫看待他就如同普通的老百姓。

郑国遭受饥荒,列子即将离家前往卫国。他的学生说:"先生此去便无归期,学生冒昧请示,先生将拿什么来教诫我们呢? 先生没有听过壶丘子林的言论吗?"

列子笑道:"壶子说什么呢? 虽然这样,但老师曾经对伯昏瞀人讲过话,我在一旁听见了,现在就试着对你们说说吧。他说,有被他物所生的,有不被他物所生的;有被他物所化的,有不被他物所化的。不被他物所生的能够产生万物,不被他物所化的能够使万物变化。被生的事物不得不被产生,变化的事物不得不发生变化。所以事物经常产生,经常变化。所谓经常产生经常变化,便是无时无刻不产生,无时无刻不变化,阴阳呀,四时呀,都如此而已。那不被他物所生的就是独立永存的实体,那不被他物所化的就是循环往复的运动。循环往复,它的边际没有终结;独立永存,它的规律不可穷尽。

"《黄帝书》上说:空虚的神妙作用,是永恒存在的,这就叫做'玄牝'。'玄牝'的门户,便为天地万物的根源。它连绵不断若有若无,既发挥作用又不化费劳力。所以产生万物的不被他物所生,使万物变化的不为他物所化。万物都是它自然产生、自然变化,自然出现形态种类,自然发挥智慧能力,自然衰灭、自然生长的结果;但若说它有心于产生变化、形态种类、智慧能力和生长衰灭,那就错啦!"

　　子列子曰:"昔者,圣人因阴阳以统天地①。夫有形者生于无形,则天地安从生?故曰:有太易②,有太初③,有太始④,有太素⑤。太易者,未见气也;太初者,气之始也;太始者,形之始也;太素者,质之始也。气形质具而未相离,故曰浑沦⑥。浑沦者,言万物相浑沦而未相离也。视之不见,听之不闻,循之不得⑦,故曰易也。易无形埒⑧,易变而为一,一变而为七,七变而为九⑨。九变者⑩,究也⑪,乃复变而为一。一者,形变之始也。清轻者上为天,浊重者下为地,冲和气者为人⑫;故天地含精⑬,万物化生。"

【注释】

　　①圣人:古代称呼具有极高道德和智能的人。因:以;用。统:统一;统摄。②太易:指宇宙万物的最终本原。太,至高至极的意思。易,《易·系辞上》:"生生之谓易。"意指变化中时时有新的事物产生。　　③太初:指天地形成之前元气产生的时期。　　④太始:指天地形成前气有了一定状态的时期。　　⑤太素:指形成天地的素质。此时有形态的气又有了固定的性质。　　⑥浑沦:犹"囵图",谓浑然一体不可剖析,形容天地开辟前的状态。　　⑦循:抚摩。　　⑧易无形埒(liè):"易"的运动是没有形象和边界的。此句意指,在宇宙万物形成以前,天地二气混合变化,还没有接近于生成万物的迹象。形,形象。埒,界域。⑨易变而为一,一变而为七,七变而为九:三句表明"易"形成天地的过程。据《易纬·乾凿度》:"易始于太极(郑玄注:气象未分之时,天地之所始也),太极分而为二(郑玄注:七、九,八、六),故生天地(郑玄注:轻清者上为天,重浊者下为地)",则此处"易变而为一"的"一"当指天地开辟前元气形变的开始;"一"变而为"七、九"和"八、六",分别代表少阳、老阳以及少阴、老阴,以构成阴阳两仪,并由此形成天地。这里全举阳数,所以说"一变而为七,七变而为为",而略去了"八、六"的阴数。　　⑩九变:古人把"九"看作"阳变"之数,认为"九变"已包括了天下一切变化。　　⑪究:本指溪流的尽处,引申为穷尽、终极。　　⑫冲和气者为人:冲,冲动。和,合和、统一。冲和气,指阴、阳两气在相互冲荡中形成统一,因而产生人。也有将"冲"释为"中",意即得天地中和之气者为人。　　⑬精:指阴阳精灵之气。

【译文】

　　列子说:"从前,圣人用阴阳两气来说明天地万物的统一。有形之物生于无形之中,那么天地是从何产生的呢?所以说:有太易,有太初,有太始,有太素。太易,还不见气;太初,元气出现;太始,气开始有形状;太素,有形之气又有了性质。这时候,元气、形状、性质都已具备,但相互之间尚未分离,所以把它叫做浑沦。所谓浑沦,便是表明万物浑然一体,不可剖析。看它不见,听它不到,摸它不着,因此称之为易。易不具形状,没有迹象,变而为'一',表示元气形变开始;再由'一'分而为阴阳两气,其中的少阳'七'又变而为老阳'九',由此产生天地。'九'变已到终极,于是重新变而为'一',返回元气形变之始。变化之中,清轻之气上升成为天,浊重之气下沉变为地,而阴阳两气在相互冲动中形成统一便产生人。所以天地之间包含阴阳精气,万事万物得以化生。"

　　子列子曰:"天地无全功①,圣人无全能,万物无全用。故天职生覆②,地职形载③,圣职教化④,物职所宜⑤。然则天有所短,地有所长,圣有所否⑥,物有所通⑦。何则?生覆者不能形载,形载者不能教化,教化者不能违所宜,宜定者不出所位⑧。故天地之道,非阴则阳;圣人之教,非仁则义⑨;万物之宜,非柔则刚:此皆随所宜而不能出所位者也。故有生者,有生生者;有形者,有形形者;有声者,有声声者;有色者,有色色者;有味者,有味味者⑩。生之所生者死矣,而生生者未尝终⑪;形之所形者实矣,而形形者未尝有;声之所声者闻矣,而声声者未尝发;色之所色者彰矣,而色色者未尝显;味之所味者尝矣,而味味者未尝呈:皆无为之职也⑫。能阴能阳,能柔能刚,能短能长,能员能方⑬,能生能死,能暑能凉,能浮能沈⑭,能宫能商⑮,能出能没,能玄能黄⑯,能甘能苦,能羶能香⑰。无知也,无能也,而无不知也,而无不能也。"

【注释】

①全:完备。　②职:职责。生覆:"覆生"的宾置动前结构,意即"覆育众生"。　③形载:"载形"的宾置动词结构,意即"承载万物"。　④教化:政教风化。　⑤宜:原意为合适,相称,这里指事物各自的性质。　⑥否(pǐ):原为《周易》中的卦名,指"天地不交而万物不通",引申为滞困,闭塞。　⑦通:顺通。《周易》泰卦说:"天地交而万物通。"　⑧位:本位,亦即被事物各自性质所规定的一定的范围。　⑨仁:古代一种含义极广的道德范畴,本指人与人相互亲爱。义:正义,忠义。　⑩生生者,形形者,声声者,色色者,味味者:这五者指的都是不具有任何一种具体的质的规定性,但同时又具有所有事物质的规定性的世界物质本原。第一个生、形、声、色、味字都作动词用,包含"产生"的意思。

⑪生之所生者死矣,而生生者未尝终:生命所造就的生物死亡了,但产生生命的东西却未曾终结,"生"指生命,"所生者"指具体的生物,"生生者"指万物的本根:"道"。此处包含了三个层次。以下四句的层次同此。　　⑫无为:道家的哲学思想,即顺应自然变化,不要违背客观规律强行自为之意。　　⑬员:通"圆"。⑭沈:同"沉"。　　⑮宫:古代音乐术语,即宫、商、角、徵、羽五声音阶中的第一音级。商:五声音阶中的第二音级。　　⑯玄:带赤的黑色。　　⑰羶(shàn):"膻"的异体字。羊臊气。

【译文】

列子说:"天地没有万能的功效,圣人没有万能的本领,事物没有万能的用处。所以天的职能是覆育众生,地的职能是承载万物,圣人的职责是掌管政教风化,事物被各自的性质所制约。这样,天就有所短,地就有所长,圣人就有闭塞之时,事物就有顺通之处。为什么呢? 因为天覆育众生但不能承载万物,地承载万物但不能施行教化,圣人施行教化但不能违背事物的本性,事物的本性被规定后就不能超越各自的名位。所以天地自然的规律,不是阴气就是阳气;圣人的教化,不是仁爱就是正义;事物的性质,不是柔弱就是刚强:这都是依据各自固有的性质而不超越各自的限界啊。

"所以有生命,就有产生这生命的;有形状,就有产生这形状的;有声音,就有产生这声音的;有色彩,就有产生这色彩的;有滋味,就有产生这滋味的。生命所造就的生物死亡了,但产生这生命的东西却未曾终结;物体所表现的形状是充实的,但产生这物体的东西却没有形状;声音所造成的音响能听见了,但产生这声音的东西却未曾发声;色彩所描绘的画面是显著的,但产生这色彩的东西却未曾显现;滋味所调制的食物被品尝了,但产生这滋味的东西却未曾呈露。这些,都是那无为的道的作用啊! 它能阴能阳,能柔能刚,能短能长,能圆能方,能生能死,能暑能凉,能浮能沉,能宫能商,能出能没,能玄能黄,能甘能苦,能膻能香。它没有知觉,没有能力,但又无所不知,无所不能。"

　　子列子适卫①,食于道,从者见百岁髑髅②。攓蓬而指③,顾谓弟子百丰曰:"唯予与彼知而未尝生未尝死也④。此过养乎⑤? 此过欢乎⑥? 种有几⑦:若蛙为鹑⑧,得水为㡭⑨,得水土之际,则为蛙蠙之衣⑩。生于陵屯⑪,则为陵舄⑫。陵舄得郁栖⑬,则为乌足⑭。乌足之根为蛴螬⑮,其叶为蝴蝶。蝴蝶胥也⑯,化而为虫,生竈下⑰,其状若脱⑱,其名曰鸲掇⑲。鸲掇千日,化而为鸟,其名曰乾餘骨⑳。乾餘骨之沫为斯弥㉑。斯弥为食醯颐辂㉒。食醯颐辂生乎食醯黄轵㉓，食醯黄轵生乎九猷㉔。九猷生乎瞀芮㉕，瞀芮生乎腐蠸㉖。羊肝化为地皋㉗，马血之为转邻也㉘，人血之为野火也㉙。鹞之为鹯㉚，鹯之为布谷㉛，布谷久复为鹞也㉜，燕之为蛤㉝，田鼠之为鹑也㉞，朽瓜之为鱼也㉟，老韭之为苋也㊱，老羭之为猨也㊲，鱼卵之为虫。亶爰之兽自孕而生曰类㊳。河泽之鸟视而生曰鹢㊴。纯雌其名大腰㊵，纯雄其名稚蜂㊶。思士不妻而感，思女不夫而孕㊷。后稷生乎巨迹㊸，伊尹生乎空桑㊹。厥昭生乎湿㊺。醯鸡生乎酒㊻。羊奚比乎不笋㊼，久竹生青宁㊽。青宁生程㊾，程生马，马生人㊿。人久入于机[51]。万物皆出于机，皆入于机。"

【注释】

①适：往，去到。　②从者：随行的人。也有人认为"从"字当为"徒"字之误，联系上句，应作"食于道徒（即道途）者，见百岁髑髅"。髑髅(dú lóu)：干枯的死人头骨或骨骼。　③攓(qiān)：同"搴"，拔取。蓬：草名，也叫"飞蓬"。④而：乃。"未尝生未尝死"是《列子》书自然生死观的表现，因"万物皆出于机入于机"，故生与死不过是形气转续，从道的本原看，生死并无不同。　⑤过：果的假借字，果真。《庄子·至乐篇》即作"果"字。养：即"恙恙"，忧虑貌。俞樾《诸子平议》："养当读为恙。《尔雅·释诂》：恙，忧也。"　⑥欢：欢愉。这两句意为：你死了果真值得忧伤吗？我活着果真值得欢喜吗？　⑦几：多少，用于询问数量。　⑧鼃(wā)：同"蛙"，鹑：即"鹌鹑"，一种体形似鸡而小的鸟类。⑨繼(jì)："继"的古字。即"菨"，泽泻，多年沼生草本植物，可入药。　⑩鼃蠙(bīn)之衣：指水生的苔类植物，据郭庆藩《庄子集释》引成玄英疏："青苔也，在水中若张绵，俗谓之虾蟆衣也。"蠙，蚌的别称。　⑪陵：大土山。屯：土山。⑫陵舄(xì)：即车前草，一种喜生于道旁的多年生草本植物。一说"陵舄"是泽泻的另一品种。　⑬郁栖：指粪壤，也即肥土。郁，腐臭。栖，表示所在之处。⑭乌足：草名，喜生水边。　⑮蛴螬：金龟子的幼虫。　⑯胥(xū)：通"与"。相与，皆。这里包含有时间短促、变化迅速的意思。　⑰䇦："灶"的异体字。⑱脱：昆虫蜕皮。　⑲鸲掇(qú duō)：昆虫名。《庄子集释》成玄英疏："鸲掇，虫名也。胥得热气，故作此虫，状如新脱皮毛，形容雅净也。"⑳乾餘骨：鸟名。㉑斯弥：昆虫名。　㉒食醯(xī)颐辂(yí lù)：蠛蠓一类的小昆虫。醯，即醋。㉓食醯黄轵(kuàng)：亦为蠛蠓一类的小昆虫。　㉔九猷(yóu)：昆虫名。一说"猷"即"蝤"，也称"蜉蝣"；一种成虫期寿命很短的小昆虫。　㉕瞀芮(mào ruì）：蚊属昆虫。芮，即"蜹"，同"蚋"。体形似蝇而小，褐或黑色，雌虫刺吸人和牲畜的血液。瞀，目眩，以蚋群飞舞貌为义。　　㉖腐蠸（quán）：一种小甲虫，亦称"舆父"。腐，谓其长于腐瓜之中。　　㉗地皋：草名，即"茜草"，也称"茹藘"，其根可作绛红色染料。亦谓"地血"，古人认为这是动物膏血所化，故名。"皋"为"膏"之通假。　　㉘鄰：为"粦"、"磷"的借字。即磷火。　　㉙野火：即磷火，俗称鬼火。　　㉚鹞（yào）：一种属鹰科的鸟类。鹯（zhān）：鸟名，亦称"晨风"或"鸇风"，形状似鹞。　　㉛布谷：鸟名。即大杜鹃。　　㉜久：谓时间长。一说"久"为"之"字之误。　　㉝蛤：蛤蜊，生活于浅海泥沙中，古人认为是燕雀秋冬季节南飞入海所变。　　㉞鹑：鹌鹑。　　㉟朽瓜：腐烂的瓜。　　㊱苋（xiàn）：苋菜。一说"苋"为"莞"，为莎草科植物，俗名水葱、席子草，可用来编制草席。㊲羭（yú）：母羊。　　㊳亶爰（chán yuán）之兽：传说中的兽名。《山海经·南山经》："亶爰之山，多水无草木，不可以上，有兽焉，其状如狸而有髦（长毛），其名曰类，自为牝牡相生也。"自孕：指一体兼有两性，能自行怀孕。　　㊴鹢（yì）：亦称白鹢，古人认为这种鸟不需雌雄交配，只要眼睛对视，便能卵育。　　㊵纯雌：纯粹都是雌性的种群。大腰：指龟鳖之类。　　㊶稚蜂：一种小蜂。疑即"蜾蠃"，体青黑，细腰，常用泥土在墙上或树枝上做窝，捕螟蛉为幼虫的食物。古人不了解这个情况，误认为蜾蠃都是雄性，不会生育，以螟蛉为子。　　㊷思：想念，爱慕。感：交感，相应。关于这两句，张湛注说："《大荒经》曰：'有思幽之国，思士不妻，思女不夫。精气潜感，不假交接而生子也'，此亦白鹢之类也。"可供参考。㊸后稷生乎巨迹：后稷，古代周族的始祖，善于种植五谷，曾在尧、舜时代做农官，教民耕种。相传他是有邰（tái）氏之女姜嫄踏了上帝的脚迹，怀孕而生。㊹伊尹生乎空桑：伊尹，商初大臣。名伊，尹是官名。相传伊尹母亲怀孕时梦见神仙相告："石臼出水便朝东跑，千万莫回顾。"第二天她看见石臼冒出水来，急忙告诉邻人，一齐东逃。跑出十里，回头看时，村庄已变成一片汪洋。而她的身体立刻化为一株中空的桑树。有莘氏女子采桑，在桑树中拾到一个婴儿，就是伊尹。㊺厥昭：蜻蛉虫。　　㊻醯鸡：小虫名，即蠓蠓。古人误以为蠓蠓是酒醋上的白霉变成，故称之为"醯鸡"。　　㊼羊奚：植物名，根似芜菁。比：紧靠。不笋：竹类植物。　　㊽久竹：久竹和不笋疑为同一种植物。都是指不发笋的老竹。青宁：虫名。　　㊾程：豹。《尸子》云：程，中国谓之豹，越人谓之貘。　　㊿马生人：古人以为马会生人。《搜神记》云："秦孝公时有马生人，刘向以为马祸。"　　51久：当为"又"之误。机：通"幾"，幾微，细微的质素。

【译文】

列子到卫国去，在路旁吃喝休息。随行的人发现一具年深月久的死人骷髅。

列子拔去周围的蓬草,指着骷髅,回头对一位名叫百丰的学生说:"只有我和他知道,人是不曾有生,也不曾有死的。他死了果真值得悲伤吗?我活着果真值得欢喜吗?

"世上的物种有多少啊!比如青蛙变为鹌鹑,得水时变为泽泻,生于水土之际变为青苔,长在干燥的土岗上变为车前草。车前草生在肥土中,就成为乌足草。乌足草的根变为蛴螬,叶子变为蝴蝶。蝴蝶一下都化为昆虫,生于灶下,形状如蜕皮更新,它的名字叫鸲掇虫。鸲掇虫千日而死,又化成飞鸟,名叫乾馀骨。乾馀骨的唾沫变为斯弥虫。斯弥虫变成吃醋的颐辂虫。吃醋的颐辂虫生吃醋的黄軦虫。吃醋的黄軦虫生蜉蝣。蜉蝣生乱飞的蚊蚋。蚊蚋生腐瓜之中的罐虫。羊的肝脏化成红色的莔草根,马血化为磷,人血化成野地里的鬼火。鸲鹰变为鹞风,鹞风变为布谷鸟,布谷鸟过了很久又重新变成鸲鹰。燕子变为蛤蜊,田鼠变为鹌鹑。烂瓜变为鱼,老韭菜变成苋草。老母羊变成猿猴,鱼卵变成昆虫。亶爰山的兽雌雄一体,自孕而生,叫做类;河泽边的鸟两性相视,便能生育,叫做鸱。纯粹都是雌性的龟类叫做大腰,完全都是雄性的蜂类叫做稚蜂。思幽之国,男人相思,无需结婚便能感应;女人怀春,不用交配即可怀孕。古周始祖后稷生于上帝的脚印里,商初大臣伊尹生于中空的桑树内。靖蛉生于潮气,蠛蠓生于酒酿。羊奚草同不发笋的老竹长合在一起,老竹又生出青宁虫。青宁虫生豹,豹生马,马生人。人死了便散为细微的质素,重返无穷变化之中。就这样,天下万物都产生于这种细微的质素,又返回于这种细微的质素。"

《黄帝书》曰:"形动不生形而生影,声动不生声而生响[1],无动不生无而生有。"形,必终者也。天地终乎?与我偕终。终进乎[2]?不知也。道终乎本无始[3],进乎本不久[4]。有生则复于不生[5],有形则复于无形。不生者[6],非本不生者也[7];无形者[8],非本无形者也[9]。生者。理之必终者也[10]。终者不得不终。亦如生者之不得不生。而欲恒其生[11],画其终[12],惑于数也[13]。精神者,天之分[14];骨骸者,地之分。属天清而散,属地浊而聚。精神离形,各归其真[15],故谓之鬼[16]。鬼,归也,归其真宅[17]。黄帝曰:"精神入其门[18],骨骸反其根[19],我尚何存[20]?"

【注释】

①响:回声。　②终:指道的终结,即提出具体事物都有终结。进:张湛注:"进当为尽。"本书"进",多作"尽"解。这里讨论的是具体事物不断产生和消亡的

运动是否有终结的问题,《列子》对此持否定态度。　　③道终乎本无始:道终结在本来就没有开始的地方。意即物质本原是无限的,本来就无所谓开始,因此也无所谓终结。　　④进乎本不久:道穷尽在本来就没有具体形态之上。意即只有具体事物才会穷尽,而道是无形无象的普遍物质本原,本来无有,因此不尽。此处"久"当为"有",盖为"又"字之形误,而古多以"又"借代"有"。有,指有形态的具体事物。　　⑤复:还,返回。　　⑥不生者:指先有存在而后又死亡的具体事物。　　⑦本不生者:永恒不灭的本体。这两句意即不要把具体事物同作为本原的道混为一谈。　　⑧无形者:先有形态而后又无形的具体事物。　　⑨本无形者:无形无象的本体,即天道。　　⑩理:自然的法则。　　⑪恒:长久,固定不变。此处作动词。　　⑫画:截止。俞樾《诸子平议》:"画,止也。"　　⑬惑:迷惑。数:指客观的必然性。　　⑭天之分(fèn):殷敬顺《释文》"分"作"久","久"为"又"字形误,"又"通"有",故此"分"为"有",意即属有。《淮南子·精神训》:"是故精神者天之有也,而骨骸者地之有也。"正作"有"字。　　⑮真:此处指本源。　　⑯鬼:世俗谓人死后精灵不灭的名称。《说文》:"人所归为鬼,从儿田象鬼头,从厶,鬼阴气贼害,故从厶。"《列子》书把"鬼"看作不过是"归"的另一种说法,以此否认鬼的存在。　　⑰真宅:张湛云:"真宅,太虚之域。"北宋张载提出"太虚即气"的学说,认为"太虚不能无气,气不能不聚而为万物,万物不能不散而为太虚"(《正蒙·太和篇》)。这里的意思应是同张载相似的,故真宅可谓元气的本原。　　⑱门:天门,道家谓众妙之门。王弼注《老子》云:"天门,谓天下之所由从也。"故"门"当指元气变化万物之始。　　⑲根:此处指物质的本原。⑳我:指个人的包括身体和精神的本体。

【译文】

《黄帝书》说:"形体运动不产生形体而产生影子;声音运动不产生声音而产生回响;虚空运动不产生虚空而产生实有。"

形体,必然要终结;那么天地会终结吗? 与我一同终结。是否这种终结也会穷尽呢? 不知道啦。"道"本无开始所以无所谓终结,本无形态所以无所谓穷尽。事物的存在将返回不存在,有形体将转化为无形体。先有存在而后消灭的事物,并不等于永恒不灭的实体;先有形体而后无形的事物,并不等于无形无象的本原。存在的,按道理必定要终结。终结的不得不终结,正如存在的不得不存在一样。如果想让存在永恒,终结停止,这是不懂得自然之理呀!

精神,属天所有;骨骸,属地所有。属天的性质清轻便离散;属地的性质浊重便聚合。精神离开形体,各自返回它们的根源,所以称之为"鬼"。鬼,就是归,归返元气之本。黄帝说:"精神归入天门,骨骸返回地根,我还有什么存在呢?"

人自生至终，大化有四：婴孩也，少壮也，老耄也①，死亡也。其在婴孩，气专志一②，和之至也③；物不伤焉，德莫加焉④。其在少壮，则血气飘溢⑤，欲虑充起⑥，物所攻焉⑦，德故衰焉。其在老耄，则欲虑柔焉，体将休焉，物莫先焉⑧；虽未及婴孩之全，方于少壮⑨，间矣⑩。其在死亡也，则之于息焉，反其极矣⑪。

【注释】

①耄(mào)：老。《礼记·曲礼上》："八十、九十曰耄。"　②气：指人的精神状态。志：心意所向。　③和：淳和。　④德：指具体事物从"道"所得到的特殊规律或特殊性质，亦即"道"的基本特征和体现。加：增益。此句意为：没有谁的"德"比这(婴孩)更高了。　⑤血气飘溢：形容血气溢满。飘，通作漂，漂浮，摇荡。　⑥欲虑：欲望和思虑。　⑦攻：此处为侵蚀、扰乱的意思。⑧物莫先焉：意即：不同外物争先，因此外物没有能够占先的。　⑨方：比较。⑩间(xián)：安稳，闲静。一说"间"应释为"有差别"。　⑪极：尽端。这里指根源，即人所由出的本原自然天道。

【译文】

人从生到死，有四大变化：婴孩、少壮、老年、死亡。在婴孩时期，神气贯注，心意专一，元气最为淳和，所以外物不能伤害他，没有谁的德比这更高了。在少壮时期，血气漂溢，欲虑充盈，外物便可侵蚀他，所以德就衰退了。在老年时期，欲虑减弱，身体即将安息，外物便不能占先，虽然不及婴孩德性的完备，但比起少壮时期要好些。到了死亡时候，人已安息，便返回他的根源。

孔子游于太山①，见荣启期行乎郕之野②，鹿裘带索③，鼓琴而歌。孔子问曰："先生所以乐，何也？"对曰："吾乐甚多：天生万物，唯人为贵，而吾得为人，是一乐也。男女之别，男尊女卑，故以男为贵；吾既得为男矣，是二乐也。人生有不见日月、不免襁褓者④，吾既已行年九十矣，是三乐也。贫者士之常也⑤，死者人之终也。处常得终⑥，当何忧哉？"孔子曰："善乎！能自宽者也。"

【注释】

①太山：即泰山，在今山东省中部。　②荣启期(jī)：《庄子》、《淮南子》等书皆提到此人，盖为春秋时的隐者。郕(chéng)：古邑名，春秋时鲁国孟氏邑，在今山东省宁阳县东北。　③鹿裘：鹿皮衣，也泛指一般比较粗劣的皮衣。带索：用绳索作腰带。　④不见日月、不免襁褓(qiǎng bǎo)者：谓尚未出生就死的胎

儿和死在襁褓中的婴孩。　　⑤常:常情。　　⑥得:应为"待"。《太平御览》四六八及《艺文类聚》四十四引此段皆作"待"。

【译文】

孔子出游到泰山,看见荣启期在郕这个地方的野外行走,身穿鹿皮袄,腰系绳索带,一边弹琴,一边唱歌。

孔子问他:"先生这么快乐,是什么原因呢?"

荣启期回答:"我快乐的原因多着呢!自然生育万物,只有人最宝贵,而我得以为人,这是第一值得快乐的。男女差别,在于男尊女卑,所以男人最可贵,我既然得以为男人,这是第二值得快乐的。人的寿命有时短得死在娘肚里,死在襁褓中,而我已经历九十个年头啦,这是第三值得快乐的。贫困是读书人的寻常事情,死亡是人生的必然终结。我安处常情,等待终结,还有什么可忧虑的呢?"

孔子说:"好啊!真是能自我宽慰的人呀!"

林类年且百岁①,底春被裘②,拾遗穗于故畦③,并歌并进。孔子适卫,望之于野,顾谓弟子曰:"彼叟可与言者,试往讯之!"子贡请行④。逆之垅端⑤,面之而叹曰:"先生曾不悔乎,而行歌拾穗?"林类行不留,歌不辍⑥。子贡叩之不已⑦,乃仰而应曰:"吾何悔邪?"子贡曰:"先生少不勤行⑧,长不竞时⑨,老无妻子,死期将至,亦有何乐而拾穗行歌乎?"林类笑曰:"吾之所以为乐,人皆有之,而反以为忧。少不勤行,长不竞时,故能寿若此。老无妻子,死期将至,故能乐若此。"子贡曰:"寿者人之情⑩,死者人之恶。子以死为乐,何也?"林类曰:"死之与生,一往一反。故死于是者,安知不生于彼?故吾知其不相若矣⑪,吾又安知营营而求生非惑乎⑫?亦又安知吾今之死不愈昔之生乎⑬?"子贡闻之,不喻其意,还以告夫子。夫子曰:"吾知其可与言,果然;然彼得之而不尽者也⑭。"

【注释】

①林类:春秋时代的隐士。且:将。　　②底:通"抵",达到。被(pī):通"披"。　　③故畦:庄稼收割后的田垅。　　④子贡:春秋时卫国人。姓端木,名赐。孔子的学生。　　⑤逆:迎,接。　　⑥辍(chuò):停顿。　　⑦叩:询问。　　⑧勤行:努力行事。　　⑨竞时:竞取时运。　　⑩情:此处指人的欲念,向往。　　⑪吾知其不相若矣:据俞樾《诸子平议》,"吾"下脱一"安"字,应为"吾安知其不相若矣",即我又如何知道生与死不是相等的呢?意谓生与死是一

致的。不相若，不相等。　⑫营营：苦苦谋求的样子。　⑬愈：较好，胜过。
⑭不尽：没有达到极限，即还未达到完美的程度。

【译文】

林类的年纪快到一百岁了，时逢春天，披着皮袄，在收割后的田垄上拣拾别人遗下的麦穗，一边唱歌，一边前进。

孔子去卫国，在原野上望见他，便回头对学生说："那个老头儿可以交谈交谈。谁试着去问问他？"子贡请求前往。

子贡在田头迎住林类，对他叹口气说："先生从不觉得懊恼吗？还这样边走边唱地拾麦穗？"

林类脚不停步，歌不停口。子贡连连向他询问，他才仰头回答说："我有什么可懊恼的？"

子贡说："先生年少时不肯努力行事，长大后又不争取时运，老来没有妻子儿女，眼看死期将近，还有什么快乐值得边走边唱地拾麦穗呢？"

林类笑道："我快乐的原因，人人都有，但别人反而以此为忧虑。正因为我年少时不肯努力行事，长大后又不争取时运，所以才能如此长寿。正因为我老来没有妻子儿女，眼看死期将近，所以才这样快乐。"

子贡说："长寿，是人人都想的；死亡，是个个都厌恶的。您却以死亡为快乐，这是什么道理？"

林类回答："死亡相对于生存，一个来一个去，所以死在这里，又怎知不生在那边？因此我又如何知道生与死不是一码事呢？我又怎知苦苦谋求生存不是一种迷惑的表现呢？又怎知我现在死亡不比过去活着更好呢？"

子贡听了，不明白他的意思，回来告诉孔子。孔子说："我知道这人是可以一谈的，果然如此。但是他所掌握的道理还没有达到尽善的程度。"

子贡倦于学，告仲尼曰："愿有所息。"仲尼曰："生无所息。"子贡曰："然则赐息无所乎①？"仲尼曰："有焉耳，望其圹②，睪如也③，宰如也④，坟如也⑤，鬲如也⑥，则知所息矣。"子贡曰："大哉死乎！君子息焉，小人伏焉⑦。"仲尼曰："赐！汝知之矣。人胥知生之乐，未知生之苦；知老之惫，未知老之佚⑧；知死之恶，未知死之息也。晏子曰⑨：'善哉，古之有死也！仁者息焉，不仁者伏焉。'死也者，德之徼也⑩。古者谓死人为归人。夫言死人为归人，则生人为行人矣。行而不知归，失家者也。一人失家，一世非之⑪；天下失家，莫知非焉。有人去乡土、离六亲、废家业、游于四方而不归者,何人哉?世必谓之为狂荡之人矣。又有人钟贤世⑫、矜巧能、修名誉,夸张于世而不知已者,亦何人哉?世必以为智谋之士。此二者,胥失者也。而世与一不与一⑬,唯圣人知所与,知所去⑭。"

【注释】

①赐:子贡之名。息无所:有人认为此句接上文之意应作"无所息";但联系下文孔子的回答,似以"息无所"为是,即休息没有地方。　②圹:墓穴。③皋(gāo):通"皋",近水处的高地。形容高高的外貌。　④宰:亦即"冢"(zhǒng),此处含有大的意思。　⑤坟:本谓隆起地面的土堆,后专指坟墓。⑥鬲(lì):古代炊器,有陶制或青铜制,圆口,三足,形如鼎。这里取它中空和上小下大的外貌来形容坟墓的样子。一音 gé,通"隔",谓坟墓与外界隔绝的样子。⑦伏:随便地躺下,和上文君子"息"相对,含有轻蔑的意味。　⑧佚:通"逸",安闲。　⑨晏子:春秋时齐国人。字平仲。历任齐灵公、庄公、景公时的卿。《晏子春秋》一书出于后人依托。　⑩徼(jiào):循,即巡回之意。此处引申为循环,复归。　⑪非:反对,责怪。　⑫钟贤世:此句意为,热衷于世事。钟,专重。　⑬与:赞许。一:前"一"指所谓智谋之士,后"一"指所谓狂荡之人。⑭去:摈弃。

【译文】

子贡对学习感到厌倦了,便告诉孔子说:"我希望休息一下。"

孔子说:"人生没有什么休息。"

子贡说:"那么我就无处休息了吗?"

孔子说:"有的呀!你看那个墓穴:那高高耸立的样子,那宽宽大大的样子,那岸然隆起的样子,那与外界隔绝而当中空空的样子,就知道该在哪里休息啦!"

子贡说:"死亡真了不起呀!君子在此安息,小人在此匍匐。"

孔子说:"赐,你算明白了。大家都知道人生的快乐,不知道人生的痛苦;都知道老年的疲惫,不知道老年的安逸;都知道死亡是恶事,不知道死亡是休息。晏子说,'好啊,古人对于死亡的态度!仁德的君子在此安息,不仁的小人在此匍匐。'"

所谓死亡,便是德性的回归。因此古人把死人叫做归人。把死人叫做归人,那么活人就该是行人了。外出行走而不归返,便是抛弃家庭。一个人抛弃家庭,所有世人都会责难他;但天下人都抛弃家庭,却没有人知道去责难了。有人离开家乡,辞别亲友,荒废家业,浪游四方而不知归返,这是什么人呢?世人必定把他叫做轻狂放荡之徒。又有人热衷世事,自恃巧能,沽名钓誉,夸大铺张而不知休止,这又是什么人呢?世人必定认为他是智慧谋略之士。这两种人,都错啦!但世人却赞许后一种人而责怪前一种人。只有圣人才知道什么应该赞许,什么应该摒弃。

或谓子列子曰①:"子奚贵虚②?"列子曰:"虚者无贵也③。"子列子曰:"非其名也④,莫如静,莫如虚。静也虚也,得其居矣;取也与也⑤,失其所矣。事之破硈而后有舞仁义者⑥,弗能复也。"

【注释】

①或:犹言"有人"。 ②奚:何,为什么。 ③虚者无贵:虚本身是无所谓贵贱的。意即贵贱之分都是人为的名称概念,如果有意贵虚,就不合乎虚的道理了。④非其名也:不靠人为的名称概念而存在的,指道。意即摒除名义概念,才合道的本性。 ⑤取也与也:追求和给予。指热衷于世俗的得失予取。 ⑥事:事物的自然本性。硈(huǐ):同毁,即毁坏。舞:舞弄。

【译文】

有人对列子说:"您为什么要以虚为贵呢?"

列子回答:"既是虚,就无所谓贵贱。"

列子说:"要排除人为的名义,莫如保持清静,莫如保持虚默。恪守清静虚默,就掌握了道的所在;追求得失予取,就丧失了事物的本性。待事物的本性破毁以后,再来舞弄仁义的说教,是不能使之复元的。"

粥熊曰①:"运转亡已②,天地密移③,畴觉之哉?故物损于彼者盈于此,成于此者亏于彼。损盈成亏,随世随死④。往来相接,间不可省⑤,畴觉之哉?凡一气不顿进⑥,一形不顿亏⑦,亦不觉其成,亦不觉其亏。亦如人自世至老,貌色智态,亡日不异;皮肤爪发,随世随落,非婴孩时有停而不易也。间不可觉,俟至后知。"

【注释】

①粥(yù)熊:人名,即"鬻熊",周代楚的祖先。曾为周文王之师,封于楚。《汉书·艺文志》道家载《鬻子说》二十二篇。今有《鬻子》一卷,实为后人伪托。有人认为《列子》书中《天瑞篇》、《黄帝篇》和《力命篇》中各存有一段鬻熊的言论,当出自《鬻子》原本。 ②亡(wú):通"无"。 ③密移:静悄悄地迁移变化。 ④世(shēng):通"生"。 ⑤间(jiàn):指每一变化的间隙。省:知觉,醒悟。 ⑥气:气化,即阴阳之气化生万物的过程。不顿进:不突然地进化,即渐变;而顿进则为突变。顿,谓时间的暂忽。 ⑦形:形化,即气化而生万物后,各种物种一代一代遗传下去的过程。

【译文】

鬻熊说:"万物不停运转,天地暗中迁移,谁能感觉到呢? 所以事物在那边亏损在这里增盈,在这里成功在那边毁坏。损盈成亏,随生随死。往来变化,紧密相接,让人看不出丝毫间隙,谁能感觉到呢? 凡是一种元气不是突然发展,一种形体不是突然亏损,就不感到它的成功,就不觉得它的欠缺。正如人从生到老,面貌、神色、智力、体态没有一天不在改变;皮肤、指甲、头发也一面生长,一面脱落,并非从婴孩时代就停顿而不改变了。变化的间隙不可察觉,只有等到已经变化之后,人们才能知道。"

杞国有人忧天地崩坠^①,身亡所寄,废寝食者。又有忧彼之所忧者,因往晓之^②,曰:"天,积气耳,亡处亡气。若屈伸呼吸^③,终日在天中行止,奈何忧崩坠乎?"其人曰:"天果积气,日月星宿,不当坠邪?"晓之者曰:"日月星宿,亦积气中之有光耀者,只使坠,亦不能有所中伤。"其人曰:"奈地坏何?"晓者曰:"地积块耳^④,充塞四虚,亡处亡块。若躇步跐蹈^⑤,终日在地上行止,奈何忧其坏?"其人舍然大喜^⑥。晓之者亦舍然大喜。长庐子闻而笑之曰^⑦:"虹蜺也^⑧,云雾也,风雨也,四时也,此积气之成乎天者也^⑨。山岳也,河海也,金石也,火木也,此积形之成乎地者也^⑩。知积气也,知积块也,奚谓不坏? 夫天地,空中之一细物^⑪,有中之最巨者^⑫,难终难穷,此固然矣;难测难识,此固然矣。忧其坏者,诚为大远^⑬;言其不坏者,亦为未是。天地不得不坏,则会归于坏。遇其坏时,奚为不忧哉?"子列子闻而笑曰:"言天地坏者亦谬,言天地不坏者亦谬。坏与不坏,吾所不能知也。虽然,彼一也^⑭,此一也^⑮。故生不知死,死不知生;来不知去,去不知来。坏与不坏,吾何容心哉?"

【注释】

①杞(qǐ)国:古国名。公元前 11 世纪周分封的诸侯国,都城在雍丘,即今河南省杞县。　②晓:解释,开导。　③屈伸:指身体四肢的弯曲伸展。　④块:土块。　⑤躇步跐(cǐ)蹈:泛指人的站立行走。躇,与"踱"同。跐,踩。蹈,顿足踏地。　⑥舍(shì)然:疑虑消除的样子。舍,通"释"。　⑦长庐子:战国时楚国人,《史记》:"楚有尸子、长卢。"《汉书·艺文志》:"长卢子九篇,楚人。"属道家流。　⑧蜺(ní):"霓"的异体字,也称副虹。有时两道彩虹同时出现,位于

内侧的色鲜为虹,位于外侧的色淡为霓。　　⑨此积气之成乎天者:《列子》书认为,阴阳之气分为天地两仪,然后则"天地含精,万物化生",所以这里说虹蜺、云雾、风雨、四时都是由天所形成的积气;而下文则说山岳、河海、金石、火木都是由地所产生的积形。　　⑩积形:指具有一定体积的形体,如山岳河海、金石火木等。　　⑪空:空间。　　⑫有:具体存在的事物。近人有以此文中"空"、"有"二字的用法不见于《尔雅》、《说文》等字书,而断其为借用佛教名词者。其实佛教之"空"为万法因缘所生,自体即空义,而这里的"空"为空虚能容受之处义,故有所不同。至于此中"有"义,则在《老子》"天下万物生于有,有生于无"中即已出现。⑬大(tài):通"太"。　　⑭彼:指天地不坏。　　⑮此:指天地会坏。这两句意即天地不坏则与人同存,天地坏了则与人同灭,对人来说,天地坏或不坏都一样。

【译文】

杞国有一个人担忧天会崩塌、地会陷落,自己便无处安身,因而茶饭不进,睡眠不安。

另外有个人又替他的担忧而担忧,就前去开导他,说:"天,不过是积聚的气体,没有一处没有积气,你一屈一伸,一呼一吸,整天在天空里活动,为什么还怕它会崩塌呢?"

杞国人说:"天果然是积气,但日月星辰不会掉下来吗?"

开导他的人说:"日月星辰不过是积气当中会发光的,即使掉下来,也不会有什么伤害。"

杞国人又问:"那么地陷下去怎么办呢?"

开导他的人说:"地,不过是堆积起来的土块罢了,它充满四处,没有一处没有土块。你蹀步踩踏,整天在地上活动,为什么要怕它会陷落呢?"

杞国人听罢,疑团顿消,非常高兴;而开导他的人也十分欢喜。

长庐子听到这件事,笑他们说:"虹霓、云雾、风雨、四时,这些都是由天所形成的积聚的气体;山岳、河海、金石、火木,这些都是由地所产生的堆积的形体。既然知道它们是积聚的气体,是堆积的土块,为什么说它们不会坏呢? 天地在无限空间只是一个细微的物体,而在有限的事物中却是最为巨大的东西。它们难以终结,难以穷尽,这是肯定的;人们难以揣测它们,难以认识它们,这也是肯定的。忧虑天地会坏,那实在忧虑得太远;但断言它们不会坏,也是不见得正确的。按理说,天地不能不坏,结果总要坏的。如果遇到天地崩陷,为什么不使人忧虑呢?"

列子听说,笑道:"说天地会坏的是荒谬的,说天地不会坏的也是荒谬的。它们坏与不坏,不是我们所能知道的。既然如此,那么天地不会坏是这么一回事,天地会坏也是这么一回事。因此人活着不知道死后的情形,死了不知道生前的情形,未来不知道过去的事情,过去不知道未来的事情,那么天地会不会崩陷,我又为什么要挂在心上呢?"

舜问乎丞曰[1]:"道可得而有乎?"曰:"汝身非汝有也,汝何得有夫道?"舜曰:"吾身非吾有,孰有之哉?"曰:"是天地之委形也[2]。生非汝有,是天地之委和也[3]。性命非汝有,是天地之委顺也[4]。孙子非汝有[5],是天地之委蜕也[6]。故行不知所往,处不知所持,食不知所以。天地强阳[7],气也,又胡可得而有邪?"

【注释】

①舜:传说中我国原始时代部落联盟的领袖。姚姓,有虞氏,简称虞舜。丞:帝王的辅佐之一。《礼记·文王世子》:"虞、夏、商、周,有师保,有疑丞。"　②委形:意谓人身是自然所付与的形体。委,托付。　③委和:即人的生存是自然所付与的和气。道家认为,人是由阴阳两气冲突调和而产生的和气所形成的。④委顺:性命是自然所付与的顺化。顺,调和,和顺。指性命是顺从自然的规律,自然而然产生的。　⑤孙子:当为"子孙"。　⑥天地之委蜕:子孙是自然所付与的躯壳。即谓子孙由阴阳二气化生以后的形体遗传而生,有如昆虫的蜕化。蜕,蝉的脱壳。　⑦强阳:强,刚健,旺盛。阳,阳气。这里指自然界气的旋转运动。

【译文】

舜问身边辅政的丞道:"道可以获得并且据有吗?"

丞回答说:"你的身体都不属于你所有,又怎能据有道呢?"

舜又问:"我身体不是我的,那么是谁的呢?"

丞答道:"它是天地所付与的形体。生存也不是属你所有的,它是天地所付与的和气,性命也不是属你所有的,它是天地所付与的顺化。子孙后代也不是属你所有的,他们是天地所付与的蜕变。因此人们行走时不知该去的地方,居住时不知该保持的处所,吃喝时不知该进食的东西。天地运动,全都是气,又怎么能够获得并据有它呢?"

齐之国氏大富,宋之向氏大贫;自宋之齐,请其术[1]。国氏告之曰:"吾善为盗。始吾为盗也,一年而给[2],二年而足,三年大穰[3]。自此以往,施及州闾[4]。"向氏大喜,喻其为盗之言[5],而不喻其为盗之道,遂踰垣凿室[6],手目所及,亡不探也。未及时[7],以赃获罪,没其先居之财⑧。向氏以国氏之谬己也⑨，往而怨之。国氏曰："若为盗若何？"向氏言其状。国氏曰："嘻！若失为盗之道至此乎？今将告若矣。吾闻天有时，地有利。吾盗天地之时利，云雨之滂润⑩，山泽之产育，以生吾禾，殖吾稼，筑吾垣，建吾舍。陆盗禽兽，水盗鱼鳖，亡非盗也。夫禾稼、土木、禽兽、鱼鳖，皆天之所生，岂吾之所有？然吾盗天而亡殃⑪。夫金玉珍宝，谷帛财货，人之所聚，岂天之所与？若盗之而获罪，孰怨哉？"向氏大惑，以为国氏之重罔己也⑫，过东郭先生问焉⑬。东郭先生曰："若一身庸非盗乎⑭？盗阴阳之和以成若生，载若形⑮；况外物而非盗哉？诚然，天地万物不相离也⑯，刓而有之⑰，皆惑也。国氏之盗，公道也⑱，故亡殃；若之盗，私心也，故得罪。有公私者，亦盗也；亡公私者，亦盗也。公公私私，天地之德⑲。知天地之德者，孰为盗耶？孰为不盗耶？"

【注释】

①术：这里指致富方法。　②给(jǐ)：供给。此处指粮食用物的自给。③穰(ráng)：庄稼丰熟。　④施：施舍。州闾：乡里街坊。　⑤喻：晓悟。⑥垣(yuán)：矮墙。　⑦未及时：没有多少时候。　⑧没：没收。居：积蓄，囤积。　⑨谬：此处意为欺骗。　⑩滂润：灌溉滋润。　⑪殃：祸害，灾难。⑫重罔(wǎng)己：又一次欺骗自己。罔，虚妄。　⑬过：访问，探望。东郭先生：复姓东郭，名重，春秋时齐国人，传说为隐士。　⑭庸非：岂非。　⑮载若形：造就你的形体。"载"通"成"。　⑯天地万物不相离也：指天地万物虽有各自的性质，但又相互联系，不可分离。　⑰刓：通"认"。有：据有。　⑱公道：符合人们公共利益的道理。　⑲公公私私，天地之德：意即：公也好，私也好，都是天地的德行。德，即作为物质本原的"道"的具体表现。《列子》书认为，公与私是密切相联的，为公固然是天地之德的表现，而为私同样是天地之德的表现，因为个人的生命和身体乃是天地的产物，并非个人所有。从本质上说，公与私的性质都是一样的，至于为公无祸而为私获罪，这是由于人们不懂天地之德，迷惑于人为制定的"公"或"私"的名称概念而造成的。

【译文】

齐国有一个姓国的人非常富有，宋国有个姓向的人十分贫穷。姓向的便从宋国跑到齐国，向姓国的请教致富的方法。

姓国的告诉他："我善于偷盗。我开始偷盗的时候，一年便可自给，二年便很富足，三年家财大盛；从此以后，还可接济乡邻街坊。"

　　姓向的听罢很高兴，但只听见他介绍偷盗的话，却不领悟他说的偷盗的道理，于是翻墙挖壁，凡是眼看见、手摸着的东西，无不捞回家里。没过多久，就因盗赃而受到惩罚，连他以前积蓄的财物一并被没收。姓向的以为姓国的欺骗自己，便前去责怪他。

　　姓国的问："你是怎样偷盗的？"

　　姓向的诉说了自己的情况。姓国的说："唉！你误解偷盗的道理到了这种地步吗？现在我就告诉你吧。我听说天有四季节令，地有资源肥力。我偷的是天时地利，云雨的滋润、山泽的物产，用来生长我的禾苗，蕃殖我的庄稼，建筑我的土墙，兴造我的房舍。在陆上偷禽鸟野兽，在水里偷鱼虾龟鳖，没有一样不是偷来的。庄稼、土木、禽兽、鱼鳖都是自然界所生，难道是属于我的吗？可是我偷天地的物产就不会有灾祸；而金玉珍宝、谷帛财货，都是别人所积聚的东西，难道是天给予你的吗？你偷了它而被判罪，这该怨谁呢？"

　　姓向的听罢，更加疑惑，以为姓国的又在欺骗自己，便去找东郭先生问个究竟。

　　东郭先生说："你的一身难道不都是偷来的吗？偷阴阳和气来形成你的生命，造就你的形体，更何况那些身外之物哪一件不是偷来的呢？诚然，天地万物都相互联系，不可分离，想把它们认为己有而占据，都是心性迷惑的表现。姓国的偷盗，符合所谓公道，所以无祸；你的偷盗，是所谓私心，所以获罪。但不管为公还是为私，都是偷盗；不为公，不为私，也是偷盗。公也好，私也好，都是天地的德性。领悟天地德性的人怎会去考虑：谁是偷盗呢？谁不是偷盗呢？"

黄　帝　篇

　　黄帝轩辕氏是传说中中原各族的祖先，至战国和汉初竟与老子同被尊为道家的创始人，"清静无为"的治术被说成是他所首倡。本篇有十九个神话和寓言故事，便是以袭用黄帝的"清静无为"为主旨，专讲"养生"和"体道"的，用现代话说，就是论述个人身心修养同掌握客观规律的关系。

　　这十九个小故事虽然不相连属，但可以归纳为四层意思。首先，它借黄帝梦游华胥氏之国后的彻悟，提出"今知至道不可以情求"。所谓"至道"，指自然总体及其变化规律。大化流行，瞬息万变，想依靠常情亦即固定的名词概念，根本无法把握至道。只有"壹其性，养其气，含其德"，即排除个人的一切情欲偏见，保持内心"大清明"的状态，靠直觉的体验，方可"通乎物之所造"。"列姑射神人"、"列子师老商"、"列子问关尹"、"列子试射"以及"范氏之子"等五个故事，便是强调顺乎自然而无容私，至诚至信可以感物。

　　但《列子》并非提倡坐而体道，而是认为只有通过长期的实践，才能达到对至道的直觉体验，这便是本篇的第二层意思。"梁鸯饲虎"、"津人操舟"、"吕梁济水"、"痀偻承蜩"等故事描写的都是终日生活在生产实践中的下层劳动人民，处身行事无不自然而然地与客观规律相契合。

　　第三层意思包括"海上沤鸟"、"赵襄子狩猎"、"神巫季咸"等三个故事，是申明养生之道，在于不可有机心，应含藏己意，和同于物，做到"至言去言，至为无为"。第四层意思是说，养生之道还在于谦虚谨慎，"列子之齐"、"杨朱之沛"、"杨朱过宋"、"纪渻子斗鸡"等故事便旨在强调"大白若辱,盛德若不足"的道理。

最后,本篇谈到智力与教化在养生体道中的作用,这就与前期道家的"绝圣弃智"有所不同。不过这里说的智力不是恃智逞能而是顺应自然,如狙公以智笼群狙,顺其喜怒;这里说的教化也不应是强人所难而是体顺民心,使"四境之内,皆得其利"。

黄帝即位十有五年,喜天下戴己①,养正命②,娱耳目,供鼻口,焦然肌色皯黣③,昏然五情爽惑④。又十有五年,忧天下之不治,竭聪明,进智力⑤,营百姓⑥,焦然肌色皯黣,昏然五情爽惑。黄帝乃喟然赞曰⑦:"朕之过淫矣⑧。养一己其患如此,治万物其患如此。"于是放万机⑨,舍宫寝,去直侍⑩,彻钟悬⑪,减厨膳,退而间居大庭之馆⑫斋心服形⑬,三月不亲政事。昼寝而梦,游于华胥氏之国⑭。华胥氏之国在弇州之西⑮,台州之北⑯,不知斯齐国几千万里⑰;盖非舟车足力之所及,神游而已。其国无师长⑱,自然而已。其民无嗜欲,自然而已。不知乐生,不知恶死,故无夭殇⑲;不知亲己,不知疏物,故无爱憎;不知背逆⑳,不知向顺㉑,故无利害;都无所爱惜,都无所畏忌。入水不溺,入火不热。斫挞无伤痛,指擿无痟痒㉒。乘空如履实,寝虚若处床。云雾不硋其视㉓,雷霆不乱其听,美恶不滑其心㉔,山谷不踬其步㉕,神行而已。黄帝既寤,怡然自得,召天老、力牧、太山稽㉖,告之曰"朕闲居三月,斋心服形,思有以养身治物之道,弗获其术。疲而睡,所梦若此。今知至道不可以情求矣㉗。朕知之矣!朕得之矣!而不能以告若矣。"又二十有八年,天下大治,几若华胥氏之国,而帝登假㉘。百姓号之,二百余年不辍。

【注释】

①戴:尊奉,拥护。　②正命:即性命。俞樾《诸子平议》:"正当为生。古字生与性通。"　③焦然:形容面色憔悴。焦,黄黑色。皯黣(gǎn měi):面色枯焦黝黑。　④五情:喜、怒、哀、乐、怨。亦泛指人的情感。爽惑:错乱。　⑤进:通"尽"。　⑥营:管理。　⑦喟(kuì)然:大声叹气的样子。赞:通"叹"。⑧朕(zhèn):通"身",古人自称之词。从秦始皇起,才专用为皇帝的自称。淫:过度,太甚。　⑨万机:古代指帝王日常处理的纷繁的政务。　⑩直侍:贴身的侍从。　⑪钟悬:古代青铜制成的乐器,悬挂于架上,以奏鸣取乐。⑫间

(xián)居:即"闲居",独居。大庭:也作"大廷",古代朝廷的外廷,在中门(雉门)外,大门(库门)内。馆:公家接待宾客的房舍。这里指较简朴的房子。　⑬斋(zhāi)心:古人在祭祀前清心洁身以示庄敬。这里指洗心反省。服形:通过修养,消除欲念,使身心顺服于道,亦即达到一种忘怀自我的精神境界。　⑭华胥氏之国:神话中的国名。后人常用此作为梦境的代称。　⑮弇(yǎn)州:古地名。据《淮南子·墬形训》:"正西弇州曰并土",则此地应在中原的西面。　⑯台州:古地名。据《淮南子·墬形训》:"西北台州曰肥土",则此地应在中原的西北方向。　⑰斯:距离。齐:通"脐",引申为中央。　⑱师长:众官之长。这里指统治者。　⑲夭:短命。殇(shāng):未成年而死。　⑳背逆:违背,迕逆。㉑向顺:委顺,趋附。　㉒擿(zhì):搔爬。痟(xiāo):痠痛。　㉓硋(ài):通"碍"。　㉔滑(gǔ):通"汩"。汩乱,扰乱。　㉕踬(zhì):被绊倒。　㉖天老,力牧,太山稽:传说中黄帝的三位辅弼之臣。　㉗至道:最高深的道。情:普通的情理。　㉘登假(xiá):假,通"遐",犹言成仙而远去,为古代帝王死亡的讳称。

【译文】

黄帝登位十五年了,因受到人民拥戴而沾沾自喜,就开始调养身体,娱乐耳目,满足口鼻欲望,结果弄得面色焦黄,憔悴不堪,头昏眼花,情怀迷乱。又过了十五年,他因社会的混乱而忧虑不安,就竭尽聪明,使出才智,管理百姓,结果还是弄得面色焦黄,憔悴不堪,头昏眼花,情怀迷乱。黄帝便高声叹气说:"我的过错太大啦! 只顾调养自己,它的祸害是这样;用心治理万物,它的祸害也是这样。"于是,他放下纷繁的政务,舍弃华丽的宫寝:摈去贴身的侍从,撤掉娱乐的钟鼓,减少美味的膳食,隐退独居在外庭的简陋房舍里,清心反省,消除肉体的欲念,整整三个月都不过问政事。

有一天,他白日睡觉,做了一个梦,梦见自己在华胥氏之国漫游。华胥氏之国在弇州的西面、台州的北部,不知道距离中国有几千万里路,并非舟车和脚力所能达到的,只是神魂的漫游罢了。这个国家没有君主官长,一切听其自然;人民没有嗜好欲望,一切听其自然。他们不知迷恋生存,不知厌恶死亡,所以没有短命早死的;不知偏爱自己,不知疏远外物,所以没有喜爱和憎恨;不知违背迕逆,不知趋附委顺,所以没有利益和祸害。他们全然没有什么偏爱吝惜,全然没有什么畏惧忌讳,投入水里不会淹没,跳进火中不会烧伤;刀砍鞭打无伤痛,指甲搔爬无痠痒;升到天上如同脚踏实地,睡在虚空好似身处床榻。云雾不能妨碍他们的视线,雷霆无法扰乱他们的听觉,美恶难以迷惑他们的心境,山谷休想绊倒他们的脚步。这都是神气在运行罢了。

黄帝梦醒之后,怡然自得,把他的辅佐大臣天老、力牧和太山稽召来,告诉他们说:"我闲居了三个月,清心反省,消除欲念,思考那用来调养身心治理万物的道理,但没有获得它的方法。后来我疲倦而入睡,所梦见的就像这样。现在我知道,最高深的道是不能依靠普通的情理去求得的。我领会它啦!我获得它啦!但是我无法把它告诉你们啊!"

又过了二十八年,天下大治,几乎像华胥氏之国,而黄帝却逝世了。黎民百姓为他痛哭,二百多年都未停止。

列姑射山在海河洲中①,山上有神人焉,吸风饮露,不食五谷;心如渊泉②,形如处女③;不偎不爱④,仙圣为之臣;不畏不怒⑤,愿悫为之使⑥;不施不惠,而物自足;不聚不敛,而己无愆⑦。阴阳常调,日月常明,四时常若⑧,风雨常均,字育常时⑨,年谷常丰;而土无札伤⑩,人无夭恶⑪,物无疵厉⑫,鬼无灵响焉⑬。

【注释】

①列姑射(yè)山:古代传说中的山名。《山海经·海内北经》:"列姑射,在海河洲中。"郭璞注:"山名也。山有神人。河洲在海中,河水所经者,《庄子》所谓藐姑射之山也。"海河洲:黄河入海口的河洲。　②渊泉:深泉。此处用以比喻心境的沉静深邃。　③处女:这里形容柔弱虚静,外物未能伤害。　④偎:亲近。　⑤畏:通"威"。威严。　⑥愿悫(què):忠厚诚实。此句意为,忠厚诚实的人甘愿为他所用。　⑦愆(qiān):通"寋",困难,缺乏。　⑧若:顺从。⑨字育:养育。字,生育、乳哺。　⑩札伤:因遭瘟疫而早死。　⑪夭恶:夭折,短命。　⑫疵厉:灾害,疾病。"厉"亦作"疠",疫病。　⑬鬼无灵响:《老子》说:"以道莅天下者,其鬼不神。"道家认为,按"道"的规律行事,鬼神就无法显灵。这实际上就是一种无鬼论。灵响,即灵验,应验。

【译文】

列姑射山在北海的河洲之中,山上有神人居住。他吸风饮露,不食五谷,心境像沉静的深泉,形体似柔弱的处女。他不亲不爱,神仙圣人都臣服于他;他不威不怒,忠厚之人都愿供他役使。他不施舍不惠赠,但人们的财物都自然充足;他不聚积不征敛,但自己从不窘困。那里的阴阳常年调和,日月常年朗照,四季常年随顺,风雨常年均匀,养育常年适时,五谷常年丰收。而且土地没有瘟疫,人们没有夭死,万物没有灾祸,鬼神也失去了灵验。

列子师老商氏①,友伯高子②,进二子之道③,乘风而归。尹生闻之④,从列子居,数月不省舍⑤。因间请蕲其术者⑥,十反而十不告⑦。尹生怼而请辞⑧,列子又不命⑨。尹生退。数月,意不已,又往从之。列子曰:"汝何去来之频?"尹生曰:"曩章戴有请于子⑩,子不我告,固有憾于子。今复脱然⑪,是以又来。"列子曰:"曩吾以汝为达,今汝之鄙至此乎?姬⑫!将告汝所学于夫子者矣。自吾之事夫子友若人也⑬,三年之后,心不敢念是非,口不敢言利害,始得夫子一眄而已⑭。五年之后,心庚念是非⑮,口庚言利害,夫子始一解颜而笑。七年之后,从心之所念,庚无是非;从口之所言,庚无利害,夫子始一引吾并席而坐。九年之后,横心之所念,横口之所言⑯,亦不知我之是非利害欤,亦不知彼之是非利害欤;亦不知夫子之为我师,若人之为我友:内外进矣。而后眼如耳,耳如鼻,鼻如口,无不同也。心凝形释⑰,骨肉都融⑱;不觉形之所倚,足之所履,随风东西,犹木叶干壳,竟不知风乘我邪?我乘风乎?今女居先生之门,曾未浃时⑲,而怼憾者再三。女之片体将气所不受⑳,汝之一节将地所不载㉑。履虚乘风,其可几乎㉒?"尹生甚怍,屏息良久,不敢复言。

【注释】

①老商氏:当为列子之师壶丘子林。　②伯高子:当为列子之友伯昏瞀人。③进:通"尽"。这里有完全掌握的意思。道:即道术,指关于"道"的整体观念,也指按"道"来修行的方法。　④尹生:姓尹的书生,即下文的章戴。　⑤省(xǐng):探望。舍:指尹生自己的家。　⑥因间(jiàn):趁机。蕲(qí):通"祈",祈求。　⑦反:同"返",归还。这里意为来回。　⑧怼(duì):怨恨。　⑨不命:不表示意见。　⑩曩(nǎng):从前。　⑪脱然:霍然,轻快。形容怨气顿消的样子。　⑫姬(jū):同"居"。这里意为坐下。　⑬若人:此人,指伯高子。　⑭眄:斜着眼睛看。　⑮庚:通"更"。　⑯横:放纵,恣肆。⑰心凝形释:心意凝聚达到忘我之境。　⑱骨肉都融:骨骸肉体全部融化。以上两句是形容身心修养到一定程度时所出现的某种精神境界。　⑲未浃(jiā)时:指时间短暂。　⑳片体:意即小小一段身躯。　㉑节:骨节。这里骨节对应身躯,以极言其细小的一部分。　㉒几(jì):通"冀",盼望。

【译文】

列子拜老商氏为师,与伯高子交友,学得了二位先生的道术,驾御风云返回。有个名叫尹生的人听说了,便去伴随列子居住,好几个月都不去探望自己的家园。

他趁机向列子祈求道术,跑了十回,但十回都得不到列子的传告。尹生满腹怨恨,请求辞去,列子又不表示意见。尹生返回家中。过了好几个月,他想学道的念头难以打消,又前去跟从列子。列子说:"你为什么去去来来这样频繁?"

尹生回答:"以前我向先生请教,您不肯相告,我当然对您心怀不满。现在我的怒气已消了,因此又来找您啦。"

列子说:"从前我还以为你通达事理。现在你竟浅薄到这种地步了吗?坐下!我要告诉你我从先生那儿学来的东西。自从我事奉先生,与伯高子为友,三年之后,心中不敢存念是非,口里不敢言说利害,才得到先生斜看了一眼罢了。五年之后,心中愈加存念是非,口里愈加言说利害,先生才开始松下面孔对我笑笑。七年之后,任凭心中所想,更加没有是非,任凭口里所说,更不涉及利害,先生才开始让我和他并席而坐。九年之后,放纵心思去想,放纵口头去说,也不知我的是非利害是什么,也不知道别人的是非利害是什么,也不知道先生是我的老师,伯高子是我的朋友:内心的存想和外界的事物一切都穷尽了。

"这以后,我眼睛的作用像耳朵,耳朵的作用像鼻子,鼻子的作用像嘴巴,全身各部位没有什么不相同的。于是心意凝聚,形体消散,骨骸血肉全与自然融为一体;感觉不到身体所倚靠的、脚下所踩踏的,任随风吹而东西飘荡,犹如枯叶干壳。竟然不知道是风乘着我呢,还是我乘着风呢?

"而你现在在我的门下当学生,还没有多少时间,就再三地怨恨遗憾。这样的话,你小小一个身躯灵气也不能接受,你短短一节骨头土地也不肯承载。想要乘风凌空,怎么办得到呢?"

尹生听罢,十分惭愧,好久连大气也不敢出,没敢再多说话了。

列子问关尹曰①:"至人潜行不空②,蹈火不热,行乎万物之上而不慄。请问何以至于此?"关尹曰:"是纯气之守也③,非智巧果敢之列④。姬!鱼语女⑤。凡有貌像声色者,皆物也。物与物何以相远也?夫奚足以至乎先?是色而已⑥。则物之造乎不形⑦,而止乎无所化⑧。夫得是而穷之者⑨,焉得而正焉⑩?彼将处乎不深之度⑪,而藏乎无端之纪⑫,游乎万物之所终始⑬。壹其性⑭,养其气,含其德,以通乎物之所造⑮。夫若是者,其天守全⑯,其神无郤⑰,物奚自入焉⑱?夫醉者之坠于车也,虽疾不死。骨节与人同,而犯害与人异,其神全也。乘亦弗知也,坠亦弗知也。死生惊惧不入乎其胸,是故遻物而不慴⑲。彼得全于酒而犹若是,而况得全于天乎⑳?圣人藏于天㉑,故物莫之能伤也。"

【注释】

①关尹:战国时期的道家,姓尹,曾为函谷关尹,故称关尹。他的基本思想同老子一致。现存《关尹子》一卷九篇,系后人伪作。　　②至人:道家用以称谓道德最高的人。潜行:没入水中行走。空:通"窒",即窒碍。　　③纯气:纯和之气,指由阴阳两气变化所产生的、构成人的自然质性的纯净和气。守:保持。④智巧果敢:指智谋、巧诈、果断、勇敢。　　⑤鱼:即"我"。　　⑥色:当为"形色"。指有形貌声色的物体。《庄子·达生》同有此段,虽然也作"是色而已",但向秀注为:"同是形色之物耳,未足以相先也。"可见向秀所注《庄子》原本有"形"字,盖为后人传抄所脱落。否则此处如仅有"色"字,当成佛教"质碍名色"的概念,似不妥。　　⑦不形:无形无象的东西,指万物本原的"道"。　　⑧无所化:不被他物所化的变化,亦指"道"。　　⑨是:指上面说的自然之理。穷之:谓通晓自然之理,尽量发挥人的自然质性。　　⑩正:"止",阻止。《庄子·达生》即为:"物焉得而止焉。"焉:于此。　　⑪深:通"淫",即过度,超过节制。　　⑫端:端始,头绪。纪:即纪纲,指"道"或自然规律。本句意为,把心迹隐匿在无始无终的"道"中。　　⑬游:指心神之游。万物之所终始:指万物的本根(道)。因万物始于此,终于此,故云。　　⑭壹其性:使本性专一。意即人的自然质性不要受到外物和欲念的干扰。　　⑮物之所造:造化万物的东西,指自然。　　⑯天:谓人的自然之性。　　⑰神:指心神,神气。郤(xì):通"隙",空隙。　　⑱奚:哪里。表诘问副词。自:从。　　⑲遻(è):遇到。慑(shè):"慑"的异体字。恐惧,害怕。　　⑳天:指自然天道。　　㉑圣人藏于天:谓圣人把心神隐匿于自然天道之中,亦即达到德性与天道自然冥合的境界。

【译文】

列子问关尹:"道德最高的人潜行水里不会窒息,投入火中不会烧伤,腾空行走在万物之上而不恐惧,请问他们依靠什么能达到这种地步?"

关尹回答说:"靠的是保持纯和之气,而绝非靠智巧果敢之类。坐下!我告诉你。凡是有面貌、形象、声音、色彩的,都是物。物与物的性质凭什么相差很远呢?又有什么物能够比他物优越呢?都是物罢了。但是事物产生于无形无象的道,又消散于不被他物所化的道。获得这条自然之道并能充分发挥它的人,外物怎能阻碍和制宰他呢?

"他将把身体处于永远适宜的限度,而把心神隐匿在循环无际的变化里,并畅游在万物的本原之中。纯化他的本性,涵养他的元气,保持他的德性,依靠这些来通向自然。像这样的人,天性完善,心神纯全,外物又从何处侵入呢?酒醉的人从车上摔下来,虽然受伤但不死亡。他的骨骼筋节与别人都一样,但损害却与别人不同,原因在于他的心神纯全。乘在车上也不知道,摔下车子也不觉晓,死生惊惧的念头一点儿也不侵入他的心胸。由于这个缘故,所以遇到危险而不感到恐惧。他得到酒的保全都可以这样,更何况得到自然之道的保全呢?圣人把心神隐匿在自然之道中,所以没有什么外物能够伤害他。"

列御寇为伯昏无人射①,引之盈贯②,措杯水其肘上,发之,镝矢复沓③,方矢复寓④。当是时也,犹象人也⑤。伯昏无人曰:"是射之射⑥,非不射之射也⑦。当与汝登高山⑧,履危石,临百仞之渊,若能射乎?"于是无人遂登高山,履危石,临百仞之渊,背逡巡⑨,足二分垂在外,揖御寇而进之⑩。御寇伏地,汗流至踵。伯昏无人曰:"夫至人者,上窥青天,下潜黄泉,挥斥八极⑪,神气不变。今汝怵然有恂目之志⑫,尔于中也殆矣夫⑬!"

【注释】

①伯昏无(mào)人:列子的朋友,与《天瑞篇》中的伯昏瞀人同为一人。②引:拉弓。盈贯:射箭时,拉足弓弦达到箭头与弓背相齐的限度。　③镝矢:即指箭。复:又,重复。沓:会合。这句意为:后面的箭紧接着前面的箭,一支支连续发射出去。　④矢:作动词用,指箭射出。寓:寄托。此处指箭搭在弦上。本句意为:行前的箭刚刚射出,后面的箭又搭上弓弦。　⑤象人:泥塑木雕之人。⑥射之射:有心为射箭而射箭。　⑦不射之射:无心为射箭而射箭。指心神已超然于射箭这个举动之外,到了出神入化的境界。　⑧当:同"倘",假如。⑨背逡(qūn)巡:背对深渊,向后退步。逡巡,却退,欲进不进的样子。　⑩揖:拱手相请。　⑪挥斥:奔放。八极:八方极远的地方。　⑫怵然:恐惧貌。恂(xùn):通"眴",眨眼。志:标记。这里指表情、神色等外部表现。　⑬中:内中。这里指射箭技术的奥妙。殆:危险。这里作"差得很远"解。

【译文】

列子为伯昏无人表演箭术。他拉足弓弦达到箭头与弓背相齐的程度,并放一杯水在握弓那只手的臂膀上。只见他开始发射,一支支箭连续飞去,后面的箭簇紧追着前头的箭尾,前一支箭刚刚射出,后一支箭又搭上弓弦。这时候,列子形神凝聚,就像泥塑木雕一般。

伯昏无人说:"你这样还属于有心为射箭而射箭,并没有达到无心为射箭而射箭的地步。假如我同你攀登高山,脚踏危崖,面临几十丈的深渊,你还能这样射箭吗?"于是,伯昏无人就带他攀登高山,脚踏危崖,面临几十丈的深渊。伯昏无人背对深渊,向后退步,脚掌有一半悬在崖外,然后对列子拱手作礼,请他上来。

列子却吓得趴在地下,冷汗一直流到脚跟。伯昏无人说:"那些道德最高的人,能够窥探于青天之上,潜没于黄泉之下,奔纵于荒远之地,而神气丝毫不变。但现在你却恐惧得直眨眼睛,你对于射箭的奥妙还差得很远啊!"

范氏有子曰子华①,善养私名②,举国服之③;有宠于晋君,不仕而居三卿之右④。目所偏视⑤,晋国爵之⑥;口所偏肥⑦,晋国黜之。游其庭者侔于朝⑧。子华使其侠客以智鄙相攻,强弱相凌。虽伤破于前,不用介意⑨。终日夜以此为戏乐,国殆成俗⑩。禾生、子伯,范氏之上客,出行,经坰外⑪,宿于田更商丘开之舍⑫。中夜,禾生、子伯二人相与言子华之名势,能使存者亡,亡者存;富者贫,贫者富。商丘开先窘于饥寒,潜于牖北听之⑬。因假粮荷畚之子华之门⑭。子华之门徒皆世族也,缟衣乘轩⑮,缓步阔视。顾见商丘开年老力弱,面目黎黑⑯,衣冠不检,莫不眲之⑰。既而狎侮欺诒⑱,攮挫挨抌⑲,亡所不为。商丘开常无愠容⑳,而诸客之技单㉑,愆于戏笑。遂于商丘开俱乘高台㉒,于众中漫言曰:"有能自投下者赏百金。"众皆竞应。商丘开以为信然,遂先投下,形若飞鸟,扬于地㉓,骭骨无砨㉔。范氏之党以为偶然,未讵怪也㉕。因复指河曲之淫隈曰㉖:"彼中有宝珠,泳可得也㉗。"商丘开复从而泳之。既出,果得珠焉。众昉同疑㉘。子华昉令豫肉食衣帛之次㉙。俄而范氏之藏大火㉚。子华曰:"若能入火取锦者,从所得多少赏若。"商丘开往无难色,入火往还,埃不漫㉛,身不焦。范氏之党以为有道,乃共谢之曰㉜:"吾不知子之有道而诞子㉝,吾不知子神人而辱子。子其愚我也㉞,子其聋我也,子其盲我也。敢问其道。"商丘开曰:"吾亡道。虽吾之心,亦不知所以。虽然,有一于此,试与子言之。曩子二客之宿吾舍也,闻誉范氏之势,能使存者亡,亡者存;富者贫,贫者富。吾诚之无二心,故不远而来。及来,以子党之言皆实也,唯恐诚之之不至,行之之不及,不知形体之所措㉟,利害之所存也,心一而已。物亡迕者㊱,如斯而已。今昉知子党之诞我,我内藏猜虑,外矜观听㊲,追幸昔日之不焦溺也㊳,怛然内热^㊴,惕然震悸矣^㊵。水火岂复可近哉?"自此之后,范氏门徒路遇乞儿马医,弗敢辱也,必下车而揖之。宰我闻之^㊶,以告仲尼。仲尼曰:"汝弗知乎?夫至信之人,可以感物也。动天地,感鬼神,横六合^㊷,而无逆者,岂但履危险、入水火而已哉?商丘开信伪物犹不逆,况彼我皆诚哉?小子识之^㊸!"

【注释】

①范氏:春秋后期晋国的六大贵族之一。　②私名:即私客,旧指寄食于贵族豪门的帮闲。　③国:都城。服:屈服。　④三卿:卿,西周、春秋时国王及诸侯所分封的臣属和执掌国家政事的长官,其地位在国君之下而高于大夫和士。此三卿指当时晋国势力强大的韩、赵、魏三卿。右:古代以右为贵,故以"右"指较高贵和重要的地位。　⑤偏视:特别地多看几眼。表示赏识,看重。偏,着重,特别地。　⑥爵之:赐他以爵位。　⑦偏肥(bǐ):特别地鄙薄。肥,意为轻视,鄙薄。　⑧侔(móu):相等。　⑨用:因此。因以。介意:在意。　⑩殆:几乎。　⑪坰(jiōng):遥远的郊野。　⑫田更:老农。　⑬牖北:朝北面的窗户。牖,窗。　⑭假:借。畚:古代用草绳做的盛器。这里指用来装行李的草筐。　⑮缟衣:白色的绢衣。轩:古代一种前顶较高而有帷幕的车子,比较华丽,供高官乘坐。　⑯黧黑:即"黯黑"。　⑰眲(nè):轻视。　⑱诒(dài):通"绐",欺骗。　⑲攩(tǎng):捶打。批(pī):正面推击。挨:用体侧撞击。抌(shèn):击背。　⑳愠:含怒,怨恨。　㉑单:通"殚"。竭尽。　㉒乘:升,登。　㉓扬于地:飘飘摇摇地落到地上。　㉔肌(jī):同"肌"。砏(huǐ):同"毁"。　㉕讵(jù):通"巨"。大,特别地。　㉖淫隈:水特别深的角落。　㉗泳:潜行水中。　㉘昉:曙光初现。引申为开始,方才。　㉙豫:同"与",参与。次:位次,行列。　㉚藏:储存物品的地方。　㉛埃:尘土。漫:污染。　㉜谢:认错,道歉。　㉝诞:欺骗。　㉞其,助词,表示大概,恐怕的意思。　㉟措:放置。　㊱迕:违背,阻碍。　㊲矜:顾惜,慎重。　㊳追幸:事情过后回想起来才感到庆幸。　㊴怛(dá)然:痛苦悲伤的样子。内热:内心焦灼。　㊵惕然:战兢恐惧的样子。震悸:震惊。　㊶宰我:一名宰予,春秋时鲁国人,字子我,孔子的学生。　㊷六合:指天地四方,即上、下、东、南、西、北。　㊸小子:这里指学生。识:通"志"。记住。

【译文】

范家有个儿子名叫子华,喜欢收养游士侠客,全城的百姓都屈服于他的势力。他得到晋侯的宠爱,虽不做官,但地位比当时的三卿还要高贵。只要是被他眼睛多看几眼的人,晋国立刻赐之爵位;只要是被他嘴巴多鄙薄几句的人,晋国马上将其贬斥。在他厅堂里来往的人像在朝廷上的人一样多。子华让他的侠客们凭智力的高下来相互攻击,靠体力的强弱来相互欺凌,虽然在他面前打得伤残流血,但他丝毫不放在心上,通宵达旦以此游戏取乐,使这种残杀几乎形成国中的一时风气。

禾生和子伯是范家的上等门客,有一天外出,途经荒远的郊野,借宿在老农商丘开的茅舍里。半夜时候,禾生、子伯两人一齐在谈论子华的名望和势力,说他能使生者灭亡,亡者生存,富者变穷,穷者变富。商丘开正好困于饥寒,躲在朝北的窗口下听到了这番谈话。于是,他就借了粮食,挑着装行李的草筐,来到子华门下。

子华的门徒都是达官显贵的子弟,穿着白色的绢衣,乘坐华丽的马车,走起路来从容不迫,两眼朝天。他们瞧见商丘开年老体弱,面目黧黑,衣冠不整,都看不起他。接着又围上来戏弄欺辱,推撞捶打,无所不为。但商丘开却没有一点怨恨的样子,倒是门客们智穷技尽,戏笑也闹得累了。

于是,他们又带商丘开一同登上高台。众人中有的随意说道:"有谁自愿跳下去,赏给他一百金!"大家都假装着争先恐后地响应。商丘开信以为真,就抢先跳下高台。只见他身体好像飞鸟,飘飘荡荡地落地,肌肉骨骼毫无损伤。范家的门客以为这是偶然的,并不感到特别奇怪,便又指着河湾边的深水潭说:"那里面有宝珠,潜入水底就可得到。"商丘开又听从他们的怂恿,潜入水底。待他露出水面,果然取得了宝珠。这时候,大家才开始感到惊疑。子华这才让他加入了吃肉穿绸的上客行列。

没过多久,范家的贮藏库发生大火灾。子华说:"谁如果能入火抢救锦缎,根据救出的多少论功行赏。"商丘开面无难色,冲进大火,来回奔跑,尘埃不沾染,身体不烧焦。这一来,范家门客都认为他是有道术之人,一齐向他道歉说:"我们不知道您有道术而欺骗了您,不知道您是神人而侮辱了您,但您却毫不怨恨,大概您把我们都视为傻瓜,视为聋子,视为盲人了吧。我们冒昧向您请教这种道术。"

商丘开说:"我哪有道术? 即便我自己也不知道其中的原因。尽管如此,这里有一点倒可以试着对你们说说。先前,你们的两位门客寄住我家,我听见他们夸耀范家的势力,说他能使生者灭亡,亡者生存;能使富者变穷,穷者变富。对此,我深信不疑,毫无二心,所以就不怕路远,来到这儿。来到以后,我又以为你们这伙人的话都是事实,唯恐相信它还相信得不彻底,实行它还实行得不及时,所以就不考虑身体应在哪里安放,不知道利害应从哪里着眼,只是心意专一罢了。这样,外物就没有来阻害我的,如此而已。

"现在我才知道你们这伙人欺骗我,我便内心隐藏着猜疑,身外注意着观听,暗暗庆幸往日没有被烧焦、溺死，想起来就痛苦得内心焦灼，恐惧得胆战心惊，今后难道还可以再接近水火吗？”

从此以后，范家的门客在路上遇见乞丐马医之类的贫贱人，再也不敢侮辱了，一定要下车向他们拱手敬礼。

宰我听说这件事，便来告诉孔子。孔子说：“你不知道吗？最诚实的人，可以感化外物。他们震动天地，感化鬼神，纵横六合，而没有阻碍，难道仅仅只是脚踩危崖、身入水火而已吗？商丘开相信那些虚假的事物尚且能无所阻碍，更何况我们都是坚守诚信的呢？这点你们要牢牢记住！”

周宣王之牧正有役人梁鸯者①，能养野禽兽，委食于园庭之内②，虽虎狼雕鹗之类③，无不柔驯者。雄雌在前，孳尾成群④，异类杂居，不相搏噬也。王虑其术终于其身，令毛丘园传之。梁鸯曰：“鸯，贱役也，何术以告尔？惧王之谓隐于尔也⑤，且一言我养虎之法。凡顺之则喜，逆之则怒，此有血气者之性也。然喜怒岂妄发哉？皆逆之所犯也。夫食虎者，不敢以生物与之⑥，为其杀之之怒也⑦；不敢以全物与之，为其碎之之怒也。时其饥饱⑧，达其怒心⑨。虎之与人异类，而媚养己者，顺也；故其杀之⑩，逆也。然则吾岂敢逆之使怒哉？亦不顺之使喜也。夫喜之复也必怒⑪，怒之复也常喜，皆不中也⑫。今吾心无逆顺者也，则鸟兽之视吾，犹其侪也⑬。故游吾园者，不思高林旷泽；寝吾庭者，不愿深山幽谷⑭，理使然也。”

【注释】

①周宣王：西周国王，名靖，周厉王之子。公元前828—前782年在位。牧正：古官名。牧官之长，主管畜牧。　　②委：托付。此处引申为致送。食（sì）：通“饲”，给食。　　③雕：亦作“鵰”，鹰科，大型食肉猛禽。鹗（è）：亦称“鱼鹰”，一种外形较凶猛的候鸟，属鹗科，与家养捕鱼的“鱼鹰”（鸬鹚）不属一类。　　④孳尾：动物生育繁殖。　　⑤隐：隐瞒。　　⑥生物：活的动物。　　⑦杀之：这里的之，指前句的“生物”。　　⑧时其饥饱：根据它饥饱的情况而及时给食。　　⑨达：这里有疏导的意思。　　⑩故：则。杀：指伤害生物。疑“故其杀之”后脱一“者”字。⑪复：指事物发展到一定限度后的回复。即物极必反。　　⑫中：适中。　　⑬侪（chái）：同辈，同类。　　⑭愿：思恋。

【译文】

周宣王的牧正有一个役夫名叫梁鸯，善于饲养野生的禽兽。他在园庭里喂饲它们，即使像虎、狼、鹃、鸮一类的凶猛动物，也无不对他温柔驯顺。这些禽兽，雌雄交配繁殖，生下成群的后代。不同种类，混杂居处，从不搏斗相咬。周宣王恐怕这种技术在梁鸯身上终结了，便命令毛丘园来继承它。

梁鸯说："我，一个下贱的役夫，有什么技术可告诉你呢？但又怕国王说我对你隐瞒，姑且说说我饲养老虎的方法。大凡顺着它就欢喜，违逆它就发怒，这是有血气的生物的天性。但是欢喜或恼怒难道是随便发作的吗？这都是由依顺或违逆所触发的。给老虎喂食，我不敢拿活生生的动物给它吃，怕它因奋力咬杀活物而引起怒气；我也不敢拿整个儿的动物给它吃，怕它因使劲撕碎食物而引起怒气。要知道它饥饱的时刻，顺着它喜怒的性情。虎与人各属不同的种类，但能使它喜爱饲养它的人，是由于依顺了它。而造成它杀伤生物的原因呢，是由于违逆了它。既然这样，我难道敢于违逆它而使它发怒吗？但我也不一味依顺它使它欢喜。因为欢喜过度反过来一定会发怒，而恼怒至极反过来又经常会欢喜，这两种做法都不适中。现在我心里没有违逆它或依顺它的想法，于是鸟兽看待我，就如它们的同类一般。所以游玩在我的园庭里的动物，不思念高林旷泽；安睡在我的园庭里的鸟兽，不怀恋深山幽谷，就是这个道理使它们这样的。"

颜回问乎仲尼曰①："吾尝济乎觞深之渊矣②，津人操舟若神③。吾问焉，曰：'操舟可学邪？'曰：'可，能游者可教也，善游者数能④，乃若夫没人⑤，则未尝见舟而谡操之者也⑥。'吾问焉，而不告。敢问何谓也？"仲尼曰："譆⑦！吾与若玩其文也久矣⑧，而未达其实，而固且道与⑨？能游者可教也，轻水也；善游者之数能也，忘水也。乃若夫没人之未尝见舟也而谡操之也，彼视渊若陵⑩，视舟之覆犹其车却也⑪。覆却万物方陈乎前而不得入其舍⑫，恶往而不暇⑬？以瓦抠者巧⑭，以钩抠者惮⑮，以黄金抠者惛⑯。巧一也⑰，而有所矜⑱，则重外也⑲。凡重外者拙内。"

【注释】

①颜回：春秋时鲁国人。名回，字子渊。孔子的学生。以德行著称。早卒。后世尊为"复圣"。   ②济：渡。觞深：深潭之名，因其状如酒杯而得名，地在宋国。   ③津人：摆渡的船夫。神：神妙。   ④数能：很快能学会。数，通"速"，迅速。   ⑤没人：善潜水的人。   ⑥谡(sù)：立刻。   ⑦譆(yī)：感叹声，同"噫"或"嘻"，犹"唉"。   ⑧与：给予。这里意为教给。玩：研习。文：指书本上的道理，并没有付诸实行，得到事实的验证。   ⑨而：你。固且：尚且。与：同

"欤",表诘问语气。 ⑩陵:大土山。 ⑪车却:指车子上山坡时向后倒退。却,后退。 ⑫方:并列。舍:这里指心胸。 ⑬恶(wū):何,怎么。暇:悠闲自如。 ⑭抠(kōu):古代的一种博戏,即一方将物品藏起,另一方伸手摸取,相当于"藏钩"。这里"抠"作动词,表示进行这种博戏。 ⑮钩:带钩,一般用银、铜或玉制成。 ⑯惛:糊涂,昏昧不明。 ⑰巧:玩博戏的技巧。一:相同。 ⑱矜:顾忌。 ⑲重外:指看重身外之物。

【译文】

颜回向孔子问道:"我曾经在一个叫做觞深的深潭中渡水,摆渡的船夫驾驭小船的技术简直出神入化。我问他:'驾船的技术可以学吗?'他说:'可以。能游水的人可以教;善于游水的人很快就能学会;至于能潜水的人,即使从来没有见过船只,但立即就可驾驭它。'我再追问,他就不吭气了。冒昧请教先生,他说的是什么意思呢?"

孔子回答:"唉!我教你研习那些道理的词句已经很久啦,但从未得到事实的验证,又何况掌握道的本身呢?能游水的人可以教,是因为他把水看得很轻;善于游水的人很快就学会,是因为他不把水放在心上;至于能潜水的人从未见过船只但能立即驾驭它,是因为他把深潭看作像土山一般,把渡船的倾覆看作像车子从山坡上倒退一般。万物倾覆倒退同时呈现在他面前,但丝毫不能打动他的内心。像这样的人,无论到什么地方,怎能不从容有余呢?

"用瓦块做赌注,技术发挥得一定巧妙;用银铜做赌注,心里就害怕;用黄金做赌注,头脑都会昏昧糊涂。赌博的技巧本来一样,但有时却有所顾惜,原因就是把外物看得很重,凡是看重外物的人内心就会笨拙。"

孔子观于吕梁①,悬水三十仞②,流沫三十里,鼋鼍鱼鳖之所不能游也③,见一丈夫游之④。以为有苦而欲死者也,使弟子并流而承之⑤。数百步而出,被发行歌,而游于棠行⑥。孔子从而问之曰:"吕梁悬水三十仞,流沫三十里,鼋鼍鱼鳖所不能游,向吾见子道之⑦,以为有苦而欲死者,使弟子并流将承子。子出而被发行歌,吾以子为鬼也。察子,则人也。请问蹈水有道乎?"曰:"亡,吾无道。吾始乎故⑧,长乎性⑨,成乎命⑩,与齐俱入⑪,与汩偕出⑫。从水之道而不为私焉⑬,此吾所以道之也。"孔子曰:"何谓始乎故,长乎性,成乎命也?"曰:"吾生于陵而安于陵,故也;长于水而安于水,性也;不知吾所以然而然⑭,命也。"

【注释】

①吕梁:梁,河床中的石坎断绝水流,形成瀑布的地方。《尔雅·释水》:"石绝水曰梁。"吕梁,历史上记载有多处。按本书《说符篇》中有"孔子自卫反鲁,息驾乎河梁而观焉"句,则此处吕梁应在鲁、卫之间的泗水之上。　②悬水:即瀑布。　③鼋(yuán):爬行动物,形似鳖而大。鼍(tuó):爬行动物,亦称"扬子鳄",短吻,体长约两米。　④丈夫:古时候用来称呼成年男子。　⑤并流:傍着河流。并(bàng),通"傍",挨着。承(zhěng):通"拯",救。　⑥棠行:即塘下,堤岸下面。张湛注:"棠当作塘,行当作下。"　⑦道:张湛认为"道当为蹈",意即"踩水"。　⑧始乎故:指游水的技能开始于人天生的素质。故,原指故旧,故常,这里指自然生成的素质。　⑨长乎性:谓游水技能随自身的本性而发展。性,指人的自然质性。　⑩成乎命:听任自然之理而成功。命,这里指的是自然界的某种必然性。《列子》认为,命,即必然性是客观存在的,只有尽量发挥人的自然质性,才能同它相契合。　⑪齎(qí):"赍"的繁体字。通"齐",即"脐",中央。喻漩涡下旋的中心似脐。　⑫汩(gǔ):疾涌而出的水流。　⑬私:指个人的好恶。　⑭所以然而然:指蹈水全凭自然,以达到神妙的境地。

【译文】

孔子在吕梁观望,只见飞瀑直下二十多丈,流沫冲出三十里,即便是鼋鼍和鱼鳖也不能游渡。他看见一个汉子在水里漂游,以为是有痛苦而想自杀的人,连忙派学生沿着河岸跑去拯救他。谁知这汉子游了几百步远又从波涛中钻了出来,披头散发唱着歌,在河堤下游逛。

孔子追上去问道:"吕梁飞瀑二十丈,流沫三十里,连鼋鼍鱼鳖也不能游渡。方才我看见你跳到水里,以为你心怀痛苦想要自杀,派学生沿河跑来救你。你出水以后又披着头发,边走边唱,我又以为你是鬼呢。再一察看,却是人。请问,踩水有道术吗?"

那汉子回答:"没有,我没有道术。我不过是'始乎故'、'长乎性'、'成乎命'罢了,和漩涡一同卷进去,又随涌流一齐冲出来。我顺从河水的规律而不凭个人的好恶,这就是我能出没水中的原因。"

孔子问:"那么,什么叫做'始乎故'、'长乎性'、'成乎命'呢?"

汉子回答:"我生在河边而习惯于河边,这是天生的素质,所以叫做'故';我长在水里而习惯于水里,这是自身的本性,所以叫做'性';我不知道为什么会游水却自然而然地能游水,所以叫做'命'。"

仲尼适楚,出于林中,见痀偻者承蜩①,犹掇之也②。仲尼曰:"子巧乎！有道邪？”曰：“我有道也。五六月，累垸二而不坠③，则失者锱铢④；累三而不坠，则失者十一⑤；累五而不坠，犹掇之也。吾处也，若橛株驹⑥；吾执臂若槁木之枝⑦。虽天地之大，万物之多，而唯蜩翼之知。吾不反不侧，不以万物易蜩之翼，何为而不得？”孔子顾谓弟子曰：“用志不分，乃疑于神⑧。其痀偻丈人之谓乎⑨！”丈人曰：“汝逢衣徒也⑩，亦何知问是乎？修汝所以⑪，而后载言其上⑫。”

【注释】

①痀（jū，又读 gōu）偻者：弯腰驼背的人。承蜩（tiáo）：用顶端涂着树脂的竹竿黏捉蝉。蜩，即蝉。　　②掇：拾取。　　③累垸二而不坠：在竹竿顶端叠放二颗弹丸而不坠落。累，为“累”的异体字，堆叠。垸（huán），通“丸”，小圆球形的物体。　　④锱铢：锱，铢都是古代很小的重量单位，有说一锱为四分之一两，而六铢为一锱。比喻极微小的数量。　　⑤十一：十只里有一只，意即数量很少。⑥橛株驹：竖起的残断树桩。株驹，断树桩。　　⑦执臂：举起手臂。　　⑧疑：疑似之间。意谓相似原本作“凝”。俞樾、陶鸿庆皆为此字实作“疑”。张湛注：“意专则于神相似者也。”可见其所见本正作“疑”。　　⑨丈人：古时对老年人的尊称。　　⑩逢衣：同“逢掖”。古代读书人所穿的一种袖子宽大的衣服。后作为儒生的代称。　　⑪修（dí）：通“涤”，清洗；修除。　　⑫载：通“再”。

【译文】

孔子前往楚国，经过树林中，看见一位驼背的老汉正在黏蝉，竟像随手拾取一般容易。孔子叹道：“太巧妙啦！您有道术吗？”

老汉回答：“我有道术。经过五六个月，我练到在竹梢上叠放两颗弹丸而不坠落，那么能逃走的蝉就很少了；叠放三颗弹丸而不坠落，那么十只里面只能逃走一只；叠放五颗弹丸而不坠落，捉蝉就像随手拾取一样了。我身体站着，如同直立的树桩；我伸出手臂，好像枯树上的朽枝。虽然天地广大，万物繁多，但我只看见蝉的翅膀；我不回头不侧视，不容任何事物来分散我对蝉翼的注意力。这样，为什么还会捉不到蝉呢？”

孔子回头对学生们说：“用心专一，就能接近神奇的程度。这就是驼背老翁所说的道理啊！”

老汉说：“你们是穿着宽衣大袖的读书人，也懂得过问这些吗？清除你们那套仁义礼乐说教，然后再谈论上面这些道理吧！”

　　海上之人有好沤鸟者①，每旦之海上，从沤鸟游，沤鸟之至者百住而不止^②。其父曰:"吾闻沤鸟皆从汝游,汝取来,吾玩之。"明日之海上,沤鸟舞而不下也。故曰:至言去言^③,至为无为^④。齐智之所知^⑤,则浅矣。

【注释】

①沤:通"鸥"。　②住:同"数"。　③至言:最高深的语言。去言:摈弃语言。　④至为:最卓绝的行为。　⑤齐:限定。

【译文】

海边住着一位喜欢海鸥的人,每天早晨划船去海上,同海鸥一起玩耍,飞来的海鸥常不止上百只。他父亲说:"我听说海鸥都爱跟你在一块儿玩耍,你捉几只来,我要玩玩。"第二天他来到海上,海鸥都在空中飞舞,没有一只肯飞下来了。

所以说,最高深的言论要摈弃语言,最卓绝的行为要无所作为。只限于一个人的智巧所知,那就失之浅薄啦!

赵襄子率徒十万狩于中山^①,藉芿燔林^②,扇赫百里^③。有一人从石壁中出,随烟烬上下。众谓鬼物。火过,徐行而出,若无所经涉者^④。襄子怪而留之,徐而察之:形色七窍,人也;气息音声,人也。问奚道而处石?奚道而入火?其人曰:"奚物而谓石?奚物而谓火?"襄子曰:"而向之所出者^⑤,石也;而向之所涉者,火也。"其人曰:"不知也。"魏文侯闻之^⑥,问子夏曰^⑦:"彼何人哉?"子夏曰:"以商所闻夫子之言^⑧,和者大同于物^⑨,物无得伤阂者^⑩,游金石,蹈水火,皆可也。"文侯曰:"吾子奚不为之?"子夏曰:"刳心去智^⑪,商未之能。虽然,试语之有暇矣^⑫。"文侯曰:"夫子奚不为之?"子夏曰:"夫子能之而能不为者也^⑬。"文侯大说^⑭。

【注释】

①赵襄子:即赵无恤。春秋末年晋国大夫。赵鞅之子。曾联合晋国韩、魏二卿击败知伯,三家分晋。狩:冬天打猎。一般用放火烧草树的办法来驱逐野兽。中山:古国名。春秋末年鲜虞人所建。战国时,其活动中心在今河北省定县。②藉芿(jiè rěng):践踏乱草。芿,同"芿",乱草。　③扇:通"煽"。扇动,播扬;引申为炽盛。赫:显耀,形容气势很盛。　④若无所经涉者:指走过火烧的地方,安然无恙。　⑤向:方才。　⑥魏文侯:战国时魏国的建立者,公元前446年—前396年在位。曾因改革政治,奖励耕战,使魏成为战国初期的强国。⑦子夏:春秋时晋国人,一说卫国人。卜氏,名商。孔子学生。魏文侯尊为老师。

⑧夫子：指孔子。　　⑨和者：得纯和之气的人。大同于物：身心同外物融合一致。　　⑩伤阂：伤害，阻碍。　　⑪刳（kū）心去智：剔除思虑，摒弃智巧。刳，剔净。　　⑫试语之有暇矣：试着说说还是可以的。意即只能说不能行。⑬夫子能之而能不为者也：孔夫子能这样做，但他更能不去这样做。因为孔子的儒家学说是坚持积极用世的，而不偏于独善其身，所以子夏这样说。　　⑭说：通"悦"。喜悦。

【译文】

赵襄子率领十万人马在中山国大举狩猎，践踏乱草，焚烧树林，炽烈的火势烜赫百里。忽然有一个人从悬崖的石壁中钻将出来，随着烟火灰烬上下飘浮。大家见了都说那是鬼怪。

大火烧过，那个人徐徐地走了出来，好像方才没有经历过什么事情。赵襄子十分奇怪，将他留住。慢慢察看，见他形貌颜色和七窍是人，气息声音也是人。问他凭什么道术能居住在石壁里面？又凭什么道术能投入大火之中？那人却反问道："什么东西叫做石壁？什么东西叫做火？"

襄子说："刚才你所出来的地方，就叫石壁；刚才你所涉历的东西，就是火。"

那人说："不知道。"

魏文侯听了这件事，问子夏："他究竟是什么人？"

子夏回答："根据我听到的孔夫子的言论所知，保全纯和之气的人，身心同外物融合一致，没有什么东西能伤害和阻碍他，在金石里走动，在水火中跳跃都可以。"

文侯问："那么你为什么不这样做呢？"

子夏回答："剔净思欲，摒除智慧，我还不能办到。尽管如此，但试着谈谈这些道理还是可以的。"

魏文侯又问："那么孔夫子为什么不这样做呢？"

子夏回答："孔夫子能这样做，但是他更能不去这样做。"

魏文侯听罢，非常高兴。

有神巫自齐来处于郑①，命曰季咸②，知人死生、存亡、祸福、寿夭，期以岁、月、旬、日③，如神。郑人见之，皆避而走。列子见之而心醉，而归以告壶丘子，曰："始吾以夫子之道为至矣，则又有至焉者矣。"壶子曰："吾与汝无其文④，未既其实⑤，而固得道与？众雌而无雄，而又奚卵焉⑥？而以道与世抗⑦，必信矣⑧。夫故使人得而相汝⑨。尝试与来，以予示之。"明日，列子与之见壶子。出而谓列子曰："嘻！子之先生死矣，弗活矣，不可以旬数矣。吾见怪焉⑩，见湿灰焉⑪。"列子入，涕泣沾衿⑫，以告壶子。壶子曰："向吾示之以地文⑬，罪乎不誫不止⑭，是殆见吾杜德幾也⑮。尝又与来！"明日，又与之见壶子。出而谓列子曰："幸矣，子之先生遇我也，有瘳矣⑯。灰然有生矣⑰，吾见杜权矣⑱。"列子入告壶子。壶子曰："向吾示之以天壤⑲，名实不入⑳，而机发于踵㉑，此为杜权。是殆见吾善者幾也㉒。尝又与来！"明日，又与之见壶子。出而谓列子曰："子之先生坐不斋㉓，吾无得而相焉㉔。试斋，将且复相之。"列子入告壶子。壶子曰："向吾示之以太冲莫朕㉕，是殆见吾衡气幾也㉖。鲵旋之潘为渊㉗，止水之潘为渊，流水之潘为渊，滥水之潘为渊㉘，沃水之潘为渊㉙，氿水之潘为渊㉚，雍水之潘为渊㉛，汧水之潘为渊㉜，肥水之潘为渊㉝，是为九渊焉㉞。尝又与来！"明日，又与之见壶子。立未定，自失而走㉟。壶子曰："追之！"列子追之而不及，反以报壶子，曰："已灭矣㊱，已失矣，吾不及也。"壶子曰："向吾示之以未始出吾宗㊲。吾与之虚而猗移㊳，不知其谁何㊴，因以为茅靡㊵，因以为波流，故逃也。"然后列子自以为未始学而归，三年不出，为其妻爨㊶，食豨如食人㊷，于事无亲，雕琢复朴㊸，块然独以其形立㊹；纷然而封戎㊺，壹以是终㊻。

【注释】

①神巫：古代自称能以舞蹈降神的人，主职奉祀天帝鬼神及为人祈福禳灾，并兼事占卜、星历之术。一般女巫称"巫"，男巫称"觋（xí）"。　　②命：命名。季咸：姓季名咸，巫师。传说为春秋时郑国人。　　③期：作动词用。约定时日。犹"预言"。　　④无：应为"贯"。贯通，贯习。"无"通"毋"，而"毋"与"毌"近。"毌"为"贯"的古字，因误。　　⑤既：尽。这里有达到的意思。实：历来有释为"实质"，也有释为"事实"。这里以作"事实"为妥。未既其实，即没有达到事实的验证。　　⑥众雌而无雄，而又奚卵焉：两句意为：只有很多雌性而无雄性，又怎能卵育繁殖呢？《列子》认为，只通晓道之名相，而未能身体力行，得到事实的验证，就无从体现对道的掌握，正如只有众雌而无雄性，就不能生殖一般。　　⑦世：世俗的东西。这里指巫术一类的无稽之谈。抗：匹敌。　　⑧必信矣：必定会显露自己的内情。信，通"伸"，表白，呈露。　　⑨夫故：这个缘故。相：相面，算命。⑩怪：怪异，指死亡的征兆。　　⑪湿灰：被水浸湿的灰不能复燃，喻壶子不能复

生。　　⑫衿:同"襟"。古代衣服的交领,引申为胸襟。　　⑬地文:土地的纹理,亦即土地的外貌。道家以地为阴、为静、为浊重,故以宁静不动作为土地的外貌。此处用来形容壶子的神气凝寂沉静,如同地貌深重。　　⑭罪:当为"萌"字之误。张湛认为:"罪或作萌"。即萌动。这里用草木在萌动之际生机未露,来形容壶子堵塞生机后的状态。誫(zhèn):通"震",动。　　⑮殆:仅;只。杜:堵塞。德幾:指生机。幾,通"机",枢机,比喻生命运动的关键。　　⑯瘳(chōu):病愈。⑰灰然有生:张湛注:"灰或作全"。本句当作"全然有生"理解,即整个儿都含有生气了。　　⑱杜权:按历代注家关于"杜权"的诠释牴牾颇多,莫衷一是,此处采《庄子·应帝王》宣颖注:"杜闭中有权变。"即在生气的闭塞不通之中开始有了转机。　　⑲天壤:形容天的柔和之貌。道家认为,天为阳、为动、为清轻。此处用以形容壶子神气调谐,犹如天那样和美。壤,柔土,这里取柔和之义。　　⑳名实不入:名誉和实利都不能侵入。　　㉑机发于踵:生机从脚跟开始发动。喻阳和之气的上升。　　㉒善者几:发动生气的枢机。《庄子·应帝王》宣颖注:"善,即生意。"　　㉓不斋:不端庄整齐。指形体神气随意而动,没有确定的样子。斋也通"齐",释义同上。　　㉔无得:无法。　　㉕太冲:极度虚静。冲,空虚。莫朕:没有任何固定的迹象。朕(zhěn),通"朕",征兆,迹象。　　㉖衡气幾:平衡神气的枢机。　　㉗鲵旋之潘:鲸鲵翻转而形成的回旋水流。鲵,雌鲸。潘(pán),通"蟠"或"盘",回旋的水流。　　㉘滥水:泛涌的水。　　㉙沃水:从上浇注而下的水流。　　㉚汍(guǐ)水:从侧面涌出的水流。　　㉛雍水:泛滥又被雍塞的水流。　　㉜汧(qiān)水:从地下冒出而后积止的水。　　㉝肥水:不同源而后合流的水。　　㉞九渊:《尔雅·释水》中亦记载的上述九处深潭。此处遍数九渊,旨在说明虽成因各异,但归于静默却是一致的。　　㉟自失:精神上受到冲击而茫无所措。走:逃跑。　　㊱灭:灭迹。指不见踪影。　　㊲未始出吾宗:是指个人德性与自然天道融合无间的境界。宗,根本,即万物的本原"道"。㊳与:应酬,对待。猗(wēi)移:同"委蛇",委曲顺从貌。　　㊴不知其谁何:不知道那是什么样的一个人。指壶子的形神没有任何可以把握的迹象。　　㊵靡:倒下。　　㊶爨(cuàn):烧火煮饭。　　㊷食(sì)狶(xī)如食人:饲养猪如同喂养人。形容列子泯灭了贵贱的差别。狶,大猪。　　㊸瑑(zhuàn):玉器上隆起的雕纹。朴:未经加工的木材,引申为质朴。　　㊹块然:安然无动于心貌。　　㊺忿(fēn)然:混淆、杂乱的样子。指外部世界万象纷呈。封:界域,引申为限定于一定的范围。这里指使内心同外物隔绝,道家所追求的一种修养境界。戎:为"哉"之误。张湛注云:"戎或作哉。"一说"戎"不误,"封戎"意为"散乱",指外形不加任何修饰。这里从张湛说。㊻壹以是终:专心于此,保持到最终。

【译文】

有一个神巫从齐国来到郑国，名叫季咸，善于推算人的死生、存亡、祸福、寿夭，所预言的岁、月、旬、日，无不应验如神。郑国人看见他，都吓得纷纷避开。列子见了他，却美慕得心醉神迷，回来告诉老师壶子，说："原先我以为先生的道术是最高深的，可是现在却有比您还要高深的。"

壶子说："我教你通习了道的名相，但还没有经过事实的验证，更何况掌握道的根本呢？这正像只有很多雌性而无雄性，又怎能卵育繁殖呢？你既然拿道去同世俗的东西相抗衡，必定会显露内心的真情，这就是巫师能拿你来算命的原因。你试着带他一道来，拿我的相貌让他看看。"

第二天，列子带他来见壶子。他走出屋子对列子说："唉呀！你的先生要死啦，活不了啦，过不到十多天啦！我看见怪异的征兆，看见他的气色像湿灰一般。"

列子走进屋，悲伤哭泣，泪水沾襟，把这番话告诉了壶子。壶子说："刚才我向他显示了像大地那样凝寂沉静的外貌，气息萌发在既不振动也不止息之间。他这是只看见我堵塞了生机。你再试同他来一次。"

第二天，列子又带他来见壶子。他走出屋子对列子说："幸运呀！你的先生多亏碰上了我。他的病好啦，整个儿都有生气啦，我看见他的神气在闭塞之中有了转机啦！"

列子进屋告诉壶子。壶子说："刚才我向他显示了像天壤那样柔和美好的外貌，虚名和实利都不能侵入，而生机从脚跟开始向上发动，这便是闭塞之中的权变。他只看见我发动了生机。再试着与他一道来。"

第二天，列子又同他见了壶子。他出来对列子说："你的先生坐在那儿，形神恍惚不定，我无法拿他来相面。等他端正了，我再来给他看。"

列子进去告诉壶子。壶子说："刚才我向他显示的是没有任何迹象的极度虚静，他这是看见我平衡神气的枢机了。鲸鲵翻腾形成的回旋水流为深潭，静止的水形成的回旋水流为深潭，流动的水形成的回旋水流为深潭，漫溢的水形成的回旋水流为深潭，从上泻下的水形成的回旋水流为深潭，从侧面涌出的水形成的回旋水流为深潭，泛滥后又被壅塞的水形成的回旋水流为深潭，从地下冒出而汇集的水形成的回旋水流为深潭，不同源而合流的水形成的回旋水流也为深潭，波流虽然变化多端，但都不离静默的深潭，这些就是九渊。你再试着带他一同来。"

第二天，列子又带他来见壶子。他站立未定，就惊慌失色而逃。壶子说："去追他！"列子追去但没有赶上，回来报告壶子说："已经不见踪影啦，已经跑失啦，我追不上他。"壶子说："刚才我向他显示了我还不曾从道的本原中产生出来的样子。我虚心而随顺地应付他，以至于他不知道我究竟是什么东西，以为我是茅草随风而倒,以为我是波浪逐水而流,所以就吓得逃跑啦!"

　　这以后,列子认为自己还不曾学到什么,就返回家中,三年不出门。为他的妻子烧火煮饭,饲养猪如同侍候人。对任何事物都不亲不近,去除雕琢,返朴归真,安然无动于衷,独以形体存在。虽然万物纷呈,但内心与世隔绝,专心守一,以此终生。

　　子列子之齐,中道而反,遇伯昏瞀人。伯昏瞀人曰:"奚方而反①?"曰:"吾惊焉。""恶乎惊?""吾食于十浆②,而五浆先馈③。"伯昏瞀人曰:"若是,则汝何为惊己④?"曰:"夫内诚不解⑤,形谍成光⑥,以外镇人心⑦,使人轻乎贵老⑧,而蠚其所患⑨。夫浆人特为食羹之货⑩,多余之赢⑪;其为利也薄,其为权也轻,而犹若是,而况万乘之主⑫,身劳于国,而智尽于事。彼将任我以事,而效我以功,吾是以惊。"伯昏瞀人曰:"善哉观乎⑬!汝处己,人将保汝矣⑭。"无几何而往⑮,则户外之屦满矣⑯。伯昏瞀人北面而立,敦杖蹙之乎颐⑰,立有间⑱,不言而出。宾者以告列子⑲。列子提屦徒跣而走⑳,暨乎门㉑,问曰:"先生既来,曾不废药乎㉒?"曰:"已矣㉓。吾固告汝曰:人将保汝,果保汝矣。非汝能使人保汝,而汝不能使人无汝保也,而焉用之感也㉔?感豫出异㉕。且必有感也㉖,摇而本身㉗,又无谓也㉘。与汝游者,莫汝告也。彼所小言㉙,尽人毒也㉚。莫觉莫悟㉛,何相孰也㉜。"

　　【注释】

　　①方:犹事,故。　　②十浆:十家卖酒浆的店铺。浆,泛指液体,特指酒。③馈:赠送。　　④惊己:犹言"自失"。受惊而失去自控。　　⑤内诚:内心的情欲。诚,通"情"。解:悬解,古代道家语,谓哀乐得失无动于心。　　⑥形谍成光:指用仪貌诣媚,举止逢迎来造成光彩荣耀。形,形体容貌。谍,察伺,引申为逢迎。　　⑦以外镇人心:靠外表来镇服人心。　　⑧使人轻乎贵老:使人们轻视于尊重老人。　　⑨蠚其所患:意为(靠外表来感动外物)就会招致灾患。蠚(jī),同"齑",乱。　　⑩特:仅,只。货:做买卖。　　⑪赢:盈利。　　⑫万乘之主:古时一车四马为一乘。按周制,王畿方千里,能出兵车万乘,故战国时的大国也叫"万乘",万乘之主即指大国的国君。　　⑬观:反观,指对自身的反省。⑭保:依附。　　⑮无几何:没过多长时间。　　⑯屦(jù):用麻、葛等制成的单底鞋。　　⑰敦:竖起。蹙:原意迫促,此处用为"抵住"。颐:下颏,　　⑱有间:

一会儿。 ⑲宾者：即傧者，替主人迎接宾客的人。 ⑳徒跣(xiǎn)：赤脚步行。 ㉑暨：及，到。 ㉒废：通"发"，发放。药：药石。用以比喻规劝别人改过的话。 ㉓已矣：罢了。 ㉔而焉用之感也：你用什么方法能够如此感化别人的呢？ ㉕感豫：讨别人的欢心。豫，悦乐，安适。出异：表现与众不同。 ㉖且必有感也：如果一定要使别人被自己感化。 ㉗而：你。身：通"性"。 ㉘无谓：没有意义。 ㉙小言：不合大道的言论。 ㉚人毒：毒害人心的东西。 ㉛觉：启发。 ㉜孰：这里训作"善"。相孰，犹相善，相互得益。

【译文】

列子前往齐国，中途返回，遇见伯昏瞀人。伯昏瞀人问他："为什么事情回来？"

列子答道："我受到惊骇啦！"

伯昏瞀人问："你为什么惊骇呢？"

列子回答："我在十家卖酒浆的店铺里喝酒，就有五家争着不收钱白送给我喝。"

伯昏瞀人说："原来如此，这有什么值得你惊骇的呢？"

列子答道："内心情欲不能解除，便会举止俗媚，外表光鲜，靠这外表来镇慑人心，就会使人们轻于尊敬老者，而招来自己的祸患。卖酒浆的人只不过做做羹食之类的生意，赚些盈余下来的小利，他们获得的利益如此菲薄，掌握的力量如此轻微，但还这样敬待我，更何况那些拥有兵车万乘的大国君主呢？他们为国家操劳身心，为政事竭尽智力，一定会委任我以国事，考核我的功效，我因此就感到惊骇啦！"

伯昏瞀人说："好啊，你对自身的观察！你安居以后，人们将会来依附你了。"

没过多久，伯昏瞀人去看望列子，只见厅堂的门外摆满了鞋子。他朝北站着，竖起拐杖抵着下巴。站了一会儿，不说一句话就走了出去。迎候宾客的人告诉列子。列子慌忙提着鞋子，赤脚追到大门口，问道："先生既然来了，就不留下点规劝的话给我当作药石吗？"

伯昏瞀人说："罢了。我本来就告诉你说，人们要来依附你，果然来依附你啦。并非你能使别人来依附你，而是你不能够使别人不来依附你。那么你究竟用了什么办法能如此地感化别人呢？靠讨取别人的欢心而表现得与众不同。而你一定要感化别人，只会因此被外物摇动自己的本性，这样又有什么意义呢？同你来往的人，不能告诉你什么有益的东西，他们所说的那些细巧媚惑不合大道的言论，尽是毒害人心的货色。和他们在一起，不能相互启发，使人觉悟，又有什么可相互得益的呢？"

　　杨朱南之沛①老聃西游于秦②，邀于郊③。至梁而遇老子④。老子中道仰天而叹曰："始以汝为可教，今不可教也。"杨朱不答。至舍⑤，进涫漱巾栉⑥，脱履户外，膝行而前，曰："向者夫子仰天而叹曰：'始以汝为可教，今不可教。'弟子欲请夫子辞⑦，行不间⑧，是以不敢。今夫子间矣，请问其过⑨。"老子曰："而睢睢而盱盱⑩，而谁与居⑪？大白若辱⑫，盛德若不足⑬。"杨朱蹴然变容曰⑭："敬闻命矣⑮。"其往也，舍迎将家⑯，公执席⑰，妻执巾栉，舍者避席⑱，炀者避灶⑲。其反也，舍者与之争席矣。

【注释】

　　①杨朱：战国初期哲学家，又称杨子、阳子居或阳生。魏国人。主张"贵生重己"，"全性葆真，不以物累形"。没有留下著作。关于他的片断史料，散见于先秦诸子书中。沛：沛邑，地在今江苏省沛县东。　　②老聃(dān)：相传即老子。春秋时期思想家，道家的创始人。姓李名耳，字伯阳，楚国苦县(今河南省鹿邑县东)人。老子学说的内容主要见于《老子》(又名《道德经》)一书，对中国哲学发展有很大影响。秦：古国名，春秋时建都于雍(今陕西省凤翔县)，战国时迁都咸阳。③邀：迎候。郊：泛指城外、野外。　　④梁：即大梁，战国时魏国首都，今河南省开封市。　　⑤舍：客舍，即旅店。　　⑥涫(guàn)：通"盥"。盥洗。这里指洗脸洗手的水。漱：这里指漱口用的水。栉(zhì)：梳篦。　　⑦辞：指言辞的旨意。⑧间：通"闲"。空闲。　　⑨过：过失。　　⑩睢(suī)睢盱(xū)盱：张目仰视的样子。形容骄矜自负。　　⑪居：相处。　　⑫大白：最洁白的东西。辱：污浊。⑬盛德：盛大的德行。上两句话见于《老子》第四十一章。　　⑭蹴(cù)然：肃然起敬的样子。　　⑮敬闻命矣：我听见您的教诲啦！"敬"为表敬副词，无实义。⑯舍：旅店主人。将：送。家：即旅舍。张湛注："客舍家也。"　　⑰执席：谓恭候于座席旁。　　⑱舍者：这里指坐着休息的人。避席：古人席地而坐，离坐起立，表示敬畏。　　⑲炀者：烤火的人。炀，烘干，引申为烤火。

【译文】

　　杨朱往南去沛邑，老子西游去秦国。在郊野迎候，到大梁遇见了老子。老子半路上仰天叹道："开始我还以为你是可以教诲的，现在看来是不可教诲了。"杨朱默默不答。

　　来到旅舍，杨朱给老子送进洗手漱口的水和面巾梳篦，然后把鞋子脱在房门外，双膝跪地前行，说："方才老先生仰天叹道：'开始还以为你是可以教诲的，现在看来是不可教诲了。'学生想请教老先生这句话的含义，但行走不得空闲，所以不敢动问。现在老先生得闲啦,请问我有什么过失?"

老子回答:"你高视阔步,眼中无人,一副了不起的样子,谁还能同你在一块儿相处呢? 记注,最洁白的东西好像污浊,道德高深的人看上去好像很不够。"

杨朱肃然起敬,变了脸色说:"敬听您的教诲了!"他去沛邑的时候,旅店主人将他迎进送出,老板恭候于座席旁,老板娘为他送面巾梳篦,坐着休息的人见了他慌忙离座起立,向着灶口烤火取暖的人见了他马上让出灶头。等他从沛邑返回的时候,旅客就敢同他争抢座席啦。

杨朱过宋①,东之于逆旅②。逆旅人有妾二人,其一人美,其一人恶;恶者贵而美者贱。杨子问其故。逆旅小子对曰③:"其美者自美,吾不知其美也;其恶者自恶,吾不知其恶也。"杨子曰:"弟子记之!行贤而去自贤之行,安往而不爱哉?"

【注释】

①宋:古国名。今河南东部和山东、江苏、安徽间地。初建都商丘,战国初期迁至彭城(今江苏省徐州市)。 ②逆旅:旅馆。 ③逆旅小子:即上文之"逆旅人"。小子是长辈对晚辈、老年对青年的称呼。

【译文】

杨朱路经宋国,向东到一家旅店求宿。旅店主人有两个妾,一个容貌美丽,一个面目丑陋。可是丑女地位尊贵而美女却地位低贱。

杨朱向店主打听其中的原因。店主回答说:"那个美的自以为很美,我倒不知道她美在哪里;那个丑的自以为很丑,可我也不知道她丑在哪里。"

杨子说:"学生们记住! 做了好事但不自以为做了好事,这样的人,到哪里会不被人爱戴呢?"

天下有常胜之道,有不常胜之道。常胜之道曰柔,常不胜之道曰强。二者亦知①,而人未之知。故上古之言:强,先不己若者②;柔,先出于己者。先不己若者,至于若己,则殆矣。先出于己者,亡所殆矣。以此胜一身若徒③,以此任天下若徒,谓不胜而自胜,不任而自任也。粥子曰④:"欲刚,必以柔守之;欲强,必以弱保之。积于柔必刚,积于弱必强。观其所积,以知祸福之乡⑤。强胜不若己⑥,至于若己者刚⑦;柔胜出于己者⑧,其力不可量。"老聃曰:"兵强则灭,木强则折⑨。柔弱者生之徒,坚强者死之徒。"

【注释】

①亦:张湛注:"亦当作易。"即容易。　②先:指外界的事物。　③徒:通"途",道路。在此有道理的意思。　④鬻(yù)子:即鬻熊。注见《天瑞篇》。⑤乡:通"向",趋向。　⑥强胜:靠刚强取胜。　⑦刚:应为"戕"(qiāng),残害。张湛注:"必有折也。"此意与"戕"吻合。　⑧柔胜:以柔弱取胜。⑨折(shé):断。

【译文】

天下有常胜之道,有不常胜之道。常胜之道叫做柔弱,不常胜之道叫做刚强。这二者显而易见,但人们多不知道。因此上古有句话说:强,是认为外界的事物都不如自己;柔,是认为外界的事物都超过自己。外界的事物不如自己,待到它同自己相当了,那就危险啦。外界的事物都超过自己,便没有什么危险了。用来战胜个人身心的是这个道理,用来应付天下事情的也是这个道理,这叫做虽不有意战胜但自然就已战胜,虽不有意应付但自然就已应付。

鬻子说:"要想刚,必须靠柔来护养;要想强,必须靠弱来保障。柔积蓄起来必定刚,弱积蓄起来必定强。观察它们所积蓄的,便可知道祸福的趋向。靠刚强战胜不如自己的,待到它与自己相当,就会遭殃;以柔弱战胜超过自己的,那力量便不可估量。"

老子说:"兵马强大就会被消灭,木头刚硬就会被折断。柔弱是生存的道路,坚强是死亡的途径。"

状不必童而智童①,智不必童而状童。圣人取童智而遗童状,众人近童状而疏童智。状与我童者,近而爱之;状与我异者,疏而畏之。有七尺之骸,手足之异②,戴发含齿,倚而趣者③,谓之人;而人未必无兽心。虽有兽心,以状而见亲矣。傅翼戴角④,分牙布爪⑤,仰飞伏走,谓之禽兽;而禽兽未必无人心。虽有人心,以状而见疏矣。庖牺氏⑥、女娲氏⑦、神农氏⑧、夏后氏⑨,蛇身人面,牛首虎鼻:此有非人之状,而有大圣之德。夏桀⑩、殷纣⑪、鲁桓⑫、楚穆⑬,状貌七窍,皆同于人,而有禽兽之心。而众人守一状以求至智,未可几也⑭。黄帝与炎帝战于阪泉之野⑮,帅熊、罴、狼、豹、貙、虎为前驱⑯,雕、鹖、鹰、鸢为旗帜⑰,此以力使禽兽者也。尧使夔典乐⑱,击石拊石⑲,百兽率舞⑳;箫韶九成㉑,凤皇来仪㉒:此以声致禽兽者也。然则禽兽之心,奚为异人?形音与人异,而不知接之之道焉㉓。圣人无所不知,无所不通,故得引而使之焉。禽兽之智有自然与人童者，其齐欲摄生㉔，亦不假智于人也㉕：牝牡相偶，母子相亲；避平依险，违寒就温；居则有群，行则有列；小者居内，壮者居外；饮则相携，食则鸣群。太古之时，则与人同处，与人并行。帝王之时，始惊骇散乱矣。逮于末世㉖，隐伏逃窜，以避患害。今东方介氏之国㉗，其国人数数解六畜之语者㉘，盖偏知之所得㉙。太古神圣之人，备知万物情态，悉解异类音声。会而聚之，训而受之，同于人民。故先会鬼神魑魅，次达八方人民，末聚禽兽虫蛾。言血气之类心智不殊远也㉚。神圣知其如此，故其所教训者无所遗逸焉。

【注释】

①童：为"同"的同声假借字。下文"童"字皆同此义。　②手足之异：指手和脚的功能不同。　③倚：直立，倚靠。趣：通"趋"，快步行走。　④傅：通"附"。　⑤分牙布爪：牙齿分开，脚爪伸张。形容野兽张牙舞爪的样子。⑥庖牺氏：亦称伏牺氏或牺皇。中国神话中人类的始祖。传说人类由他和女娲氏兄妹相婚而产生。《史记·五帝本纪》说他首先蓄养牲畜。　⑦女娲氏：中国神话中人类的始祖。传说她曾用黄土造人，炼石补天。　⑧神农氏：传说中农业和医药的发明者，曾尝百草，教人治病。　⑨夏后氏：古代部落名，禹乃其酋长。后由他建立我国历史上第一个朝代，国号"夏"。一般便以夏后氏称禹。⑩夏桀：夏朝末代王。名履癸。残酷暴虐，后被商汤所灭。他出奔南方而死。⑪殷纣：亦称"帝辛"。商朝末代王。晚年沉湎酒色，横征暴欲，终被周武王所灭，兵败自焚而死。　⑫鲁桓：即鲁桓公，春秋时鲁国国君。名子允。曾谋杀其兄鲁隐公。后其夫人私通齐襄公，齐襄公将桓公灌醉杀死。　⑬楚穆：即楚穆王，春秋时楚国国君，名商臣，生性残忍，曾逼死其父楚成王。　⑭几：通"冀"，希望，期待。　⑮炎帝：传说中上古姜姓部族首领。号烈山氏。相传少典娶于有蟜氏所生。曾与黄帝在阪泉发生冲突，被打败。阪泉：古地名。其今地一说在今河北省涿鹿东南；一说在今山西省运城盐池附近。　⑯罴：熊的一种，似熊而大，俗称人熊。貙(chū)：兽名。《尔雅·释兽》："貙，獌，似狸。"　⑰鹖(hé)：鸟名。雉类，羽毛黄黑色，性好斗。　⑱尧：传说中我国原始时代部落联盟的领袖，曾设官掌管时令，制定历法。他去世后，即由舜即位。夔(kuí)：人名，尧、舜时的乐官。典乐：掌管乐律。　⑲石：古代八音之一，指石制的磬，悬挂于架上，以物击之而鸣。拊：拍击。　⑳率：相从。　㉑箫韶：虞舜乐曲名。九成：乐曲一终为一成。九成犹九章、九阕。　㉒凤皇来仪：凤凰来临是古代传说中的大

祥瑞。凤皇,同"凤凰"。仪,礼节,仪式。这里作动词用,表示来参加仪礼。　　㉓接:接引,交际。　　㉔摄生:保养身体,养生。　　㉕假:通"遐",远。㉖逮:及,到。末世:指一个朝代的末期。这里含有衰乱的意思。　　㉗介氏之国:这是《列子》中虚构的国名。　　㉘数(shuò)数:犹汲汲,急迫的样子,含有勉勉强强的意思。六畜:指马、牛、羊、豕、犬、鸡。　　㉙偏知:片面地了解。㉚殊:差异,不同。

【译文】

　　状貌不相同的,但智力相同;智力不相同的,但状貌相同。有最高道德的人看重相同的智力而忽略相同的状貌,但世人却亲近相同的状貌而疏远相同的智力。状貌与我相同的,就亲近并喜爱他;状貌与我相异的,就疏远而畏惧他。有七尺高的身躯,手脚功能不同,头上长发,口中含齿,能直立行走的,称做人,但人未必没有兽心;虽然有兽心,但因为状貌相同就互相亲近。身上长翅,头顶生角,张牙舞爪,高高飞翔或俯着身子奔跑,叫做禽兽,但禽兽未必没有人心;虽然有人心,但因为状貌与人相异就遭到疏远。庖牺氏、女娲氏、神农氏、夏后氏,蛇身人面,牛头虎鼻,他们都长着与人不同的状貌,却有着最高尚的德性。夏桀、殷纣、鲁桓公、楚穆王,状貌七窍,都与人相同,但他们却怀着禽兽之心。世人偏守着同一的状貌来寻求最高的智慧,这是很难办到的。

　　黄帝与炎帝在阪泉的原野上打仗,率领熊、罴、狼、豹、䝙、虎担任前驱,鵰、鹖、鹰、鸢作为旗帜,这是用威力来使用禽兽。尧帝派夔掌管乐律,击拍石磬,百兽相率起舞;箫韶之曲奏了九阕,凤凰飞来朝见,这是以音乐来招集禽兽。既然如此,禽兽之心为什么与人不同呢?只是它们的形貌声音与人相异,因而人们不懂得和它们交往的办法而已。唯有道德最高的人没有什么不知道的,没有什么不通晓的,所以能够招引并使用它们。

　　禽兽的智力自然有与人相同的地方,它们都要争取生存,这方面的智力也绝不低于人:雌雄相配偶,母子相亲昵;避平川依险峻,躲寒冷趋温暖;安居则成群体,行走就有行列;弱小的住在里面,强壮的守在外边;饮水就相互提携,吃食就呼唤伙伴。在太古时代,它们就与人一同居处,与人并肩行走。当帝王统治的时代,它们才开始见人就惊骇散乱。到了天下衰乱的末世,它们更是隐伏逃窜,躲避灾祸。现在东方的介氏之国,那里的人民还能勉勉强强地懂得马、牛、羊、猪、狗、鸡这六种家畜的语言,那是片面地认识所得到的。

　　远古时代的圣人,完全地知道万物的性情、状态,全部懂得异类的鸣音、叫声。要会见,它们就聚集;要训练,它们就接受,把它们当做人民看待。因而,先朝会鬼神魑魅,然后才招致八方人民,最后再聚集禽兽昆虫。这说明有血气的种类本性智力都相差不远。神圣的人懂得这个道理，所以被他们所教化训练的就没有什么遗漏的了。

宋有狙公者①，爱狙，养之成群，能解狙之意。狙亦得公之心。损其家口②，充狙之欲。俄而匮焉③，将限其食。恐众狙之不驯于己也，先诳之曰："与若芧④，朝三而暮四，足乎？"众狙皆起而怒。俄而曰："与若芧，朝四而暮三，足乎？"众狙皆伏而喜。物之以能鄙相笼⑤，皆犹此也。圣人以智笼群愚⑥，亦犹狙公之以智笼众狙也。名实不亏⑦，使其喜怒哉！

【注释】

①狙(jū)公：饲养猴子的老头。狙，狝猴。　②家口：家人的口粮。　③俄而：不久，旋即。匮(kuì)：缺乏。　④芧(xù)：橡栗。　⑤能：智巧。一本"能"作"智"。鄙：鄙俗。笼：笼络，即以手段拉拢和驾驭他人。　⑥群愚：古代统治阶级认为平民百姓都是愚昧的，因此统称之为"愚民"。群，众多。　⑦名实：指事物的名义和实际。

【译文】

宋国有一个饲养猴子的老头儿，很喜欢猴子，在家里养了一大群。他能了解猴子的性情，猴子也懂得依顺老头儿的心意。他宁肯减少家人的口粮，来满足猴子的口腹。

不久，粮食快要吃光了，他打算限制猴子的食量，又恐怕猴子们不肯驯服，就先欺骗它们说："给你们吃橡栗，早上三颗，晚上四颗，够了吗？"

猴子们一听，都乱蹦乱跳地发怒了。

过一会老头儿又说："给你们吃橡栗，早上四颗，晚上三颗，总够了吧？"

猴子们听了，都趴在地上十分欢喜。

事物所以能用智巧或鄙俗方法来笼络，都是这个道理。圣人以智慧驾驭愚昧的凡民，也如同养猴老头用智巧来笼络猴子们。名义和实际都不亏损，但能使他们或是欢喜或是恼怒啊！

纪渻子为周宣王养斗鸡①。十日而问："鸡可斗已乎？"曰："未也，方虚骄而恃气②。"十日又问。曰："未也，犹应影响③。"十日又问。曰："未也，犹疾视而盛气④。"十日又问。曰："几矣⑤。鸡虽有鸣者，已无变矣。望之似木鸡矣，其德全矣。异鸡无敢应者，反走耳。"

【注释】

①纪渻(shěng)子:虚构的人物。　②虚骄:虚浮而骄矜。恃气:自负意气。　③犹应影响:对其他鸡的身影和叫声还有反应。　④疾视:怒目而视。⑤几矣:差不多可以了。

【译文】

纪渻子为周宣王饲养斗鸡。过了十天,周宣王问他:"鸡可以斗了吗?"

他回答道:"不行,它正骄矜而恃气。"

过了十天再问他,回答:"不行,对其他鸡的影子和鸣叫仍有回应。"

过了十天再问他,回答:"还不行,它依然怒视而盛气。"

又过了十天问他,回答:"差不多啦,别的鸡虽然鸣叫,但它已经无动于衷啦。看上去好像木鸡,它的德性完备啦。别的鸡没有敢同它斗的,看见它就掉头逃走啦!"

　　惠盎见宋康王①。康王蹀足謦咳②,疾言曰:"寡人之所说者③,勇有力也,不说为仁义者也。客将何以教寡人?"惠盎对曰:"臣有道于此,使人虽勇,刺之不入;虽有力,击之弗中。大王独无意邪?"宋王曰:"善,此寡人之所欲闻也。"惠盎曰:"夫刺之不入,击之不中,此犹辱也。臣有道于此,使人虽有勇,弗敢刺;虽有力,弗敢击。夫弗敢,非无其志也④。臣有道于此,使人本无其志也。夫无其志也,未有爱利之心也⑤。臣有道于此,使天下丈夫女子莫不骧然皆欲爱利之。此其贤于勇有力也,四累之上也⑥。大王独无意邪?"宋王曰:"此寡人之所欲得也。"惠盎对曰:"孔墨是已⑦。孔丘、墨翟无地而为君,无官而为长;天下丈夫女子莫不延颈举踵而愿安利之。今大王万乘之主也,诚有其志,则四竟之内皆得其利矣⑧,其贤于孔墨也远矣。"宋王无以应。惠盎趋而出。宋王谓左右曰:"辩矣⑨,客之以说服寡人也!"

【注释】

①惠盎:人名。亦作惠孟,与战国时期哲学家惠施同族,宋国人。宋康王:战国时宋国君。其兄剔成肝杀宋桓侯而自立,他又杀其兄而自立。后被齐国攻灭,遂死于魏国。　②蹀足:顿足。謦咳(qǐng kài):咳嗽。　③说:通"悦"。喜

爱。　　④非无其志也:指虽然不敢刺、不敢打,但并不是本来就没有这种意图。
⑤爱利之心:爱戴和有利他人之心。　　⑥四累:指惠盎先前所说的"勇有力"、
"刺不入、击不中"、"不敢刺、击"、"根本不存刺击之心"这四种情况。累,堆叠。
引申为层次。　　⑦墨:墨子,名翟。春秋战国之际的思想家、政治家,墨家学派
的创始人。原为宋人,后长期居住鲁国。　　⑧四竟之内:指全国。竟,通"境",
边界。　　⑨辩:花言巧语。

【译文】

惠盎拜见宋康王。宋康王顿足咳嗽,急躁地说:"寡人所喜欢的,是勇武有力,
不喜欢搞什么仁义之类。你将拿什么来教寡人呢?"

惠盎回答:"我有道术,使人虽然勇武,但刺我不进;虽然有力,但打我不中。
大王难道对此不感兴趣吗?"

宋王说:"好! 这正是寡人所想领教的。"

惠盎又说:"刺我不进,打我不中,这对我来说还是一种耻辱。我还有道术,能
使人虽然有勇,但不敢刺我;虽然有力,但不敢打我。不敢刺不敢打,但并非本来
没有这样的意图。我还有道术,可以使他根本就不存刺人打人的念头。不存这种
念头,还未尝有爱护和有利他人之心。我还有道术,管教天下的男男女女无不欢
欢喜喜地都愿意爱护和有利他人。这种道术比勇武有力高明,远在刚才说的四种
办法之上。大王难道对此不感兴趣吗?"

宋王说道:"这正是寡人所希望得到的。"

惠盎应道:"孔丘和墨翟就是啦! 这两人没有土地,但被视为君王;没有官爵,
但被视为尊长。天下的男男女女无不伸长头颈踮起脚跟,希望安养和有利于他
们。现在大王是拥有兵车万乘的大国之主,如果有此志向,那么四境之内,人民都
能得到它的好处。这与孔丘、墨翟相比,又要高明得多啦!"

宋王无言以应。惠盎快步走了出去。宋王对身边的人说:"真算得上能言善
辩了,他用这来说服寡人啦!"

周 穆 王 篇

　　本篇有八个故事,似乎都在用"如梦如幻"说明世界万物的虚妄不实,既有周穆王西游而悟存亡变化皆在须臾,又有老役夫梦为人君其乐无比;既有樵鹿之争以说明觉梦难辨,又有华子病忘强调梦则返真;并通过"古莽"等三国对"觉"与"梦"的概念差别表明,是梦非梦,只在于个人的习惯和成见。正因为如此,有人认为本篇宗旨不过是对佛教"幻化生灭"说的一种剿袭。

　　其实,只要比较一下,便可发现两者有本质的差别。首先,"佛说昼夜梦中等无异"(《怛飒优婆夷品》),在于从"因缘法"上彻底空掉事物的本质和规律,万物空无自性,于是客观实在变成了人们主观幻觉的结果。然而《列子》是在肯定世界物质本体的前提下来谈觉与梦的。它借"老成子学幻"的故事说明,"造物者"(物质本体)难穷难终,而"因形者"(具体事物)则随起随灭,后者相对于前者,可谓幻化。其主旨在于强调,不要为事物表面的纷纭变化所迷惑,而须把握道之本质。"逢氏之子"和"燕人哭晋"的故事便是概括了这层意思。

　　其次,本篇并没有把觉醒与梦幻混为一谈,只是针对人们平素认为觉醒时的一切认识都真实无误,而梦幻时的一切想象都虚妄不经的常识,提出觉醒时有梦幻(即错误虚假的认识),而梦幻时有觉醒(即源于事实的想象)。为了进一步阐明两者的关系,本篇又试图解释成梦的原因。它认为"神遇为梦,形接为事",事是指形体与外物的接触;梦虽是一种精神活动,但"昼想夜梦,神形所遇",事又是梦的根源。接着它依《周礼·春官》所说,将梦分为"六候",其下还有

一段论梦与生理、心理状况的文字本自战国秦汉时的《灵枢经》,此
经为祖国医学基础理论的重要文献。《列子》能利用当时自然科学
所能达到的水平,对人的认识能力和形神关系作认真探索,确属难能
可贵。

　　周穆王时,西极之国有化人来①,入水火,贯金石;反山川,移城
邑;乘虚不坠,触实不硋②。千变万化,不可穷极。既已变物之形,又
且易人之虑③。穆王敬之若神,事之若君。推路寝以居之④,引三牲
以进之⑤,选女乐以娱之。化人以为王之宫室卑陋而不可处,王之厨
馔,腥螋而不可飨⑥,王之嫔御膻恶而不可亲⑦。穆王乃为之改筑。
土木之功,赭垩之色⑧,无遗巧焉。五府为虚⑨,而台始成。其高千
仞,临终南之上⑩,号曰中天之台。简郑、卫之处子娥媌靡曼者⑪,施
芳泽⑫,正娥眉,设笄珥⑬,衣阿锡⑭,曳齐纨⑮。粉白黛黑,佩玉环,杂
芷若以满之⑯;奏《承云》、《六莹》、《九韶》、《晨露》以乐之⑰。月月
献玉衣,旦旦荐玉食。化人犹不舍然,不得已而临之。居亡几何,谒
王同游。王执化人之祛⑱,腾而上者,中天乃止⑲。暨及化人之宫。
化人之宫构以金银,络以珠玉;出云雨之上,而不知下之据⑳,望之若
屯云焉㉑。耳目所观听,鼻口所纳尝,皆非人间之有。王实以为清
都、紫微㉒,钧天、广乐㉓,帝之所居。王俯而视之,其宫榭若累块积苏
焉㉔。王自以居数十年不思其国也。化人复谒王同游,所及之处,仰
不见日月,俯不见河海。光影所照,王目眩不能得视;音响所来,王耳
乱不能得听。百骸六藏㉕,悸而不凝㉖。意迷精丧,请化人求还。化
人移之㉗,王若殒虚焉㉘。既寤,所坐犹向者之处,侍御犹向者之人。
视其前,则酒未清,肴未昲㉙。王问所从来。左右曰:"王默存耳㉚。"
由此穆王自失者三月而复。更问化人。化人曰:"吾与王神游也,形
奚动哉?且曩之所居,奚异王之宫?曩之所游,奚异王之圃?王闲恒
有㉛,疑暂亡㉜。变化之极,徐疾之间,可尽模哉㉝?"王大悦。不恤国
事,不乐臣妾,肆意远游。命驾八骏之乘㉞,右服𬳿骝而左绿耳㉟,右
骖赤骥而左白𬳶㊱,主车则造父为御㊲,𬳿𬳿为右㊳;次车之乘,右服渠
黄而左逾轮,左骖盗骊而右山子,柏夭主车,参百为御,奔戎为右。驰

驱千里,至于巨蒐氏之国㊴。巨蒐氏乃献白鹄之血以饮王㊵,具牛马之湩以洗王之足㊶,及二乘之人。已饮而行,遂宿于昆仑之阿㊷,赤水之阳㊸。别日升于昆仑之丘,以观黄帝之宫,而封之以诒后世㊹。遂宾于西王母㊺,觞于瑶池之上㊻。西王母为王谣,王和之,其辞哀焉。西观日之所入。一日行万里。王乃叹曰:"於乎!予一人不盈于德而谐于乐㊼,后世其追数吾过乎㊽!"穆王几神人哉㊾!能穷当身之乐,犹百年乃徂㊿,世以为登假焉。

【注释】

①西极之国:古代对于玉门关(今甘肃省敦煌县西北)以西地区的总称,包括亚洲中西部、印度半岛、欧洲东部和非洲北部。化人:有幻术的人,亦称"眩人"或"幻人"。　②硋(ài):阻碍。　③易人之虑:改变他人的想法。　④推:辞让。路寝:古代君主处理政事的宫室。　⑤三牲:古代指用于祭祀的牛、羊、猪。⑥厨馔:食物。蝼:类似蝼蛄的臭气。飨:通"享",享用。　⑦嫔御:妃嫔。⑧赭:红土,引申为赤褐色。垩(è):白色土,引申为白色。　⑨五府:国家收藏财货的五个府库。殷敬顺《释文》:"《周礼》:太府掌九贡九职之货贿,玉府掌金玉玩好,内府主良货贿,外府主泉藏,膳府主四时食物者也。"　⑩终南:即终南山,在今陕西省西安市西南。　⑪简:选择。郑:古国名,在今河南省新郑县一带。卫:古国名,在今河南省沁阳县一带。娥媌:仪态美好貌。媌,古方言谓女子的妖美。靡曼:柔弱。　⑫芳泽:化妆用的脂膏。　⑬笄(jī):簪子,用来插住挽起的头发。珥:珠玉耳饰。　⑭阿锡:古代一种轻细的丝织物名。一说"阿锡"应为当时齐地东阿(即今山东省东阿县)所产的细布。　⑮齐纨:齐地出产的白细绢。　⑯芷:香草名,即白芷。若:香草名,即杜若。　⑰《承云》、《六莹》、《九韶》、《晨露》:皆为传说中的古曲名。　⑱袪(qǔ):衣袖。　⑲中天:犹言半空。　⑳据:所凭靠的基础。　㉑屯云:积聚的云层。屯,聚。　㉒清都、紫微:神话传说天帝居住的地方。　㉓钧天、广乐:神话传说中天上的音乐。钧天,原指天之中央。　㉔苏:打柴草。引申为柴草。　㉕骸:原指胫骨,这里泛指人身所有的骨节。六藏:即六脏。"藏"与"脏"通。　㉖悸而不凝:因为心悸而不能专注。　㉗移:推。　㉘殒虚:从虚空里坠落。殒,通"陨",坠落。　㉙晞(fèi):原意为暴晒,引申为晒干。　㉚默存:内心默念。　㉛闲:习惯。恒有:经常实有的事物。这里主要指周穆王自己的宫殿、花圃、嫔妃、膳食等。㉜暂亡:暂时的虚无的东西,指化人向周穆王展示的幻景。　㉝模:指用普通的智力和形象去捉摸。　㉞命驾:命人驾车,即动身前往之意。八骏:指下面所说

的周穆王的八匹名马。传说中八骏名称的说法不一,这里取《穆天子传》的说法,即"赤骥、盗骊,白义、逾轮、山子、渠黄、骅骝、绿耳"。　㉟服:古代一车驾四马,居中的两匹叫服。騎骝:即骅骝。騎(huá),也作"騚",古"骅"字。　㊱骖:一车四马中的两旁两匹马。白㶉(yì):周穆王八骏之一。有的古书作"白牺"、"白仪"。　㊲主车:主坐车辆的人,在中位。应为穆王本人。故原文在"车"后可能脱漏"王"字。造父:人名。古代善于驾驭马车的人。为周穆王驾车西游巡狩。㊳离窎(tài bǐng):人名,也为周穆王之善御者。　㊴巨蒐(qú sōu)氏之国:即"渠蒐",西戎国名。《禹贡》所指古西北戎族织皮、昆仑、析支、渠搜,原分布在黄河上游及甘肃西北部,后逐渐东迁,春秋时分属秦、晋等国。　㊵白鹄:白天鹅。㊶湩(dòng):乳汁。　㊷昆仑:山名。在今新疆、西藏间,西接帕米尔高原,东延入青海境内。阿(ē):曲隅。此处指山脚下曲折处。　㊸赤水:源于昆仑山的水流。但今人多认为《山海经》、《穆天子传》以及此处所说的"赤水"乃是古人假想中的西方大河,实际上并不存在。阳:北岸。　㊹封:堆土。诒:通"贻",遗留。　㊺西王母:神话人物,民间称之为"王母娘娘"。古代画像中或作男性,一般将她作为长生不老的象征。　㊻觞:指饮酒。　㊼盈:积累。谐于乐:沉醉于逸乐。　㊽其:揣测之词,表示大概或可能。数:责备。　㊾幾(qǐ):通"岂",难道。　㊿徂(cū):通"殂",死亡。

【译文】

　　周穆王在位的时候,从遥远的西方国家来了一个玩幻术的人。他能够潜入水火,穿过金石,颠倒山河,搬移城池;升在空中不会坠落,碰到实物不被阻碍;千变万化,不可穷尽;既能改变物体的形状,又可更改他人的想法。穆王敬重他如同敬事神祇,服侍他好像服伺君主,让出自己最豪华的宫殿给他居住,拿祭祀用的三牲供他享用,挑选能歌善舞的美女供他取乐。

　　但幻术师却认为周穆王的宫室卑陋不可居住,膳食腥臭不可食用,妃嫔膻恶不可亲近。穆王便为他另筑新宫,土木工程的精美,色彩装饰的华丽,没有比这更好的了。国库为之耗尽,楼台方始落成。它高耸千仞,俯临终南山顶,命名为"中天之台"。又挑选郑国、卫国的妖娆柔媚的处女,浓施脂膏,淡描蛾眉,发插金簪,耳坠珠饰,身穿东阿织造的丝裙,腰曳齐国出产的绢带,粉白黛黑,佩玉环,缀芷若,用她们来充实楼馆;又演奏《承云》、《六莹》、《九韶》、《晨露》等优美的乐曲,来供他欣赏。月月奉上玉衣,天天进献美食,但幻术师仍然不大开心,相当勉强地住进了"中天之台"。

　　住了没有多久,他请周穆王同去游玩。穆王拉着幻术师的衣袖,腾云而上,飞到半空中方才停下,来到幻术师的宫殿。幻术师的宫殿以金银构筑,用珠玉装饰。

高耸在云雨之上，却不知下面有什么凭靠，望去犹如云层堆积在一起那样。耳听目见的，鼻嗅口尝的，都不是人间所有的。穆王认定这里就是清都紫微宫，这声音就是钧天广乐曲，是天帝居住的地方。低头俯视，只见宫殿楼榭宛如层叠的土块、堆积的薪柴。穆王觉得即便在这儿住上几十年也不会思念自己的国家。

幻术师又请穆王继续同游，所到之处，抬头不见日月，低头不见河海。光影照耀之处，使人目眩不能正视；各种音响传来，使人耳乱无法倾听。浑身的骨头和五脏六腑，都悸动得不能凝神专注。穆王心意迷乱，精神亏丧，请幻术师让他返回。幻术师将他一推，穆王就好像从虚空中坠落下来。

惊醒之后，他所坐的还是先前的地方，两旁侍候的还是原来的人。再看面前，酒浆还未澄清，菜肴还未干燥。穆王问刚才从哪里回来，侍从告诉他："这不过是大王内心的默念罢了。"从此以后，穆王精神恍惚，三个月才复元。

穆王又去问幻术师。幻术师回答："我同大王不过是神游，身体怎么会动呢？况且先前所居住的宫殿，与大王自己的宫殿有什么两样呢？先前所游玩的花园，同大王自己的花园有什么不同呢？大王习惯于那些经常实有的东西，因而对这些暂时的虚无的东西感到疑惑。神气变化奥妙至极，转瞬之间，怎能凭人之常情去捉摸它呢？"

周穆王大为高兴。他不再关心国事，不再迷恋臣妾，而纵心肆意去远方遨游。他命人驾驶由八匹骏马拉曳的两乘车辆。第一乘服马两匹，右为骅骝，左为绿耳；骖马两匹，右为赤骥，左为白㸬；穆王主车，造父驾驭，䯄蔺右坐。第二乘服马两匹，右为渠黄，左为逾轮；骖马两匹，左为盗骊，右为山子；柏夭主车，参百驾驭，奔戎右坐；驰驱千里，来到巨蒐氏之国。巨蒐氏人献白天鹅的鲜血供穆王饮用，备牛马的乳汁给穆王洗脚，款待连及二乘车上的其他客人。

饮血完毕再上行程，于是夜宿昆仑山麓，赤水北岸。第二天登上昆仑山顶，观看昔日黄帝巡游四海所起的宫殿，在此堆起土块作为标记，以传留后世。然后他们又访问了西王母，饮酒于瑶池之上。西王母为穆王吟颂歌谣，穆王赋诗唱和，辞旨哀婉动人。他又向西观看了太阳落山的地方。一日行程万里。于是穆王叹道："啊呀！我一人不积些恩德，反而追求逸乐，后代人可能会责备我的过错了！"

周穆王难道是神人吗？他在世时能够享尽逸乐，还活到一百岁才死亡，世人都以为他登天成仙了呢。

老成子学幻于尹文先生[①]，三年不告。老成子请其过而求退。尹文先生揖而进之于室，屏左右而与之言曰："昔老聃之徂西也[②]，顾而告予曰：有生之气，有形之状，尽幻也。造化之所始，阴阳之所变者,谓之生,谓之死。穷数达变③,因形移易者④,谓之化,谓之幻。造物者其巧妙⑤,其功深,固难穷难终。因形者其巧显,其功浅,故随起随灭。知幻化之不异生死也,始可与学幻矣。吾与汝亦幻也,奚须学哉?"老成子归,用尹文先生之言深思三月,遂能存亡自在,幡校四时⑥;冬起雷,夏造冰;飞者走,走者飞。终身不箸其术⑦,故世莫传焉。子列子曰:"善为化者,其道密庸⑧,其功同人。五帝之德⑨,三王之功⑩,未必尽智勇之力,或由化而成。孰测之哉?"

【注释】

①老成子:人名。战国时宋国人。尹文:战国时期哲学家。其学说与黄老刑名之学相近。《汉书·艺文志》著录《尹文子》一篇,列入名家。现存上、下两篇,一般认为是魏晋间人伪托。 ②徂西:前往西方。据《史记·老子申韩列传》所载,老子西游,出函谷关而"莫知其所终"。"徂西"之事当本此说。 ③穷:穷究。数:原指定数,即不可违抗的必然性。此处指规律而言。 ④因形移易者:根据事物形状的不同而随之更改变化。 ⑤造物者:创造化育万物的,原谓天地自然,此处当指万物的本原也即"道"。巧:机杼。妙:变化的微妙。⑥幡校(fān jiào)意即变乱交错。幡,通"翻",翻转、颠倒。校,亦作交,交错。⑦箸:通"著",显明。 ⑧密庸:暗暗地发生作用。密,《玉篇》:"止也,默也,深也。"庸,通"用",发生作用。 ⑨五帝:中国传说中的上古五位帝王。一般指黄帝、颛顼、帝喾、唐尧、虞舜。 ⑩三王:指夏禹、商汤、周文王。

【译文】

老成子向尹文先生求学幻术。但过了三年都得不到他的传授。老成子向他请问自己有什么过失,并求告退。

尹文先生拱手作礼请他走进内室,屏退左右的人,对他说:"当年老聃去西方游历的时候,回头对我说:有生命的气息,有形状的事物,都是变幻不定的。天地所肇始的,阴阳所变化的,叫做生,叫做死。穷究自然规律,通达变化之本,根据事物形状的不同而随之变化的,叫做化,叫做幻。大自然的机巧奥妙,功效深厚,本来就难以穷尽,难以探究;而根据形体来变化的东西,机巧显著,功效浅薄,所以随生随灭。只有知道幻化的道理同生死的道理原是一样的,才可向我学习幻术。进一步说,我和你的存在也是幻象,还需要学什么幻术呢?"

老成子回家后把尹文先生的话深思了整整三个月,于是能自在地掌握存亡命运,随心地变动四季节令;冬天能起雷霆,夏天能造冰雪;能使天上飞的在地下走,地下走的到天上飞。他终生不露自己的道术,因此世上就没有流传。

列子说:"善于幻化的人,他的道术暗暗地发生作用,他的功迹看上去也如同一般的人。五帝的德行,三王的功业,不一定都靠智慧和勇力,或许也是凭借幻化的作用而成就的。谁能猜测到这些呢?"

　　觉有八徵①,梦有六候②。奚谓八徵? 一曰故③,二曰为④,三曰得⑤,四曰丧⑥,五曰哀,六曰乐,七曰生,八曰死。此者八徵,形所接也⑦。奚谓六候? 一曰正梦⑧,二曰蘁梦⑨,三曰思梦⑩,四曰寤梦⑪,五曰喜梦⑫,六曰惧梦⑬。此六者,神所交也⑭。不识感变之所起者,事至则惑其所由烈;识感变之所起者,事至则知其所由然。知其所由然,则无所惕。一体之盈虚消息,皆通于天地,应于物类。故阴气壮,则梦涉大水而恐惧;阳气壮,则梦涉大火而燔焫⑮;阴阳俱壮⑯,则梦生杀。甚饱则梦与,甚饥则梦取。是以浮虚为疾者,则梦扬;以沈实为疾者⑰,则梦溺。藉带而寝则梦蛇⑱,飞鸟衔发则梦飞。将阴梦火,将疾梦食。饮酒者忧⑲,歌舞者哭⑳。子列子曰:"神遇为梦㉑,形接为事。故昼想夜梦,神形所遇。故神凝者想梦自消。信觉不语㉒,信梦不达㉓;物化之往来者也㉔。古之真人㉕,其觉自忘,其寝不梦,幾虚语哉?"

【注释】

①觉:睡醒。指人的清醒的状态。徵:迹象。　　②候:占验,即对事物预测后的应验。　　③故:事故。　　④为:作为。　　⑤得:获得。　　⑥丧:丧失。⑦形所接也:形体与外物相接触所产生的。　　⑧正梦:指在一般正常精神状态下做的梦。　　⑨蘁(è)梦:谓因惊愕而梦。蘁通"噩"。　　⑩思梦:因思念而梦。　　⑪寤梦:指人在清醒时由于某种影响而处于一种出神的状态所出现的梦境。　　⑫喜梦:因喜悦而梦。　　⑬惧梦:因恐怖而梦。　　⑭神所交也:精神与外界相交感而产生的。　　⑮燔:烧,焫(ruò,又读 rè):同"蒸",烧。　　⑯阴阳俱壮:人体内以阴阳调和适中为佳,如阴阳都很亢盛,则产生冲突,所以梦见生死相杀。　　⑰沈:同"沉"。　　⑱藉带:睡在衣带上。藉,坐卧其上。　　⑲饮酒者忧:据陶鸿庆说,句首当有"梦"字。此句意即:梦见饮酒,醒来就会忧虑。⑳歌舞者哭:句首也应有"梦"字,意即梦见歌舞,醒来就会哭泣。以上两句指人们的情绪在梦中达到极端,便会在觉醒时走向反面。　　㉑遇:相契合。　　㉒信觉:最真实的觉醒。语:用语言表达。　　㉓信梦:最真实的梦境。达:靠常情去理解。《列子》中这种"信觉"和"信梦"的精神状态,有点像《庄子·齐物论》中所说

的"大觉"和"大梦",是道家所追求的一种最高修养境界。　㉔物化:事物的彼此同化。　㉕真人:道家称"修真得道"的人。

【译文】

觉醒有八种表现,做梦有六种占验。什么叫八种表现?一叫事故,二叫作为,三叫获得,四叫丧失,五叫悲哀,六叫欢乐,七叫生存,八叫死亡。这八种表现,是形体与外界相接触而产生的。什么叫六种占验?一叫正梦,二叫噩梦,三叫思梦,四叫寤梦,五叫喜梦,六叫惧梦。这六种占验,是精神与外界相交感而产生的。不认识感应和变化的根本,事情来了就会迷惑它所以来的原因;认识感应和变化的根本,事情来了就会知道它所以来的原因。知道事情所以来的原因,就没有什么可惊惧的了。

人体的盈虚消长,都与天地相通,与外物相感应。所以阴气亢盛,就会梦见徒涉大水而感到恐惧;阳气亢盛,就会梦见走进烈火而被焚烧;阴阳两气都亢盛,就会梦见生死相杀。吃得太饱了就梦见送别人东西,肚子太饿就梦见向别人要东西。所以,因脉象虚浮而得病的人,就梦见飞扬;因血气沉实而得病的人,就梦见溺水。压着衣带睡觉就梦见蛇,飞鸟来衔头发就梦见飞。气血将转为阴冷会梦见火烧,身体将要得病会梦见食物。梦见饮酒,醒来就会忧愁;梦见歌舞,醒来就会哭泣。

列子说:"精神与外界相契合为做梦,形体与外物相接触为实事。所以白天有想念,夜晚会做梦的原因,便是精神和形体的契合。因此,精神凝静的人,白天的情思,夜晚的梦魇都会自然消逝。最真实的觉醒不能用语言表达,最真实的梦境无法靠常情通晓,它们是事物彼此同化的结果。古代那些修真得道的人,觉醒时忘怀自己,睡眠时不会做梦,这难道是虚假的吗?"

西极之南隅有国焉①,不知境界之所接,名古莽之国②。阴阳之气所不交,故寒暑亡辨;日月之光所不照,故昼夜亡辨。其民不食不衣而多眠。五旬一觉,以梦中所为者实,觉之所见者妄。四海之齐谓中央之国③,跨河南北④,越岱东西⑤,万有余里。其阴阳之审度⑥,故一寒一暑;昏明之分察⑦,故一昼一夜。其民有智有愚。万物滋殖,才艺多方。有君臣相临,礼法相持。其所云为不可称计⑧。一觉一寐,以为觉之所为者实,梦之所见者妄。东极之北隅有国曰阜落之国⑨。其土气常燠⑩,日月余光之照,其土不生嘉苗。其民食草根木实,不知火食,性刚悍,强弱相藉,贵胜而不尚义;多驰步,少休息,常觉而不眠。

【注释】

①隅:边远的地方。或作"角落"。　　②古莽之国:虚构的国名。　　③四海:古代人认为中国四境都有海环绕。四海,犹言天下,或指全国。齐:通"脐",正中。中央之国:即指广义的中国。　　④河:黄河。　　⑤岱:泰山。　　⑥阴阳之审度:应为"阴阳之度审"。意即,阴阳两气的节度分明。审,详悉,熟究。⑦昏明:早晚。分:分界。察:昭著,明显。　　⑧云为:《易·系辞》云:"变化云为。"后引申为作为,言论和行事。称:例举。　　⑨阜落之国:虚构的国名。⑩燠(yù,又读ào):闷热。

【译文】

　　远在西方的南部有一个国家,广阔得不知道边界在什么地方,叫做"古莽之国"。那里,阴阳两气不交合,所以寒暑没有差别;日月光芒照不到,所以昼夜无法区分。人民不吃饭不穿衣却总是睡觉。五十天一觉,把睡梦里干的事情当作真实,把觉醒时看见的东西认为虚妄。

　　四海之中叫"中央之国",地跨黄河南北,横越泰岱东西,有一万多里之广。在那里,阴阳的节度分明,所以一年有一寒一暑;昏明的界限清楚,所以一天有一昼一夜。人民有智慧的,有愚笨的。万物滋生繁殖,人才技艺多方。有君主臣佐来治理,有礼节法制来维持。他们的言论和作为多得难以列举和记载。每天有觉醒有睡眠,认为觉醒时干的事情是真实,睡梦中见的东西是虚妄。

　　远在东方的北部有一个国家叫做"阜落之国"。那里气候闷热,昼夜都有日月光芒的照耀,土地长不出好庄稼。人民吃草根树果,不知用火烧熟食物。性情很刚悍,强弱相践踏,以胜者为贵而不崇尚仁义。奔走不停而休息很少,经常觉醒而不睡觉。

　　周之尹氏大治产①,其下趣役者侵晨昏而弗息②。有老役夫筋力竭矣,而使之弥勤。昼则呻呼而即事,夜则昏惫而熟寐。精神荒散,昔昔梦为国君③。居人民之上,总一国之事。游燕宫观④,恣意所欲,其乐无比。觉则复役。人有慰喻其勤者⑤。役夫曰:"人生百年,昼夜各分⑥。吾昼为仆虏⑦,苦则苦矣;夜为人君,其乐无比。何所怨哉?"尹氏心营世事,虑钟家业,心形俱疲,夜亦昏惫而寐。昔昔梦为人仆,趋走作役,无不为也;数骂杖挞,无不至也。眠中喑呓呻呼⑧,彻旦息焉。尹氏病之⑨,以访其友。友曰:"若位足荣身,资财有余,胜人远矣。夜梦为仆,苦逸之复⑩,数之常也。若欲觉梦兼之,岂可得邪?"尹氏闻其友言,宽其役夫之程⑪,减己思虑之事,疾并少间⑫。

【注释】

　①周:古地名,即今陕西省岐山一带。治产:经营产业。　②趣役者:奔走服役的人。侵晨昏:犹言从早到晚。侵,迫近。　③昔:通"夕",夜。　④燕:通"宴",宴饮。　⑤勚:同"勤"。愁苦。　⑥分:一半。　⑦仆虏:对仆人的贱称。　⑧啽(ān)呓:说梦话。　⑨病:担忧。　⑩苦逸之复:劳苦和安逸的相为反复。　⑪程:进度或期限,这里有限度的意思。　⑫疾:此处指心情或生活上的痛苦。少:稍。间:指病愈。

【译文】

　　周国有一户姓尹的富人大治家产,手下那些奔走干活的仆人忙得从早到晚不得休息。有一个老役夫已经累得精疲力竭,反而被派去干更加繁重的苦工。白天,他呻吟哀叫着去干活;夜晚,他就昏沉疲倦而熟睡。精神恍惚散乱,夜夜梦见自己当了国王,位居万人之上,主掌一国之事。游览宴饮在宫殿楼台之中,恣意寻欢作乐,快活无比。早上醒来便又去干苦工。有人同情他勤苦来安慰他。他回答说:"人生百年,昼夜各半。我白天做仆人,苦是苦啦;一到夜里我就做国王,真是其乐无比,有什么好抱怨的呢?"

　　那个姓尹的富人整天心里谋算着世事,考虑着家业,弄得身劳神疲,到晚上也昏沉疲累地睡觉。夜夜梦见给别人当奴仆,奔走干活,没有什么苦事不做的;责骂杖打,没有什么侮辱不受的。睡眠时,梦呓呻吟,通宵达旦。姓尹的为之痛苦不堪,便去拜访他的朋友。朋友说:"你的地位足以荣身,财富也绰绰有余,远远胜过别人啦!你夜里梦见做奴仆,劳苦和安逸相为反复,这是符合事物规律的常情。你想兼有觉醒时和睡梦中的快乐,怎么可能得到呢?"

　　姓尹的听了朋友的话,便放宽了役夫们干活的限度,减少了自己思虑的事情,果然他的痛苦就稍微好了一些。

　　郑人有薪于野者①,遇骇鹿②,御而击之③,毙之。恐人见之也,遽而藏诸隍中④,覆之以蕉⑤,不胜其喜。俄而遗其所藏之处,遂以为梦焉。顺涂而咏其事⑥。傍人有闻者,用其言而取之。既归,告其室人曰⑦:"向薪者梦得鹿而不知其处;吾今得之,彼直真梦矣⑧。"室人曰:"若将是梦见薪者之得鹿邪⑨?讵有薪者邪⑩?今真得鹿,是若之梦真邪?"夫曰:"吾据得鹿,何用知彼梦我梦邪?"薪者之归,不厌失鹿⑪。其夜真梦藏之之处,又梦得之之主。爽旦⑫,案所梦而寻得之⑬。遂讼而争之⑭，归之士师⑮。士师曰："若初真得鹿，妄谓之梦；真梦得鹿，妄谓之实。彼真取若鹿，而与若争鹿⑯。室人又谓梦仞人鹿⑰。无人得鹿。今据有此鹿，请二分之。"以闻郑君。郑君曰："嘻！士师将复梦分人鹿乎？"访之国相。国相曰："梦与不梦，臣所不能辨也。欲辨觉梦，唯黄帝、孔丘。今亡黄帝、孔丘，孰辨之哉？且恂士师之言可也⑱。"

【注释】

①薪：砍柴草。　②骇鹿：受惊的鹿。　③御(yà)：迎。　④隍：无水的护城壕。此处指干涸的水沟。　⑤蕉：《字汇补》云："薪也。"即柴草。有人训此"蕉"为"蕉叶"，盖误。　⑥涂：通"途"，道路。咏：原指曼声长吟。此处当为喋喋不休地说话。　⑦室人：指妻子。　⑧直：就是。　⑨将：抑或；说不定。　⑩讵：难道。　⑪厌(yān)：通"愿"，安静貌。　⑫爽旦：天明。爽，明。　⑬案：通"按"，根据。　⑭讼：争论是非。　⑮士师：古官名，掌禁令、狱讼、刑罚。为法官之通称。　⑯而与若争鹿：当作"而若与争鹿"，因此话对失鹿者而言。　⑰仞：通"认"，认取。　⑱恂：通"循"，依顺。

【译文】

郑国有个樵夫在山野里砍柴，遇到一头受惊的鹿。他连忙迎上去把鹿打死了。恐怕被别人瞧见，就慌慌张张地把鹿藏在一条干涸的濠沟里，上面用柴草遮盖起来。樵夫高兴无比。过了一会儿却找不到藏鹿的地方了。于是以为刚才做了一场梦，沿途向人诉说这件事。

旁边有人听见，就依照他的话找到了那头鹿。回到家里，告诉老婆说："刚才有个樵夫梦里打死一头鹿，却忘记了收藏的地方；现在被我找到了，他果真是做了个好梦呀！"

他老婆说："恐怕是你梦见什么樵夫得到一头鹿吧？难道真有那个樵夫吗？现在你真的得到了鹿，怕是你真的做梦吧？"

汉子说："反正我得到了这头鹿，还管什么他做梦我做梦呢？"

樵夫回到家里，对丢失死鹿总感到不甘心。他夜里真的梦见了藏鹿的地方，还梦见了找到鹿的那个汉子。第二天清早，樵夫就根据所梦见的路径，寻到了汉子家。于是两个人为争鹿而吵起来，闹到法官那里。

法官对樵夫说："你起初真的得鹿，又妄说是梦；真的做梦看见了鹿，又妄说是事实。他真的取走了你的鹿，你又同他争鹿。他老婆又说是做梦认取了别人的鹿。可见没有人真的得到过鹿。现在既有这头鹿，就一家分一半吧。"

这件案子上报给郑国的国王。国王说："哈哈！法官怕也在做梦给别人分鹿吧?"他又去询问国相。国相说:"梦与非梦,我也无法辨别。想辨别觉醒或做梦,只有黄帝、孔丘才能够。如今黄帝、孔丘都死了,谁还能分辨得清呢?姑且依法官的判决就可以啦!"

宋阳里华子中年病忘①,朝取而夕忘,夕与而朝忘;在涂则忘行,在室则忘坐;今不识先,后不识今。阖室毒之②。谒史而卜之③,弗占④;谒巫而祷之,弗禁;谒医而攻之,弗已。鲁有儒生自媒能治之⑤,华子之妻子以居产之半请其方⑥。儒生曰:"此固非卦兆之所占,非祈请之所祷,非药石之所攻。吾试化其心,变其虑,庶几其瘳乎⑦!"于是试露之⑧,而求衣;饥之⑨,而求食;幽之⑨,而求明。儒生欣然告其子曰:"疾可已也。然吾之方密,传世不以告人⑩。试屏左右,独与居室七日。"从之。莫知其所施为也,而积年之疾一朝都除。华子既悟,乃大怒,黜妻罚子,操戈逐儒生。宋人执而问其以。华子曰:"曩吾忘也,荡荡然不觉天地之有无⑪。今顿识既往,数十年来存亡、得失、哀乐、好恶,扰扰万绪起矣⑫。吾恐将来之存亡、得失、哀乐、好恶之乱吾心如此也,须臾之忘,可复得乎?"子贡闻而怪之,以告孔子。孔子曰:"此非汝所及乎!"顾谓颜回纪之。

【注释】

①阳里华子:虚构的人物。病忘:患了健忘症。　②毒:以为苦。　③史:史官,掌管祭祀和记事等。卜:占卜。古人用火灼龟甲,视裂纹以推测吉凶祸福。④占:应验。　⑤自媒:自我推荐。　⑥居产:积蓄的财产。　⑦庶几:也许可以。　⑧露之:把他放在露天受冻。　⑨幽之:禁闭。　⑩传世:祖孙相传。　⑪荡荡然:渺渺茫茫,空旷高远的样子。　⑫扰扰:纷乱貌。

【译文】

宋国有一个人名叫阳里华子,到中年时害了健忘症,早晨拿的晚上忘记,晚上给的早晨忘记;在路上忘记行走,在屋里忘记就坐;现在记不起过去,以后又记不起现在。全家都为他的病而苦恼。请卜史为他占卜,不应验;请巫师为他祈祷,禁制不了;请医生为他下药,不见效。

鲁国有个儒生自称能治他的病。华子的老婆儿女情愿拿出一半的家产来求取他的方术。儒生说:"这种病本来就不是卦兆所能占验的,也不是祈祷所能解除的,更不是药石所能攻治的。我试着感化他的心神,改变他的思虑,也许可以使他痊愈吧!"

于是,把他放在露天,他冷了就要求穿衣;不给送饭,他饿了就要求吃食;幽禁在暗处,他受不了就要求光亮。儒生高兴地告诉他儿子说:"疾病可以治好啦! 但我的方术是保密的,祖孙相传,不告外人。请屏退在旁侍候的人,让我单独同他在内屋住七天。"家人听从了他。都不知道他在里面施展些什么法术,竟使多年的疾病一下子都根除了。

华子醒悟过来,就大发雷霆,斥责老婆,惩罚儿子,拿起戈来驱逐儒生。邻居们捉住他,问他这样做的缘故。华子说道:"从前我健忘,渺渺茫茫地不觉得天地是有是无。现在一下子知道了往事,几十年来的存亡、得失、哀乐、好恶,纷纷乱乱,千头万绪地涌上心头。我恐怕将来的存亡、得失、哀乐、好恶还会像这样扰乱我的心境,再想忘记哪怕短短一刻,难道还能办到吗?"

子贡听说后感到很奇怪,把这件事告诉了孔子。孔子说:"这道理并非你所能悟到的啊!"他回头吩咐颜回记住这件事。

秦人逢氏有子①,少而惠,及壮而有迷罔之疾②。闻歌以为哭,视白以为黑,飨香以为朽③,尝甘以为苦,行非以为是。意之所之,天地、四方、水火、寒暑,无不倒错者焉。杨氏告其父曰:"鲁之君子多术气,将能已乎? 汝奚不访焉?"其父之鲁,过陈④,遇老聃,因告其子之证⑤。老聃曰:"汝庸知汝子之迷乎⑥? 今天下之人皆惑于是非,昏于利害。同疾者多,固莫有觉者⑦。且一身之迷不足倾一家,一家之迷不足倾一乡,一乡之迷不足倾一国,一国之迷不足倾天下。天下尽迷,孰倾之哉? 向使天下之人其心尽如汝子⑧,汝则反迷矣。哀乐、声色、臭味⑨、是非,孰能正之? 且吾之此言未必非迷,而况鲁之君子迷之邮者⑩,焉能解人之迷哉? 荣汝之粮⑪,不若遄归也⑫。"

【注释】

①逢(páng):古姓氏。 ②迷罔之疾:精神失常的病。 ③朽:通"殠(chòu)",腐臭气。 ④陈:古国名,地有今河南东部和安徽一部分。公元前478年为楚所灭。 ⑤证:通"症"。疾病的症候情况。 ⑥庸:即"庸讵"。何以,怎么。 ⑦固:乃、就。 ⑧向使:假使当初。 ⑨臭(xiù):总指气味。 ⑩邮:通"尤",最。因邹鲁多儒士,盛称仁义,而《列子》书则反对仁义说教,故称"鲁之君子迷之邮者"。 ⑪荣(yíng):"赢"的同音通假,负担。 ⑫遄(chuán):急速。

【译文】

秦国人逢氏有个儿子,小时候很聪明,长大却患了精神失常的病。听唱歌以为哭,见白的以为黑,闻香的以为臭,尝甜的以为苦,干错事以为对。意识所向,天地、四方、水火、寒暑,无不颠倒错乱。

有个姓杨的人对他父亲说:"鲁国的读书人多有道术技艺,或许能治好他的病吧? 你为什么不去拜访他们呢?"

他的父亲便前往鲁国,经过陈国的时候遇到老子,他就把儿子的病情告诉了老子。老子说:"你怎么知道你儿子的精神迷乱呢? 现在天下人都分不清什么是非,被利害得失弄得颠三倒四。同病的人多了,就没有人能觉察这种病的。而且一个人迷乱不足以倾覆一家,一家子迷乱不足以倾覆一乡,一乡人迷乱不足以倾覆一国,一国人迷乱不足以倾覆天下。但天下人全都迷乱了,还有什么可倾覆的呢? 假使当初天下人的心神都像你儿子一般,那你就反而是精神失常的人了。哀乐、声色、气味、是非,有谁能来正名呢? 而且我的这番言论也未必不是迷乱的表现,更何况鲁国那些君子都是最为迷乱的人,怎么能解开别人的迷乱呢? 还不如趁早背着你的干粮回家去吧!"

　　燕人生于燕①,长于楚②,及老而还本国。过晋国③,同行者诳之,指城曰:"此燕国之城。"其人愀然变容。指社曰④:"此若里之社。"乃喟然而叹,指舍曰:"此若先人之庐。"乃涓然而泣⑤。指垄曰⑥:"此若先人之冢。"其人哭不自禁。同行者哑然大笑⑦,曰:"予昔绐若,此晋国耳。"其人大惭。及至燕,真见燕国之城社,真见先人之庐冢,悲心更微⑧。

【注释】

①燕:古国名。相当今河北北部和辽宁西端一带。公元前222 年为秦所灭。②楚:古国名。战国时疆域西北到今陕西省商县东,东南至今江苏、浙江。公元前223 年为秦所灭。　　③晋:古国名。地有今山西大部,河北、河南和陕西各一部。公元前4 世纪中叶分为韩、赵、魏三国。　　④社:祭祀土地神的庙。⑤涓然:慢慢流泪的样子。涓,细小的水流。　　⑥垄:同"垄",坟墓。　　⑦哑(è)然:形容笑声。　　⑧更:改变。"世德堂"本作"便"。

【译文】

有个燕国人生在燕国,长在楚国,到了年老便归返故乡。经过晋国的时候,同行的人欺骗他,指着城墙说:"这就是燕国的城墙。"那个人听了,凄怆地改变了面色。同行的人指着社庙说:"这是你乡下的社庙。"于是他又深深地悲叹起来。同行的人指着房屋说:"这是你家祖先住的房子。"他听了不禁潸然泪下。同行的人又指着一座坟墓说:"这是你家祖先的坟墓。"他情不自禁地大哭起来。

　　同行的人见了,哈哈大笑,说:"刚才是我骗你的,这里不过是晋国而已。"那个人大为羞愧。回到燕国以后,当他真的见到了燕国的城墙和社庙,真的见到了祖先的房舍和坟茔时,反而不像以前那样悲哀了。

仲 尼 篇

　　本篇同《黄帝篇》互为映照，谈的都是认识论。但《黄帝篇》着重讲如何养生以体道，而这里则接着论述，如何遵循"道"的本性去认识世界。本篇由十二个故事和三段议论杂纂而成，初看似无顺序，但稍加整理，还是可以看出其中脉络。

　　第一则故事借孔子和颜回的问答，提出无知无为，方能无所不知，无所不为。但又如何做到"无知无为"呢？首先必须顺物之情而不任逞意志，如"西方圣人"的"不治而不乱，不言而自信"，或如"尧治天下"的那段民谣所言："不识不知，顺帝之则。"然后要做到内观反省，不假于外，方能"有易于内而无难于外"，如"列子好游"和"公休伯力闻诸侯"这两则故事所说的。接着还要善于含藏，做到大辩若讷，大巧若拙，如南郭子那样"得意者无言，尽知者也无言"和孔子那样"能反、能讷、能怯、能同"。最后，还要像龙叔那样忘怀彼我是非，亦即克服名言概念的局限。只有这样，才能达到寂然体道、无幽不照的境界，如亢仓子之视听不用耳目和列子之学于老商氏一旦观物即理无所隐。

　　本篇最后一节，以关尹喜的话总结了上面这几层意思。在他看来，"物自违道，道不违物"，只有人去违反自然规律，规律是不会违反人的。所以"道不违物"，是因为"道"无为；而"物自违道"，则是因为人的有为，这种有为专指那些强逞意志的行为。于是他要求破除一切主观成见，做到"在己无居，形物其著。其功若水，其静若镜，其应若响"，即像水一样顺应自然规律，像镜子、回声一样如实反映客观世界。只是他过分强调了耳目感官和名言概念的局限性，认为

"善若道者,亦不用耳,亦不用目,亦不用力,亦不用心",这就不免使人对世界的总体把握成了一种"默而得之,性而成之"的神秘直觉。

　　仲尼闲居,子贡入侍,而有忧色。子贡不敢问,出告颜回。颜回援琴而歌。孔子闻之,果召回入,问曰:"若奚独乐?"回曰:"夫子奚独忧?"孔子曰:"先言尔志。"曰:"吾昔闻之夫子曰:'乐天知命故不忧'①,回所以乐也。"孔子愀然有间曰②:"有是言哉?汝之意失矣。此吾昔日之言尔,请以今言为正也。汝徒知乐天知命之无忧,未知乐天知命有忧之大也。今告若其实:修一身,任穷达③,知去来之非我,亡变乱于心虑,尔之所谓乐天知命之无忧也。曩吾修《诗》《书》④,正礼乐⑤,将以治天下,遗来世;非但修一身,治鲁国而已。而鲁之君臣日失其序⑥,仁义益衰,情性益薄⑦。此道不行一国与当年⑧,其如天下与来世矣⑨?吾始知《诗》《书》礼乐无救于治乱,而未知所以革之之方。此乐天知命者之所忧。虽然,吾得之矣。夫乐而知者,非古人之所谓乐知也。无乐无知,是真乐真知;故无所不乐,无所不知,无所不忧,无所不为。《诗》《书》礼乐,何弃之有?革之何为?"颜回北面拜手⑩:"回亦得之矣。"出告子贡。子贡茫然自失,归家淫思七日,不寝不食,以至骨立⑪。颜回重往喻之,乃反丘门,弦歌诵书,终身不辍。

【注释】

　　①乐天知命:乐从天道的安排,知守性命的分限,原出于《易·系辞上》:"乐天知命,故不忧。"这是一种宿命论的人生观。　　②有间(jiàn):一会儿。③任穷达:任随处世的穷困或者显达。　　④《诗》:《诗经》的简称。中国最早的诗歌总集,编于春秋时代,共三百零五篇。旧说系孔子所删定。《书》:《尚书》的简称。儒家经典之一。是中国上古历史文件和部分追述古代事迹著作的汇编。相传由孔子编选而成。　　⑤礼:古代为维护等级秩序和宗法关系所建立的社会规范和道德规范。乐:音乐。儒家认为音乐具有移风易俗、教育感化人民的作用。⑥序:这里指君臣、长幼之间应有的等级秩序。　　⑦情性:情感和本性。⑧道:这里指政治主张。当年:毕生。　　⑨其如天下与来世矣:此句省一"何"字,故"如"在词法中作"如何"用,即怎样。这句意为:它对于天下和后世又怎样呢?　　⑩北面拜手:古代学生敬师之礼。师坐北朝南,学生向北叩拜。拜手,两

膝跪地,两手拱合,俯头至手与心平,而不至地。也叫"空首",为古代男子跪拜礼的一种。　⑪骨立:形容人消瘦到极点。

【译文】

孔子独自坐在屋里,子贡进去侍候他,看见他面露忧愁的神色。子贡不敢发问。出来告诉了颜回。颜回便取琴而弹,唱起歌来。

孔子听见了,果然把颜回召进屋去,问道:"你为什么独自快乐?"

颜回说:"先生为什么独自忧愁?"

孔子说:"先说说你的意思。"

颜回答道:"我过去听先生说:'乐天知命所以不忧愁',这就是我快乐的原因。"

孔子凄然动了容色,过了一阵,说:"有这样的话吗? 你的理解错啦! 这不过是我从前的言论罢了,让我用现在的话来纠正吧。你只知道乐天知命没有忧愁,不知道乐天知命还有着很大的忧虑呢。现在我告诉你其中的道理:修养个人的身心,不管什么穷困还是显达,知道人生的变迁不由自我决定,抑制心中的变动混乱,这就是你所谓的乐天知命而没有忧愁。从前我修订《诗》《书》,端正礼乐,准备用它来治理天下,遗留后世,不仅仅是为了修养个人,治理鲁国而已。但鲁国的君主臣民日复一日地丧失应有的等级秩序,仁义更加衰落,人情愈发浇薄。这种政治主张在我活着的时候都无法在一个国家推行,更何况施于天下和后世呢?

"于是,我才明白《诗》《书》、礼乐无救于治理社会和人心的混乱,但又不知道改革它的方法。这就是乐天知命产生忧虑的原因。尽管如此,我现在已经得到方法啦。如今的乐天知命,并非古人所说的乐与知。无乐无知,才是真乐真知;因此便能无所不乐,无所不知,无所不忧,无所不为。做到这一步,那么《诗》《书》、礼乐还有什么必要抛弃呢? 为什么还要改革它呢?"

颜回面北下跪叩拜道:"我也懂得啦!"

他出来告诉子贡。子贡茫然自失,回家深思七天,不吃不睡,以至于骨瘦如柴。颜回又去向他重新解释,他才返回孔子门下,从此弦歌诵读,终生不辍。

陈大夫聘鲁①,私见叔孙氏②。叔孙氏曰:"吾国有圣人。"曰:"非孔丘邪?"曰:"是也。""何以知其圣乎?"叔孙氏曰:"吾常闻之颜回曰:'孔丘能废心而用形③。'"陈大夫曰:"吾国亦有圣人,子弗知乎?"曰:"圣人孰谓?"曰:"老聃之弟子有亢仓子者④,得聃之道,能以耳视而目听。"鲁侯闻之大惊,使上卿厚礼而致之。亢仓子应聘而至。鲁侯卑辞请问之⑤。亢仓子曰："传之者妄。我能视听不用耳目,不能易耳目之用。"鲁侯曰："此增异矣⑥。其道奈何⑦?寡人终愿闻之⑧。"亢仓子曰："我体合于心⑨,心合于气⑩,气合于神⑪,神合于无⑫。其有介然之有⑬,唯然之音⑭,虽远在八荒之外,近在眉睫之内,来干我者⑮,我必知之。乃不知是我七孔四支之所觉⑯,心腹六脏之所知,其自知而已矣。"鲁侯大悦。他日以告仲尼,仲尼笑而不答。

【注释】

①聘:古代国与国之间的遣使访问。　　②叔孙氏:鲁国的贵族。春秋后期,鲁国政权落在季孙氏之手,公室为季孙氏、孟孙氏和叔孙氏三家所分。③废心而用形:处世接物只用形体而不以思虑。即"虚以应物"的精神境界。④亢仓子:人名。也作"庚桑楚"、"亢桑子"。相传为老子的得意门徒。一说亢仓子为楚国人,一说为吴国人。至今在江苏省宜兴县东南尚有庚桑洞,传为亢仓子所居。今有《亢桑子》两卷,旧本题周庚桑楚撰,实为后人伪托,该书基本思想属道家。　　⑤卑辞:谦逊的言辞。　　⑥增异:更加奇异。　　⑦道:指亢仓子视听不用耳目的奥妙。⑧终愿:意即极其希望。　　⑨体合于心:形体契合于心智。指人的肉体感官同心智求得统一。　　⑩心合于气:心智契合于元气。指心智还是有情虑的,而构成人体心智的元气却是寂泊无所系的,即庄子所说的"气也者,虚而待物者也"。因此必须将心智融合于元气之中。　　⑪气合于神:元气契合于精神。道家认为,人的形体和元气是由精神所制约的,如《庄子·知北游》说:"精神生于道,形本生于精。"道家所认为的精神,当是一种精细的物质,即精气。⑫神合于无:精神契合于虚静。无,此处指虚静,亦即"道"。这种"神合于无"的境界相当于庄子的"心斋",即一种排除一切思虑和欲望,以认识世界本体的精神修养方法。　　⑬介然之有:极其细微的东西。介,通"芥",微小的样子。⑭唯(wěi)然之音:唯,原指应答之声,这里当指轻微声音。　　⑮干:干涉,干系。⑯四支:四肢。

【译文】

陈国的大夫出使访问鲁国,私下去拜会了叔孙氏。叔孙氏说:"我们国家有圣人。"

陈国大夫说:"不就是孔丘吗?"

叔孙氏说:"是呀!"

陈国大夫问:"凭什么知道他是圣贤呢?"

叔孙氏回答:"我经常听颜回说,孔丘处世接物能够不用思虑而只用形迹。"

陈国大夫说:"我们国家也有圣人,您不知道吗?"

叔孙氏问:"圣人是谁?"

陈国大夫回答:"老聃有一个弟子叫亢仓子,他掌握了老聃的道术,能够用耳朵看东西,用眼睛听声音。"

鲁侯听说这件事,大为惊奇,派了上卿带着厚礼去邀请亢仓子。亢仓子接受邀请,来到鲁国。鲁侯非常谦虚诚恳地向他请教道术。

亢仓子说:"那些传话的人都传错了。我可以视听不用耳目,却不能互换耳目的功用。"

鲁侯说:"这就更加稀奇啦! 这种道术是怎么一回事? 寡人实在想听听。"

亢仓子回答:"我的形体契合于心智,心智契合于元气,元气契合于精神,精神又契合于虚静。如果有极其细微的东西,有轻轻的声音,即便远在八方荒远之地,或是近在眉睫之间,只要是冲我而来的,我必定能够察觉。竟不知是我七窍四肢所感觉到的,还是心腹六脏所察知的,不过是它自然而然地知道罢了。"

鲁侯十分高兴。过些日子,他把这件事告诉了孔子。孔子听了,笑而不答。

商太宰见孔子曰①:"丘圣者欤?"孔子曰:"圣则丘何敢,然则丘博学多识者也。"商太宰曰:"三王圣者欤?"孔子曰:"三王善任智勇者,圣则丘弗知。"曰:"五帝圣者欤?"孔子曰:"五帝善任仁义者,圣则丘弗知。"曰:"三皇圣者欤②?"孔子曰:"三皇善任因时者③,圣则丘弗知。"商太宰大骇,曰:"然则孰者为圣?"孔子动容有间,曰:"西方之人有圣者焉,不治而不乱,不言而自信,不化而自行,荡荡乎民无能名焉④。丘疑其为圣。弗知真为圣欤? 真不圣欤?"商太宰嘿然心计曰⑤:"孔丘欺我哉!"

【注释】

①商:即宋国。宋人为商人后裔,相传商人始祖契居于商丘,而周朝时,商丘为宋国都城。故有将宋国称为商的。太宰:古官名,职责为辅助国君处理政事。此"商太宰"为何人,已不可考。　②三皇:传说中的古代帝王。说法颇多,有作天皇、地皇、泰皇的,有作伏羲、女娲、神农的。有作伏羲、神农、共工的,有作燧人、伏羲、神农的。　③因时:随顺时势。　④名:指称,称呼。　⑤嘿(mò)然心计:内心默默地思忖。嘿,同默。

【译文】

宋国太宰看见孔子说:"你是圣人吗?"

孔子回答:"圣人我怎么敢当? 然而我是博学多识的人。"

太宰问:"三王是圣人吗?"

孔子回答:"三王是善于运用智勇的人,是不是圣人我不知道。"

太宰问:"五帝是圣人吗?"

孔子回答:"五帝是善于推行仁义的人,是不是圣人我不知道。"

太宰又问:"三皇是圣人吗?"

孔子回答:"三皇是善于顺应时势的人,是不是圣人我也不知道。"

太宰大惊,说:"那么谁是圣人呢?"

孔子动了容色,过了一阵,才回答道:"西方有个圣人,不实行治理而国家不会混乱,不发表言论而自然得到人民的信任,不施行教化而政教自然地流行。真伟大啊! 人民无法用语言称颂他。我怀疑他就是圣人。但不知道他真是圣人呢? 真不是圣人呢?"

宋国太宰听了,心中默默地思忖道:"孔丘在欺骗我啊!"

　　子夏问孔子曰:"颜回之为人奚若?"子曰:"回之仁贤于丘也①。"曰:"子贡之为人奚若?"子曰:"赐之辩贤于丘也②。"曰:"子路之为人奚若③?"子曰:"由之勇贤于丘也。"曰:"子张之为人奚若④?"子曰:"师之庄贤于丘也⑤。"子夏避席而问曰:"然则四子者何为事夫子?"曰:"居⑥! 吾语汝。夫回能仁而不能反⑦,赐能辩而不能讷⑧,由能勇而不能怯⑨,师能庄而不能同⑩。兼四子之有以易吾,吾弗许也。此其所以事吾而不贰也⑪。"

【注释】

①贤:胜过,超过。　②辩:能言善辩。指口才好。　③子路:鲁国人。仲氏,名由,也字季路。孔子的学生。性格直爽勇敢。曾任季孙氏的宰,后任卫大夫孔悝的宰。在贵族内讧中被杀。　④子张:春秋时陈国人。颛孙氏,名师。孔子学生。　⑤庄:庄重严肃。　⑥居:坐。　⑦反:变通。　⑧讷:出言迟钝。此处指在不该发言时保持缄默。　⑨怯:胆小,畏缩。这里指在必要时的退让。　⑩同:谦逊随和,与人合群。　⑪不贰:不变心。

【译文】

子夏问孔子说:"颜回的为人怎样?"

孔子回答:"颜回的仁爱胜过我。"

子夏问:"子贡的为人怎样?"

孔子回答:"子贡的口才胜过我。"

子夏问:"子路的为人怎样?"

孔子回答:"子路的勇敢胜过我。"

子夏又问:"子张的为人怎样?"

孔子回答:"子张的严肃庄重胜过我。"

子夏离座问道:"既然如此,那么这四个人为什么要拜您为师呢?"

孔子说:"坐下!我告诉你。颜回能以仁爱待人但不会因时变通;子贡擅长巧言辩说但讲话不够谨慎;子路为人勇敢但不知适时退让;子张为人严肃庄重但不能谦逊随和。即使谁兼有这四个人的特长来交换我的长处,我也不会答应,因为我有着他们四人都不具备的东西。这就是他们拜我为师而从不三心二意的原因。"

子列子既师壶丘子林,友伯昏瞀人,乃居南郭①。从之处者,日数而不及②。虽然,子列子亦微焉③,朝朝相与辩,无不闻。而与南郭子连墙二十年④,不相谒请;相遇于道,目若不相见者。门之徒役以为子列子与南郭子有敌不疑⑤。有自楚来者,问子列子曰:"先生与南郭子奚敌?"子列子曰:"南郭子貌充心虚⑥,耳无闻,目无见,口无言,心无知,形无惕⑦。往将奚为?虽然,试与汝偕往。"阅弟子四十人同行⑧。见南郭子,果若欺魄焉⑨,而不可与接⑩。顾视子列子,形神不相偶⑪,而不可与群⑫。南郭子俄而指子列子之弟子末行者与言⑬,衎衎然若专直而在雄者⑭。子列子之徒骇之。反舍,咸有疑色。子列子曰:"得意者无言⑮,进知者亦无言⑯。用无言为言亦言,无知为知亦知。无言与不言,无知与不知⑰,亦言亦知。亦无所不言,亦无所不知;亦无所言,亦无所知。如斯而已。汝奚妄骇哉?"

【注释】

①南郭:南面的外城。　②日数而不及:天天计点人数都来不及。　③子列子亦微焉:张湛、卢重玄、俞樾等人皆解"微"为"昧",认为此句的意思是来者既多,列子亦不知其数。陶鸿庆则释"微"为道术精微,谓"列子道术精微,故弟子虽多,亦能朝朝与辩而闻于远近也。"此处从陶说。　④南郭子:南郭复姓,盖为当时的隐者。　⑤徒役:门徒弟子。役,也指门徒从者。敌:仇。　⑥貌充心虚:内心恪守虚静,感官形体便不为外物所动,故能保持丰满充实。　⑦惕:变易。陶鸿庆《读〈列子〉札记》认为,"惕当为伤(yì)。""伤"与"易"通。　⑧阅:检查挑选。　⑨欺魄:即"顓(qí)丑",古代求雨时所用的泥人。一说为"顓

头",或作"魖(qī)头",即古时打鬼驱疫时用的面具。 ⑩而不可与接:指南郭子形神凝寂,如木偶泥人,旁人无法同他交际。 ⑪形神不相偶:此句意指,心神驾驭形体,而形体又表现心神。此时南郭子心神虚静,形体也凝然不动;即便有所动作,也并非心神所动,所以说形体和心神不相偶合。 ⑫而不可与群:别人不能与他合群共处。 ⑬末行者:古代讲究长幼有序,排在末行的,当为初入门的弟子。 ⑭衎(kàn)衎然:通"侃侃然",刚直的样子。专直:专意辩明事实。在:存问,据有。雄:胜利。"在雄"意即争雄求胜。一本作"存雄"。 ⑮得意者:领会旨意的人。 ⑯进知者:什么都知道的人。进,通"尽",全部。 ⑰无言与不言,无知与不知:无言,指上文所说的领会旨意而不自言说;无知,指上文所说的尽知一切而自以无知。不言,即不发言;不知,即表示不知道。与,同"为"。俞樾《诸子平议》:"与犹为也",即"作为"的意思。

【译文】

列子拜壶丘子林为师、与伯昏瞀人为友以后,就居住在外城的南面。跟他相处的人多得天天计点人数都来不及。尽管这样,但列子的道术精微,仍能从容应付,天天在一起谈讲论辩,远近闻名。

可是,他与南郭子隔墙而居二十年,却从来不相交往。在路上碰见,眼睛都好像不曾看见对方。弟子们都以为列子同南郭子一定有仇隙。有个从楚国来的人问列子道:"先生与南郭子有什么仇呢?"

列子回答:"南郭子容貌丰满,内心虚静,耳朵无所听闻,眼睛无所视见,嘴里无所言谈,心中无所知觉,形体无所变易。我去探望他又有什么可干的呢?虽然这样,我还是试着同你一起去看看吧。"

于是,列子挑选了四十名弟子同行。来到南郭子家,见他果然如同泥塑木雕,旁人无法同他接触交际。他回头看看列子,形体和神智似乎是分离的,而别人根本不可能与他相处。过了一会儿,南郭子指着列子弟子中站在末行的一位,同他说话,侃侃而谈,露出一副专于辩论,争雄求胜的样子。

列子的门徒为之惊骇。回到住所,脸上都有疑惧的神色,以为南郭子还未忘怀胜负之心。列子对他们说道:"领会旨意的人无需言说,尽知一切的人也无需言说;以无言作为表示也是言说,以无知作为知道也是有知;而以无言作为不加表示,以无知作为不知道,也是一种言说和有知。于是,就没有什么不能说的,没有什么不知道的;也就没有什么要说的,没有什么要知道的。道理如此而已,你们为何要大惊小怪呢?"

子列子学也①,三年之后,心不敢念是非,口不敢言利害,始得老商一眄而已。五年之后，心更念是非，口更言利害，老商始一解颜而笑。七年之后，从心之所念②，更无是非；从口之所言，更无利害。夫子始一引吾并席而坐③。九年之后，横心之所念④，横口之所言，亦不知我之是非利害欤，亦不知彼之是非利害欤，外内进矣。而后眼如耳，耳如鼻，鼻如口，口无不同⑤。心凝形释，骨肉都融；不觉形之所倚，足之所履，心之所念，言之所藏⑥。如斯而已。则理无所隐矣。

【注释】

①子列子学也：这一段在《黄帝篇》中已有，即列子拜老商氏为师，以伯高子为友，学习乘风之术。以这段故事说明充分发挥人的自然质性，以求与道同体。而此处，则从认识论的角度，说明消除是非利害的欲念，泯灭肉体感官的差别，方能洞幽烛微，观察到事物内在的规律。　　②从（zòng）：任从，任凭。　　③夫子始一引吾并席而坐：此段并非如上章出于列子之口，故"吾"字当为衍文。④横（hèng）：这里作"放纵"解。　　⑤口无不同："口"字当为衍文。　　⑥藏：此处指发言的涵义。

【译文】

列子学习道术，三年之后，内心不敢存念是非，口里不敢言说利害，方才得到老商氏斜眼看一看而已。

五年之后，心中愈加存念是非，口里愈加言说利害，老商氏方才解颜而笑。

七年之后，任凭心中所想，再也没有是非；任凭口里所说，再也没有利害。先生才让列子同他并席而坐。

九年之后，放纵心里去想，放纵口里去说，也不知道自己的利害是非是什么，也不知道别人的利害是非是什么，内心了无存想，外界的事物也好像不复存在了。

这以后，他眼睛的作用像耳朵，耳朵的作用像鼻子，鼻子的作用像嘴巴，全身各部没有什么不同。于是心意凝聚，形体似乎不复存在，骨骸血肉全与自然融为一体；感觉不到身体所倚靠的，脚下所踩踏的，心中所存念的，言语里所包含的。就这样，任何幽微的道理在他面前都没有什么可隐藏的了。

初，子列子好游。壶丘子曰："御寇好游，游何所好？"列子曰："游之乐所玩无故①。人之游也，观其所见；我之游也，观其所变。游乎游乎！未有能辨其游者②。"壶丘子曰："御寇之游固与人同欤，而曰固与人异欤③？凡所见，亦恒见其变。玩彼物之无故，不知我亦无故。务外游，不知务内观④。外游者，求备于物⑤；内观者，取足于身⑥。取足于身,游之至也;求备于物,游之不至也。"于是列子终身不出,自以为不知游。壶丘子曰:"游其至乎! 至游者,不知所适;至观者,不知所眂⑦。物物皆游矣,物物皆观矣,是我之所谓游,是我之所谓观也。故曰:游其至矣乎! 游其至矣乎!"

【注释】

①故:旧,这里指熟悉的景物。　　②辨其游者:区分这两种游览的不同。指凡人只是看景物之色,而列子能看景物之变。　　③而:作语助,表转折。④内观:对自身的观察。　　⑤外游者,求备于物:对外界事物进行认识的,有赖于外物的全备。　　⑥内观者,取足于身:这里意指,返观本身,进行内心反省,自身已经为此具备了一切条件。这种认为人是一个小的宇宙的说法与董仲舒"人副天数"的观点十分相似,但实质不同,《列子》是从唯物论的自然观出发来谈物类相感,认为人是大自然的一部分。而董仲舒则认为上帝(天)按照自己的面貌塑造了人类。　　⑦眂(shì):古"视"字。

【译文】

列子初学道术的时候,很喜爱外出游览。壶丘子林便问他说:"你喜欢游览,游览中爱好的是什么呢?"

列子回答:"游览的快乐,在于所玩赏的事物都是新鲜的。凡人游览,只欣赏事物的表面;我的游览,却观察事物的变化。游览啊! 游览啊! 没有人能辨别这两种游览的不同。"

壶丘子林说:"你的游览,本来就与别人相同,为什么说与别人不同呢? 凡是所看见的事物表面,别人同样也能经常从中看出内在的变化。你只知玩赏事物的时时变化,却不知自身也是时时变化的。只顾一心游览外物,不知勉力观察自身。游览外物,有求于外物的齐全;观察自身,取足于自身的完备。取足于自身的完备,是最理想的游览;而有求于外物的周全,是不完美的游览。"

列子听了这番话,于是终身不再外出游历,自以为还不懂得游览的道理。壶丘子林说:"这样的游览真完美啊! 最完美的游览,不知道所去的地方;最深刻的观赏,不知道所看的东西。万事万物都可以游览,万事万物都能够观赏,这就是我所谓的游览,我所谓的观赏。所以说:这样的游览多么理想啊! 这样的游览多么理想啊!"

龙叔谓文挚曰①:"子之术微矣。吾有疾,子能已乎?"文挚曰:"唯命所听。然先言子所病之证②。"龙叔曰:"吾乡誉不以为荣,国毁不以为辱;得而不喜,失而弗忧;视生如死,视富如贫,视人如豕,视吾如人;处吾之家,如逆旅之舍;观吾之乡,如戎蛮之国③。凡此众疾,爵赏不能劝,刑罚不能威,盛衰、利害不能易,哀乐不能移。固不可事国君,交亲友,御妻子④,制仆隶。此奚疾哉? 奚方能已之乎?"文挚乃命龙叔背明而立。文挚自后向明而望之。既而曰:"嘻! 吾见子之心矣:方寸之地虚矣⑤。几圣人也! 子心六孔流通,一孔不达⑥。今以圣智为疾者,或由此乎? 非吾浅术所能已也。"

【注释】

①龙叔:当为春秋时宋国人。事迹无考。文挚:相传为春秋时宋国的良医。一说为战国时人,曾为齐威王治病。　　②证:通"征",征候。　　③戎蛮之国:泛指比较落后的偏远国家。　　④御:主宰。　　⑤方寸之地:指人心。虚:世俗的名誉实利和情欲思虑都已消除。这是即将得"道"的表现。　　⑥六孔流通,一孔不达:古人认为人心有七孔,而圣人七孔皆通。心中六孔已经流通,还剩一孔没有畅达,表示对道的掌握已到相当高的地步,但还未达到尽善的程度。

【译文】

龙叔对医生文挚说:"您的医术高超得很啦! 我有疾病,您能治愈吗?"

文挚回答:"只要是您的吩咐,我一定听从。不过请先谈谈您患病的症状。"

龙叔说:"我的家乡受到称誉,我不以为荣,国家遭到毁灭,我不以为辱;获得而不欢喜,丧失而不忧虑;视生如死,视富如贫,视人如猪,视己如他人。住在自己家里,好像是在旅舍;看我自己家乡,好像是僻远蛮荒之国。这种种病症,爵位赏赐不能劝止,酷刑严罚不能威服,盛衰利害不能改变,喜怒哀乐不能移易。当然就不可服事国君,交结亲友,管教妻儿,控制奴仆。这是什么病呢? 什么药方能治好它呢?"

文挚便吩咐龙叔背向光亮站着,他在后面对着光线仔细观察。过了一会儿,他叫道:"呀! 我看见您的心啦! 心已经空虚了,几乎要成为圣人啦! 您的心中,六孔已经流通,还剩一孔没有畅达。现在你把这种圣人的智慧当作疾病,或许就是由于这一孔尚未畅达的原因啊! 这绝非我浅陋的医术所能治愈的。"

无所由而常生者,道也①。由生而生②,故虽终而不亡③,常也。由生而亡④,不幸也⑤。有所由而常死者,亦道也⑥。由死而死⑦,故虽未终而自亡者⑧,亦常也⑨。由死而生⑩,幸也⑪。故无用而生谓之道⑫,用道得终谓之常;有所用而死者亦谓之道⑬,用道而得死者亦谓之常。季梁之死⑭，杨朱望其门而歌。随梧之死⑮，杨朱抚其尸而哭。隶人之生⑯，隶人之死，众人且歌⑰，众人且哭。

【注释】

①由：相当于"因"，即凭借，根据。这个"无所由而常生"的"道"相同于《天瑞篇》中所说的"不生者能生生，不化者能化化"、"不生者疑独"的那个不依赖他物而独立永存的"道"。　　②由生而生：听从生存的规律而生存，指遵循道的人。③故虽终而不亡：指那些循道之人生命虽然终结，但为生之道不会灭亡。下文所说的季梁当属此类，故杨朱不哀，"望其门而歌"。　　④由生而亡：听从生存的规律该生却死亡的人。　　⑤不幸：指那些循道之人不得其生，乃是由于不幸的原因。下文的随梧，当属此类，故杨朱"抚其尸而哭"。　　⑥有所由而常死者，亦道也：意同《天瑞篇》中所说的"生者不能不生，化者不能不化"的有所待的万事万物。说它们"亦道也"，是因为它们都是根据道的规律而产生、变化的。又，疑此句曾经后人窜改，因其意与下文"有所用而死者亦谓之道"相雷同。据陶鸿庆《读〈列子〉札记》，应正为："无所由而常死者，亦道也。"　　⑦由死而死：根据死亡的规律应该死亡的。　　⑧故虽未终而自亡者：那些不体道怀德之人虽然还活着，但为生之理已经死亡。　　⑨常：常理，亦即必然之理。　　⑩由死而生：根据死亡的规律该死却又得以生存的。　　⑪幸：意即那些无德之人虽然还能苟活长命，不过是幸运罢了。　　⑫无用而生谓之道：无所凭借而生存的叫做道。用，同"由"。　　⑬有所用而死者亦谓之道：有所凭借而死亡的也叫做道。下文所说的"隶人之生"、"隶人之死"当属此类。说它是"道"，因为这同样是客观存在的自然规律。　　⑭季梁：据钱穆《先秦诸子系年考辨》，季梁为战国初期魏国人，生年当在梁惠王、魏襄王之时，为杨朱的好友。　　⑮随梧：与杨朱同时代的人。⑯隶人：古代称因罪被官家没为奴隶、从事劳役的人。这里用来作为对凡俗世人的贬称。张湛注："隶，犹群辈也。"　　⑰且：作副词，或者。

【译文】

无所凭藉而永远生存的，是道。顺从这条生存规律而生存，所以生命虽然终结但为生之道不会灭亡，这是常理。顺从这条生存规律应该生存而却死亡的，是出于不幸的原因。

有所凭藉而经常死亡的，也是道。根据这条死亡之道而死亡，所以生命虽未终结但为生之理已经死亡，这也是常理。根据这条死亡之道应该死亡却得以生存的，是由于幸运而已。

所以无所凭藉而生存的叫做道，依从道的规律而死的叫做常理；有所凭藉而死亡的也叫做道，依从道的规律而死亡的也叫做常理。季梁死了，杨朱望着他家的门口唱歌;随梧死了,杨朱抚着他的尸体痛哭。老百姓出生了,死亡了,众人或是歌唱,或是嚎哭。

目将眇者①,先睹秋毫②;耳将聋者,先闻蚋飞;口将爽者③,先辨淄渑④;鼻将窒者,先觉焦朽;体将僵者,先疴犇佚⑤;心将迷者,先识是非:故物不至者则不反。

【注释】

①眇(miǎo):一只眼睛瞎了。这里泛指眼瞎。 ②秋毫:兽类在秋天新长出来的细长。比喻极纤小的东西。 ③爽:伤败。 ④淄:水名,即今山东省境内的淄河。渑:水名。一作绳水,源出今山东省临淄县东北,久湮。 ⑤疴:急,迫切。犇佚:也作"奔佚"或"奔逸"。疾驰。"犇(bēn)",同"奔"。"佚",通"逸"。

【译文】

眼睛即将瞎掉的人,先能察见纤微的毫毛;耳朵即将聋掉的人,先能听到蚊子飞的声音;口味即将伤败的人,先能辨别淄水和渑水的差异;鼻子即将窒塞的人,先能嗅到火焦木朽的气息;身体即将僵仆的人,先急着要奔驰;心神即将迷乱的人,先能明辨是非:所以事物不发展到极端,就不会走向反面。

郑之圃泽多贤①,东里多才②。圃泽之役有伯丰子者③,行过东里,遇邓析④。邓析顾其徒而笑曰:"为若舞⑤,彼来者奚若?"其徒曰:"所愿知也。"邓析谓伯丰子曰:"汝知养养之义乎⑥?受人养而不能自养者,犬豕之类也;养物而物为我用者,人之力也。使汝之徒食而饱,衣而息,执政之功也⑦。长幼群聚而为牢藉庖厨之物⑧,奚异犬豕之类乎?"伯丰子不应。伯丰子之从者越次而进曰⑨:"大夫不闻齐、鲁之多机乎⑩?有善治土木者,有善治金革者⑪,有善治声乐者,有善治书数者⑫,有善治军旅者,有善治宗庙者⑬,群才备也。而无相位者⑭,无能相使者⑮。而位之者无知⑯,使之者无能⑰,而知之与能为之使焉⑱。执政者乃吾之所使,子奚矜焉?"邓析无以应,目其徒而退。

【注释】

①圃泽:古泽名。即《天瑞篇》中的"郑圃"。也作"圃田泽"、"甫田"。旧址在今河南省中牟县西。贤:有德行的人。这里指崇奉清静无为道家学说的隐者。

②东里:古地名。在今河南省新郑县城内。曾是春秋时郑国大夫子产住地。才:
有才能的人。这里指以才用世,参预国政的人。　③伯丰子:列子的学生。亦
叫百丰。　④邓析:春秋时法家、名家。郑国人。做过郑国大夫。曾著《竹刑》,
主张法治。　⑤舞:舞弄,嘲弄。　⑥养养(yàng yǎng):受供养与自力谋生。
前一"养"为被养,后一"养"为自养。　⑦执政:掌理国政之人。　⑧牢:为关
牲畜的栏圈。藉:原指以物衬垫,这里引申为铺垫栏圈的草。因邓析视伯丰子等为
犬豕之类,故如此嘲贬。　⑨越次:越过位次。　⑩机:灵巧。　⑪金革:犹
言兵革。兵器铠甲的总称。　⑫书数:书法和算术。即六艺中的"书"、"数"。
⑬宗庙:古代帝王、诸侯或大夫、士祭祀祖宗的祠庙。善治宗庙,即谓精通祭祀的
礼节和仪程。　⑭位(lì):通"莅",莅临。相位,意即驾临他人之上。"相"作副
词,表示一方对另一方有所施为。　⑮相使:使用或操纵别人。　⑯位之者:
位居他人之上的人。无知:意思近于"无为",即有知但却韬光晦迹,在世俗眼里
显得无知。这是伯丰子等人的自谓。下文"无能"同此义。　⑰使之者:使用
他人的人。即"能相使者"。　⑱知:有知识的人。之与:犹连同。能:有才能的
人。"知"与"能"指的是邓析一类的执政者。

【译文】

郑国的圃泽居住着很多潜心学道的隐士,东里聚集着很多济世治国的人才。
圃泽的弟子中有一个名叫伯丰子的,外出经过东里,遇见了邓析。

邓析回头对同伴笑道:"我为你们去戏弄戏弄那个走来的人怎么样?"

同伙说:"这正是我们所想的呀!"

邓析便对伯丰子说:"你知道受人供养和自力谋生的含义吗? 受人供养而不
能自力谋生,便是猪狗之类;供养他物,使之为我所用,这便是人的能力。让你们
这些家伙吃得饱饱的,穿得暖暖的,睡得好好的,这都是我们这些掌理国事人的功
劳。而你们只会老老小小群居终日,经营些睡觉用的栏圈垫草,料理些填肚皮用
的饭菜食物,这同猪狗之类有什么区别?"

伯丰子不予理睬。跟在他后面的一个随员走上前来回答道:"大夫,你没有听
说齐、鲁两国多有巧能之人吗? 他们有的擅长从事土木建筑,有的擅长制造兵器
铠甲,有的擅长音乐舞蹈,有的擅长书法术算,有的擅长指挥军队兵马,有的擅长
主持宗庙祭祀,真是群才毕备。但是他们相互之间却没有谁能制宰谁,没有谁能
役使谁的。相反,能驾临他们之上的人倒没有知识,能役使他们的人倒没有才能,
但有知识同有才能的人都被他所使用。你们这些自命有知识有才能的执政者,也
正是被我所使用的呀。你还有什么值得骄傲自负的呢?"

邓析听罢,无言以对,只好羞愧地瞅着自己的同伙退了回去。

公仪伯以力闻诸侯①,堂豀公言之于周宣王②,王备礼以聘之。公仪伯至。观形,懦夫也。宣王心惑而疑曰:"女之力何如?"公仪伯曰:"臣之力能折春螽之股③,堪秋蝉之翼④。"王作色曰⑤:"吾之力能裂犀兕之革⑥,曳九牛之尾,犹憾其弱。女折春螽之股,堪秋蝉之翼,而力闻天下,何也?"公仪伯长息退席⑦,曰:"善哉王之问也!臣敢以实对。臣之师有商丘子者⑧,力无敌于天下,而六亲不知,以未尝用其力故也。臣以死事之⑨。乃告臣曰:'人欲见其所不见,视人所不窥;欲得其所不得,修人所不为、故学眎者先见舆薪⑩,学听者先闻撞钟。夫有易于内者无难于外。于外无难,故名不出其一家。'今臣之名闻于诸侯,是臣违师之教,显臣之能者也。然则臣之名不以负其力者也,以能用其力者也,不犹愈于负其力者乎⑪?"

【注释】

①公仪伯:周朝时的隐者。　②堂豀公:周朝时的隐者。③春螽(zhōng):螽斯。一种样子像蚱蜢,身体草绿或褐色的昆虫,以翅摩擦发音。股:大腿。④堪:胜任。此处指能够负荷。　⑤作色:变脸色。　⑥兕(sì):古代犀牛一类的兽名,皮厚,可以制革。　⑦长息:深深叹息。退席:犹避席,离座。古人常用"避席"来表示尊敬或郑重。　⑧商丘子:与《黄帝篇》中的老商氏当为一人。是虚构的有道术之人。　⑨以死事之:死心塌地地侍奉他。死,意犹忠心耿耿,至死不相负。　⑩眎:同"视"。舆薪:满车子的柴火。比喻大而易见的事物。⑪愈:胜过。

【译文】

公仪伯因力气大而闻名诸侯,堂豀公告诉了周宣王。周宣王就备下厚礼去聘请他。公仪伯来后,看他的外貌,却是个懦弱无力的人。周宣王满心疑惑,问道:"你的力气怎么样?"

公仪伯回答:"我的力气能够折断春螽的大腿,举起秋蝉的翅膀。"

周宣王沉下脸色说:"我的力气能够撕裂犀牛的皮革,拖住九牛的尾巴。这样,我还恨自己的力气太小。而你只能折断春螽的大腿,举起秋蝉的翅膀,却以力大而闻名天下,这是什么道理?"

公仪伯深深叹息着离座而起说:"大王问得好啊!让我把实情告诉您吧。我有一位老师名叫商丘子,力气无敌于天下,但他的父母兄弟妻子都不知道,这是因为他从不使用自己力气的缘故。我死心塌地地侍奉他,他才告诉我说:'一个人想看见人们所看不见的东西,就应该去观察别人所不看的东西;想得到人们所得不到的东西,就应该去从事别人所不干的事情。所以练习看东西的人应该先看满车子的柴薪,学习听声音的人应该先听敲打铜钟的巨响。在自己内部做到容易了,在外面就不会困难。在外面做到不困难了,因此名声就传扬不出自己的家庭。'如今我的名声传闻于诸侯,原因是我违背了老师的教导,显露了我的能力。但是我的名声不是靠力气获得的,而是以善于使用自己的力气而获得的,这不是更胜过以力气自负吗?"

中山公子牟者①,魏国之贤公子也。好与贤人游,不恤国事②,而悦赵人公孙龙③。乐正子舆之徒笑之④。公子牟曰:"子何笑牟之悦公孙龙也?"子舆曰:"公孙龙之为人也,行无师,学无友,佞给而不中⑤,漫衍而无家⑥,好怪而妄言。欲惑人之心,屈人之口,与韩檀等肆之⑦。"公子牟变容曰:"何子状公孙龙之过欤⑧?请闻其实。"子舆曰:"吾笑龙之诒孔穿⑨,言'善射者能令后镞中前括⑩,发发相及,矢矢相属⑪,前矢造准而无绝落⑫,后矢之括犹衔弦⑬,视之若一焉⑭。'孔穿骇之。龙曰:'此未其妙者。逄蒙之弟子曰鸿超⑮,怒其妻而怖之⑯。引乌号之弓⑰,綦卫之箭⑱,射其目。矢来注眸子而眶不睫⑲,矢隧地而尘不扬⑳。'是岂智者之言与?"公子牟曰:"智者之言固非愚者之所晓。后镞中前括,钧后于前㉑。矢注眸子而眶不睫,尽矢之势也㉒。子何疑焉?"乐正子舆曰:"子,龙之徒,焉得不饰其阙㉓?吾又言其尤者。龙诳魏王曰㉔:'有意不心㉕。有指不至㉖。有物不尽㉗。有影不移㉘。发引千钧㉙。白马非马㉚。孤犊未尝有母㉛。'其负类反伦㉜,不可胜言也。"公子牟曰:"子不谕至言而以为尤也㉝,尤其在子矣。夫无意则心同㉞。无指则皆至㉟。尽物者常有㊱。影不移者,说在改也㊲。发引千钧,势至等也㊳。白马非马,形名离也㊴孤犊未尝有母,非孤犊也㊵。"乐正子舆曰:"子以公孙龙之鸣皆条也㊶。设令发于余窍㊷,子亦将承之。"公子牟默然良久,告退,曰:"请待余日,更谒子论。"

【注释】

①中山公子牟:战国时期人。即魏牟,魏国公子,因封于中山,故名中山公子牟。与公孙龙交好。　②恤:关心。　③悦:悦服。公孙龙:战国时期名家的代表人物,赵国人,大约生活在公元前 325 年至前 250 年之间。曾做过平原君赵

胜的门客。他的名辩论题有"离坚白"、"白马非马"等。着重分析了概念的规定性和差别性。　④乐正子舆:乐正为复姓,其人无考。　⑤佞:有口才。给(jǐ):敏捷。不中:不合情理。　⑥漫衍:指思想散漫不受拘束。无家:无固定流派。　⑦韩檀:人名,也作"桓团"。战国时赵人。与公孙龙等一起做过平原君的门客,同以善辩著称。肄(yì):研习。　⑧状:陈述,申诉。这里有列数罪过的含义。　⑨孔穿:孔子的六世孙,字子高。因不同意公孙龙的名辩学说,曾往辩论,后成为公孙龙的弟子。　⑩括:箭的末端。　⑪相属(zhǔ):相连接。⑫造准:射中箭靶。绝落:断落。　⑬犹衔弦:箭的尾端正好搭在弓弦上。⑭若一:指最前一支箭射在靶上,最后一支箭搭在弓上,中间支支相连。像一支长箭。　⑮逄(páng)蒙:亦作"逢门",人名。夏代善于射箭的人。鸿超:逄蒙的学生,也善射箭。　⑯怖:恐吓。　⑰乌号(háo)之弓:古代良弓名。　⑱綦(qí)卫之箭:也作"淇卫之箭"。古代的一种良箭。出产于卫国淇园(今河南省北部),故名。　⑲矢来:当为"矢末"之误。矢末,即箭的尖端。注:射。一说"注"义同"至",即达到。眸:眼珠。睫:通"眣",眨眼。　⑳隧(zhuì):通"坠"。掉落。　㉑钧后于前:使后射的箭均同于前射的箭。意即每一发箭的用力和瞄准点都相同不变。钧,通"均",均同。　㉒尽矢之势:飞箭的冲力用尽了。意即掌握一定的距离和击发力量,使飞箭的冲力刚好射到眼睛前面就穷尽了。㉓阙:缺点,错误。　㉔魏王:当指魏襄王。公元前318年—前296年在位。据《艺文类聚》中《庄子》逸文载,公孙龙曾游魏,偕魏王出猎。㉕有意不心:思虑不等于本心。据《礼记·大学》孔颖达疏:"总包万虑谓之心,为情所意念谓之意。"所以"心"与"意"是有区别的。这里的"心",指人的思维器官和能力。而"意"则由"心"动所生,包含着人的情感、欲念和偏见等等。"心"产生"意","意"是"心"的一种表现,所以"意"不等于"心"。　㉖有指不至:从事物的名称得不到事物的实际。指,原义为以手指物,引申为事物的名称、概念或共相。"指"是从事物中抽象出来的共相,是不能感觉的;人们所能感觉的只是具体事物,所以说"有指不至"。这里表达了抽象概念同具体事物之间的差别关系。　㉗有物不尽:物体永远分割不尽。名家学派的又一个名辩命题。如《庄子·天下》所载:"一尺之棰,日取其半,万世不竭。"臆测到了物体无限分割的可能性。　㉘有影不移:影子从来就不移动。《庄子·天下》作:"飞鸟之景,未尝动也。"意即鸟飞时,其影子时时改换,后影并非前影,连续的影子是由一现即灭的影子构成的,每个一现即灭的影子在刹那间都可看成是固定不动的,故曰"有影不移"。这条命题实际上接触到运动的辩证法,但割裂了运动是连续性与间断性的统一这个原理。　㉙发引千钧:头发丝能悬引千钧重物。头发丝属于一种脆性材料,但能够悬起千钧重物而不断绝,很重要的一个原因就在于每根头发丝所产生的拉应力都是相等的,并且不超过它自身的破断应力。在这个情况下,所有头发的总拉应力也必须与重物的重量是相平衡的。这个命题接触到力学上的一些原理。

○30 白马非马:也是公孙龙学派的名辩命题。即"白"是命"色"的,"马"是命"形"的,形、色各不相干,因此"白马"就是"白马",不能说"白马"是"马"。这里。他们看到了属概念和种概念之间的区别,发现了一般和个别的差异。 ○31 孤犊未尝有母:孤牛犊未曾有它的母亲。这句意为,所谓"孤",就是没有母亲。既然叫做孤犊,那就可以说它未曾有母。这个命题割裂了时间的前后联系,流于诡辩。○32 类:指事物具有共同特征的个体的集合,是古代逻辑关于推理原则的一个基本概念。"负类"即指无类比附,违反逻辑。伦:这里指人所公认的常理。○33 尤:过失,错误。 ○34 无意则心同:泯灭了意虑,它就和本心相同了。事实上这个回答并没有解答"有意不心"的逻辑矛盾判断。它在全称肯定判断之下,采用了特称否定式来建立矛盾命题,犯了逻辑上换质的错误。下面用"无指则皆至"来回答"有指不至",也犯了同样错误。 ○35 无指则皆至:取消了事物的名称,就能得到事物的实际。 ○36 尽物者常有:分割到最后的物体也是客观存在的。意即,要么物体是可以无限分割的;倘若不能无限分割,则最后剩下的质点总还是客观存在的物体,因为每一次分割总是分割一定的实体的一部分。 ○37 影不移者,说在改也:影子不移动的原因,推理的结果是影子在不断地改换。说,推理。 ○38 发引千钧,势至等也:头发能悬千钧重物,在于它们受力绝对均衡。○39 白马非马,形名离也:白马之所以不是马,是因为事物同名称有分别。 ○40 孤犊未尝有母,非孤犊也:意即孤犊未曾有母亲,要是有母亲,那它就不叫孤犊了。此句中当脱漏"有母"两字。俞樾《诸子平议》:"'有母'下当更叠'有母'二字。本云'孤犊未尝有母,有母,非孤犊也'。" ○41 鸣:对公孙龙言论的贬语,将它当作鸣叫。条:条贯,条理。 ○42 余窍:指肛门。

【译文】

中山公子牟,是魏国一个贤能的公子,喜欢同有才学的士人交游,而不关心国事。他特别佩服赵国人公孙龙。乐正子舆一伙人却嘲笑他。公子牟问道:"你们为什么要笑我佩服公孙龙呢?"

子舆回答:"公孙龙为人,办事情不拜老师,做学问没有朋友,善于巧辩而不合情理,思路散漫而不成流派,标新立异而出言荒诞,总想迷惑别人的心智,折服别人的口舌,与韩檀等人在一起专门研习这一套。"

公子牟沉下脸色说:"你为什么把公孙龙形容得这么过分?请讲出你的理由来。"

子舆道："我是笑公孙龙的欺骗孔穿呀。他说：'善于射箭的人能使后面的箭头射中前面的箭尾，一发发紧迫。一箭箭相连。前面的箭射着靶子，中间没有断绝坠落的，最后一枝箭尾正好搭在弓弦上，看去好像一根相连的直线。'孔穿听了，大为惊骇。公孙龙却说：'这还不算最奇妙的。夏朝神箭手逢蒙的弟子名叫鸿超，对老婆发怒，就恐吓她；拉开黄帝的乌号之弓，搭上卫国的綦卫之箭，直射老婆的眼睛。箭飞到眼珠前，眼皮都不眨一眨；落到地面上，灰尘都不扬起一点。'你听听，这难道是聪明人说的话吗？"

公子牟回答："聪明人说的话本来就不是傻瓜所能懂的。我告诉你，后面的箭头能射中前面的箭尾，是因为每一发箭的用力和瞄准点都均衡不变。箭飞到眼珠前而眼皮不眨，是因为箭到达眼睛前，箭力刚好使尽了。你有什么可惊疑的呢？"

乐正子舆道："你是公孙龙的门徒，怎能不帮他掩盖错误呢？我还要说说他更加荒谬的地方。公孙龙诳骗魏王说：'意念不是本心；从事物的名称得不到事物的实际；物体永远分割不尽；影子从来就不移动；头发丝能悬千钧重物；白马不是马；孤牛犊未曾有母亲。'他种种背离事物类别，违反世人常识的言论，真是举不胜举啊！"

公子牟说："你不懂这些最高深的言论，却以为它们是荒谬的。荒谬的恰恰就是你啊！我告诉你，意念泯灭，就和本心相同；取消事物的名称，就能得到事物的实际；物体分割到最后，剩下的也是客观存在的物体；影子不动，是由于它们在不断改换；发悬千钧，在于它们的受力均衡；白马非马，因为实体和名称不相同；孤犊未曾有母亲，要是有母亲，那它就不叫孤犊啦。"

乐正子舆说道："你把公孙龙的奇谈怪论都奉为金科玉律，假如他放个屁，你也会去奉承的。"

公子牟默然不语好一阵，然后告辞说："请你等几天，我再找你辩论。"

尧治天下五十年，不知天下治欤，不治欤？不知亿兆之愿戴己欤[1]？不愿戴己欤？顾问左右，左右不知。问外朝[2]，外朝不知。问在野[3]，在野不知。尧乃微服游于康衢[4]，闻儿童谣曰："立我蒸民[5]，莫匪尔极[6]。不识不知[7]，顺帝之则[8]。"尧喜问曰："谁教尔为此言？"童儿曰："我闻之大夫。"问大夫。大夫曰："古诗也。"尧还宫，召舜，因禅以天下[9]。舜不辞而受之。

【注释】

①亿兆：指黎民百姓。戴：拥戴。　　②外朝：帝王近臣以外的官员。　　③在

野：旧指不在朝做官。此处当指不做官的贤人。　　④微服：为了隐藏自己的身份而改穿平民的服装。康衢：四通八达的大路。《尔雅·释官》："四达谓之衢，五达谓之康。"　　⑤立：通"粒"，指米食。此处谓有谷米可食，作动词用。蒸：通"烝"，众。按《诗·周颂·思文》中有此句，作"思文后稷，克配彼天。立我蒸民，莫匪尔极"。是歌颂教民植稼的后稷的。　　⑥莫匪：莫非。"匪"通"非"。极：中正的准则，本句指使得万物各得其宜，顺其自然。　　⑦知：通"智"。智谋。⑧帝：原指天帝，古人想象中宇宙万物的主宰。这里译作"自然"。则：榜样；准则。　　⑨禅：禅让。尧为部落联盟首领时，四方部落酋长推举舜为继承人。尧对舜进行三年考核后，即让舜协理国事。尧死后，舜便继任。舜后来又以同样方式把王位让给禹。这种原始的民主制度，历史上称为"禅让"。

【译文】

尧治理天下五十年，不知道社会是安定了呢，还是不安定？不知道民众是愿意拥戴自己呢，还是不愿拥戴自己？他询问左右近臣，近臣说不知道。询问外朝官员，外朝官员说不知道。又询问在野的贤人，在野的贤人也说不知道。

于是，尧就改装去四通八达的大路上私访。他听见儿童在唱歌谣："使我百姓吃饱，无非是那中正的德操；除去智谋技巧，顺从自然之道。"

尧高兴地问他们："谁教你们唱这支歌的？"

儿童回答："我们从大夫那儿听来的。"

尧又去问大夫。大夫回答："这是古诗。"

尧回到宫廷，便把舜召来，将王位禅让给他。舜没有推辞就接受了。

　　关尹喜曰："在己无居①，形物其箸②。其动若水，其静若镜，其应若响。故其道若物者也③。物自违道，道不违物。善若道者，亦不用耳，亦不用目，亦不用力，亦不用心。欲若道而用视听形智以求之，弗当矣。瞻之在前，忽焉在后；用之弥满六虚④，废之莫知其所⑤。亦非有心者所能得远⑥，亦非无心者所能得近⑦。唯默而得之而性成之者得之⑧。知而亡情，能而不为，真知真能也。发无知⑨，何能情⑩？发不能⑪，何能为？聚块也，积尘也，虽无为而非理也⑫。"

【注释】

①居：固定，偏执。　　②形物：此处指事物之理。其：当作"自"。《庄子·天下篇》即作"形物自著"。箸：通"著"，显明。　　③若：顺从。　　④用：指道发生作用。六虚：同"六合"，指上下四方。　　⑤废：弃置不用。其所：道所在之

处。　　⑥亦非有心者所能得远：也并非有心求道的人能够同它疏远。也就是说，有心求道的人反而离道愈远，这并非道要同他疏远，也不是有心求道的人要同道疏远，而只是自然而然的罢了。下句的意思亦同此。　　⑦无心者：指无心求道但反而同道契合的人。　　⑧唯默而得之而性成之者得之：只有虚心体会和穷尽本性的人能够获得它。"而性成之"或为"性而成之"之误，见下《汤问篇》，有同样句子。　　⑨发：启发。无知：指下文所说的"聚块"、"积尘"一类无知之物。⑩何能情：指木石等无知之物是不能产生情感的。　　⑪不能：亦指那些无生之、物。按以上两句话历来解释不一，注家往往无法自圆其说。　　⑫虽无为而非理也：土块和积尘等无知之物，虽然都是没有作为的，但并不属于体道无为的至理。《列子》认为，道的"无为"应该是"有为"和"无为"的辩证统一，必须做到"有为"而"无为"，即"知而亡情"、"能而不为"，然后才能无所不为。因此道的"无为"决不是泥塑木雕一般泯灭矛盾的"无为"。

【译文】

关尹喜说："自己能做到无所偏执，外界的事理就自然显明。行动时像流水一样自然，安静时像镜子一样明净，反映外物时像回音一样忠实。所以说，道是顺从事物的，只有事物自己去违反道，而道是不会违反事物的。善于体悟道的人，也不用耳朵，也不用眼睛，也不用力气，也不用心智。想用视觉、听力、形象、智慧去求得道，那是不恰当的。

"有时看见道在前面，倏忽之间它又出现在后面；发生作用时，它充满天地四方；不起作用时，它又不知到哪里去了。也并非有心求道反而离道更远的人所能同它疏远的；也并非无心求道但同道偶合的人所能同它亲近的。唯有虚心体会和穷尽本性的人能够获得它。

"知道一切但泯灭情感，十分能干但不去作为，才是真正的知道，真正的能干。启发那些无知之物，它又怎能产生情感？发动那些无能之物，它又怎能有所作为？土块呀，积尘呀，虽然都是没有作为的，但这并不是无为的至理。"

汤 问 篇

掌握“道”最大的障碍便是囿于一孔之见,固执于名言概念。本篇的宗旨,便是打破人们的智力局限,开拓眼界,因此一连讲了十五个恢诡奇谲的海外奇谈。

在“殷汤问于夏革”的故事中,它针对人们只知“今之有物”的局限,提出“物之始终,初无极已”;针对“上下八方有极尽”的局限,提出宇宙“无极无尽”;针对当时只知“四海之内”的局限,提出万物“大小相含,无穷极也”;针对人们强自分辨事物的巨细修短,提出无限丰富的万有,虽然形气各异,但是各自情性相对于生态都是均衡的。庄子“齐物”以强调事物的相对性最终导致抹杀事物之间的差别,但《列子》强调的“均”则是指事物在相互作用中所产生的均衡,这就是“南人祝发裸身”,虽风俗迥异,但各有至当,詹何垂钓以轻制重,以及公扈、齐婴各有其均而不得以心相易等故事的主旨。可以说,这里包含着很深刻的朴素辩证法思想。

“大禹迷途”、“小儿辩日”、“火浣之布”等故事说明天下之大,虽圣人也有不知之事,断不可固执己见,徒凭经验。“匏巴鼓琴”、“薛谭学讴”、“锺期知音”、“甘蝇善射”、“偃师造倡”、“造父学御”等故事则告诉人们,强中自有强中手,不可自以为是。特别是这里将“愚公移山”和“夸父追日”两个故事相并提出,更有深意。“愚公移山”原意在于打破世人急功近利的眼光,应像愚公那样忘怀以造事,无心而为功;而“夸父追日”则是“恃能以求胜”,徒有勇力而无理智。褒贬判然,两者差别在于是违道还是顺道。

殷汤问于夏革曰^①:"古初有物乎?"夏革曰:"古初无物,今恶得物^②?后之人将谓今之无物,可乎?"殷汤曰:"然则物无先后乎?"夏革曰:"物之终始,初无极已。始或为终,终或为始,恶知其纪^③?然自物之外,自事之先,朕所不知也^④。"殷汤曰:"然则上下八方有极尽乎?"革曰:"不知也。"汤固问。革曰:"无则无极^⑤,有则有尽^⑥,朕何以知之?然无极之外复无无极^⑦,无尽之中复无无尽^⑧。无极复无无极,无尽复无无尽,朕以是知其无极无尽也,而不知其有极有尽也。"汤又问曰:"四海之外奚有?"革曰:"犹齐州也^⑨。"汤曰:"汝奚以实之?"革曰:"朕东行至营^⑩,人民犹是也。问营之东,复犹营也。西行至豳^⑪,人民犹是也。问豳之西,复犹豳也。朕以是知四海、四荒、四极之不异是也^⑫。故大小相含,无穷极也。含万物者,亦如含天地;含万物也故不穷,含天地也故无极。朕亦焉知天地之表不有大天地者乎^⑬?亦吾所不知也。然则天地亦物也。物有不足,故昔者女娲氏练五色石以补其阙;断鳌之足以立四极^⑭。其后共工氏与颛顼争为帝^⑮,怒而触不周之山^⑯,折天柱^⑰,绝地维^⑱;故天倾西北^⑲,日月辰星就焉;地不满东南^⑳,故百川水潦归焉^㉑。"汤又问:"物有巨细乎?有修短乎?有同异乎?"革曰:"渤海之东不知几亿万里,有大壑焉^㉒,实惟无底之谷^㉓,其下无底,名曰归墟^㉔。八纮九野之水^㉕,天汉之流^㉖,莫不注之,而无增无减焉。其中有五山焉:一曰岱舆^㉗,二曰员峤^㉘,三曰方壶^㉙,四曰瀛洲^㉚,五曰蓬莱^㉛。其山高下周旋三万里^㉜,其顶平处九千里。山之中间相去七万里,以为邻居焉。其上台观皆金玉,其上禽兽皆纯缟^㉝。珠玕之树皆丛生^㉞,华实皆有滋味^㉟,食之皆不老不死。所居之人皆仙圣之种,一日一夕飞相往来者,不可数焉。而五山之根无所连箸^㊱,常随潮波上下往还,不得暂峙焉。仙圣毒之,诉之于帝。帝恐流于西极,失群仙圣之居,乃命禺强使巨鳌十五举首而戴之^㊲。迭为三番^㊳,六万岁一交焉。五山始峙而不动。而龙伯之国有大人^㊴,举足不盈数步而暨五山之所,一钓而连六鳌,合负而趣归其国,灼其骨以数焉^㊵。于是岱舆、员峤二山流于北极,沉于大海,仙圣之播迁者巨亿计。帝凭怒^㊶,侵减龙伯之国使阸^㊷,侵小龙伯之民使短。至伏羲、神农时,其国人犹数十丈。从中州以东四十万里得僬侥国㊸，人长一尺五寸。东北极有人名曰诤人㊹，长九寸。荆之南有冥灵者㊺，以五百岁为春，五百岁为秋。上古有大椿者㊻，以八千岁为春，八千岁为秋。朽壤之上有菌芝者，生于朝，死于晦。春夏之月有蠓蚋者，因雨而生，见阳而死。终北之北有溟海者㊼，天池也，有鱼焉，其广数千里，其长称焉㊽，其名为鲲。有鸟焉，其名为鹏，翼若垂天之云，其体称焉。世岂知有此物哉？大禹行而见之，伯益知而名之㊾，夷坚闻而志之㊿。江浦之间生么虫[51]，其名曰焦螟[52]，群飞而集于蚊睫，弗相触也。栖宿去来，蚊弗觉也。离朱、子羽方昼拭眥扬眉而望之[53]，弗见其形；𪇆俞、师旷方夜擿耳俯首而听之[54]，弗闻其声。唯黄帝与容成子居空峒之上[55]，同斋三月，心死形废；徐以神视，块然见之，若嵩山之阿[56]；徐以气听，砰然闻之，若雷霆之声。吴、楚之国有大木焉，其名为櫾[57]，碧树而冬生[58]，实丹而味酸。食其皮汁，已愤厥之疾[59]。齐州珍之[60]，渡淮而北而化为枳焉[61]。鹳鹆不逾济[62]，貉逾汶则死矣[63]，地气然也。虽然，形气异也，性钧已[64]，无相易已。生皆全已[65]，分皆足已[66]。吾何以识其巨细？何以识其修短？何以识其同异哉？"

【注释】

①殷汤：又称成汤、汤武、天乙。姓子，名履，原为商族部落领袖，后经十一次出征，成为当时强国，一举攻灭夏桀，建立商朝。夏革(jí)：字子棘，汤武的大夫。　②恶(wū)：何，怎么。　③纪：头绪。　④朕：通"身"，古人自称之词。　⑤无：指虚空能容受处，即空间。极：极限，尽端。　⑥有：指普遍存在的事物。有尽：按下文意思，"有尽"当为"无尽"之误。据陶鸿庆《读〈列子〉札记》："'有则有尽'下'有'字亦当作'无'。"　⑦无极之外复无无极：没有极限之外连"没有极限"也没有。此处从宏观说明无限。《列子》认为，宇宙是绝对无限的。所以不说在"无极"之外还有"无极"，而说在"无极"之外连"无极"也没有，因为"无极"所描述的"无极"总还作为一个"无极"存在着，这便不符合道家的自然观的精神了。意同于《庄子》的"无无"。　⑧无尽：指事物的层次结构是无穷尽的。"无尽之中复无无尽"是从微观角度说明物质的无限性。　⑨齐州：齐，同"脐"，是中央的意思。齐州，根据古人的地域概念，相当于"中央之州"或"中央之国"，即泛指的中国。　⑩营：营州，古十二州之一，指今辽宁一带。　⑪豳(bīng)：同"邠"。古邑名。在今陕西省旬邑县西。　⑫四海：犹言全国各处。四荒：四

方边荒之地。四极:四方极远的地方。　　⑬表:外面。　　⑭鳌:古代传说中的海中大龟。　　⑮共工氏:古代神话人物。传说为人面蛇身赤发,身乘二龙。颛顼(zhuān xù):传说中古代部族首领。号高阳氏。为"五帝"之一。　　⑯不周之山:古代传说中的山名。不周,即有缺口的意思。《山海经·大荒西经》:"大荒之隅,有山而不合,名曰不周。"　　⑰天柱:古人认为天圆地方,天有九柱支撑着。⑱地维:地的四角。古人认为地是方的,四角有大绳维系,使不倾陷。　　⑲天倾西北:天穹向西北方倾斜。　　⑳地不满东南:土地布不满东南部。以上两句话描述了中国西北高、东南低的地貌,并对江河自西向东流动,星辰自东南向西北运转的自然现象作出了朴素的解释。　　㉑潦(láo):积水。　　㉒大壑:指大海。㉓惟:为,是。　　㉔归墟:亦作"归塘",意谓众人之所归,指大海最深之处。㉕八纮(hóng):古人认为,九州之外有"八殥(yìn,荒远之地)";"八殥"之外有"八纮",是大地的极限。九野:古代指天的中央和八方,即钧天、苍天、变天、玄天、幽天、颢天(昊天)、朱天、炎天、阳天。　　㉖天汉:即银河。神话中认为银河与大海相通。　　㉗岱舆:古代传说中的仙山。　　㉘员峤:古代传说中的神山。峤,山锐而高,故以形而名。　　㉙方壶:古代传说中海上神山。又名方丈。㉚瀛洲:古代传说中海上神山。　　㉛蓬莱:古代传说中海上神山。　　㉜高下周旋:上下周围。　　㉝纯缟:纯白色。　　㉞玕:一种类似玉的美石。　　㉟华实:指各种瓜果。滋味:美味。　　㊱箸:通"著"、"着"。　　㊲禺强:古代传说中的北方之神,人面鸟身。　　㊳迭:轮流。番:更代。　　㊴龙伯之国:古代神话中的大人国。　　㊵数:占卦。即用火灼龟甲,视灼开的裂纹来推测行事的吉凶。　　㊶憑:通"冯",《扬子方言·第二》:"冯,怒也,楚曰冯。"引申为盛怒貌。㊷侵减:逐渐减少。陉(ài):通"隘",狭小。　　㊸僬侥国:亦作"焦侥国"。古代传说中的矮人国。　　㊹诤人:古代传说中的小人。《山海经·大荒东经》作"靖人",称:"东海之外,大荒之中有小人国,名靖人。"㊺荆:即古九州之一的荆州。《书·禹贡》:"荆及衡阳惟荆州。"当指荆山(今湖北省南漳县西)至衡山之间地域。冥灵:神话传说中的树木名。　　㊻大椿:树木名。　　㊼终北:传说中的国名。传说是不毛之地。溟海:即《庄子·逍遥游》中的"北溟"。是古人传说中极北处的大海。　　㊽称(chèn):相副。　　㊾伯益:亦称"大费"。古代嬴姓各族的祖先。相传善于畜牧和狩猎,被舜任为"虞"(掌管山泽的官)。　　㊿夷坚:古代传说中博览多闻的人。　　51江浦:长江的水滨。么虫:细小的昆虫。么,微小。　　52焦螟:古代传说中一种极小的虫。　　53离朱:亦作"离娄"。古代传说中黄帝时代的人。目力极好,能在百步之外看见秋毫之末。子羽:当为传说中的古代明目者。并非孔子"以貌取人,失之子羽"的那一位澹台子羽。拭眦(zì):

擦拭眼眶。眥,同"眦"。眼眶。　　54黐(zhì)俞:古代听觉特灵的人。师旷:春秋时代晋平公的乐师,目盲,善弹七弦琴,辨音能力极强。相传古乐《阳春》、《白雪》即为师旷所作。夏革为商代人,却提及春秋时人,显见此为作者虚构。摘(zhì)耳:搔耳朵。　　55容成子:人名。《庄子·在宥》作"广成子"。一说"广成子"或"容成子"即老子的别号,如《释文》:"广成子,或云即老子也。"此当为后人的附会。空峒:山名。亦作"空同"或"崆峒"。在今甘肃省平凉市西。南北走向。是泾河的发源地。　　56嵩山:五岳之一,在今河南省登封县北。阿:大的丘陵。57櫾(yòu):同"柚"。属芸香料的常绿乔木,果大可食。　　58冬生:"生"当为"青"字之误。指冬天常青。　　59愤厥之疾:由于体气郁结造成的痉挛昏厥。愤,郁结。厥,痉挛昏厥。　　60齐州:此处当指中原地区。　　61淮:淮河。枳:也称"枸桔",芸香料灌木或小乔木,性耐寒。果实小而味酸,不堪食用。62鸜鹆:鸟名,即"八哥"。体羽黑色,喙足黄色。雄鸟善鸣,能效人言。济:济水。古四渎之一,以黄河为界,分成南北两部分。北部源出今河南省济源县王屋山,注入黄河。南部从黄河东出经山东省定陶、济南等地入海。现已湮或改道易名。63貉:亦称"狗獾",外形如狐。杂食鱼虾蟹鼠和野果杂草,穴居土洞。汶:汶水,今名大汶水或大汶河,源出山东省莱芜县北,北入黄河。据殷敬顺《释文》说"汶"读如"岷",又据《山海经·海内东经》云"大江出汶山",此"汶山"即今四川北部的岷山。按山东省大汶河南北两岸的自然环境无甚相差,不可能"貉逾汶则死"。故此处"汶"当指四川省的岷江。　　64性:指生物个体为了适应自然环境已经形成了一定的生理生态特征。钧:通"均",均衡。已:同"矣"。　　65生:生理。全:完备。　　66分:天分。以上两句指各种生物都已在长期生存中同自己所处的自然环境达到和谐平衡,在这个意义上,谈不上种与种之间有何好坏高下之分。

【译文】

殷汤问夏革道:"远古之初有物存在吗?"

夏革回答说:"远古时代没有物存在,现在怎么会有物存在呢?今后的人如果说现在没有物存在,可以吗?"

殷汤又问:"这样说,事物的产生就没有先后之分了吗?"

夏革回答:"事物的开端和终结,本来就没有固定的准则。开端或者就是终结,终结或者就是开端,又如何知道它们的究竟呢?但是如果说物质存在之外还有什么,事情发生之先又是怎样,我就不知道啦。"

殷汤再问:"那么天地八方有极限和穷尽吗?"

夏革回答:"不知道。"

殷汤一个劲地问。夏革才回答道:"既然是空间,就没有极限,既然是事物,就没有穷尽,那么我凭什么知道呢? 因为空间的没有极限之外肯定连'没有极限'也没有,事物的没有穷尽之中肯定连'没有穷尽'也没有。没有极限又连'没有极限'也没有,没有穷尽又连'没有穷尽'也没有,于是我从这里知道空间是没有极限的,事物是没有穷尽的,而不知道它们是有极限有穷尽的。"

殷汤听罢又问:"四海的外面有什么呢?"

夏革回答:"像四海之内一样。"

殷汤追问道:"你用什么来证明呢?"

夏革回答:"我向东方行走到达营州,见那里的人民像这里的一样;我问营州以东的情况,他们说也像营州一样。我朝西方行走到达豳州,见那里的人民像这里的一样;我问豳州以西的情况,他们说也像豳州一样。我以此知道四海之内、四方蛮荒、大地极边都没有什么差别。所以事物大小递相包含,没有穷尽和极限。包含万物,如同包含天地一样;包含万物因此不穷不尽,包含天地因此无极无限。我又怎么知道天地之外没有比天地更大的东西存在呢? 这也是我所不知道的。但是天地也是事物,事物总有不足,所以从前女娲氏烧炼五色石来修补天地的残缺;斩断大龟之足来竖立四方的极边。后来共工氏与颛顼争帝,一怒之下,撞着不周山,折断了支撑天空的大柱,断绝了维系土地的巨绳。结果天穹倾斜向西北方,日月星辰在那里就位;土地铺填不满东南部,百川积水朝那里汇集。"

殷汤又问道:"事物有巨细之分吗? 有长短之分吗? 有同异之分吗?"

夏革回答:"渤海以东不知几亿万里的地方,有一片浩瀚的海洋,真是无底的深谷。它下面没有底,叫做'归墟'。八方、九天的水流,天际银河的波浪,无不倾注于此,但它的水位却既不增加也不减少。

"大海上有五座大山,一叫岱舆,二叫员峤,三叫方壶,四叫瀛洲,五叫蓬莱。每座山上下周围三万里,山顶平地九千里。山与山之间,相距七万里彼此分列着。山上的楼台亭观都是金玉建造,飞鸟走兽一色纯净白毛,珍珠宝石之树遍地丛生,丰盛的瓜果都有美味,吃了可长生不老。山上居住的都是仙圣一类的人,一早一晚,飞来飞去,相互交往,不可胜数。但五座山的根却不同海底相连,经常随着潮水波涛上下颠簸,来回漂流,不得片刻安止。

"仙圣们为之苦恼,向天帝申诉。天帝唯恐这五座山流向西极,使仙圣们失去居处,便命令北方之神禺强,派十五只巨大的海龟抬起头来,把大山顶在上面。分三批轮班,六万年轮换一次。这样,五座大山才得以耸立不动。但是,'龙伯之国'有个巨人,提起脚板不用几步就来到五座山前,投下钓钩,一钓就兼得六只海龟,一并负在肩上,快步走回自己的国家,烧灼它们的甲骨来占卜凶吉。于是岱舆和员峤这两座山便漂流到北极,沉没在大海里,仙圣们流离迁徙的不计其数。天帝大为震怒,便逐渐减削'龙伯之国'的版图,使之狭窄,逐渐缩短龙伯国民的身材,使之矮小。到了伏羲、神农的时代,那个国家的人身高还有数十丈。

"从中国向东四十万里有一个僬侥国,那儿的人民身长一尺五寸。东北极地有一种人名叫诤人,身长九寸。荆州以南有一种叫冥灵的大树,以五百岁为春天,五百岁为秋天。上古时候有一种大椿树,以八千岁为春天,八千岁为秋天。朽木粪壤之上长的野菌灵芝,早晨出生,黄昏死亡。春夏季节有小虫叫蠓蠓和蚊蚋,每逢下雨而生,一见太阳就死。穷发国的北方有个大海,叫做天池,其中有鱼,它体宽数千里,体长与之相副,名叫鲲。那里还有一种鸟,名叫鹏,翅膀张开就像天边的云彩,它的身体也与之相称。世间的人们难道知道有这种东西吗? 大禹巡游时看到它,伯益知道了,就给它取个名字,夷坚听说了,就将它记载下来。

"长江的水滨之间生长着一种细小的昆虫,它们的名字叫做焦螟,成群地飞聚在蚊子的眼睫毛上,彼此不相触及。栖宿来去,蚊子都觉察不到。眼力特好的离朱和子羽大白天拭目扬眉仔细望去,也看不见它们的形体。听觉特灵的魌俞和师旷深夜时搔耳俯首用心听去,也听不到它们的声音。唯有黄帝和容成子住在空峒山上,一齐斋戒三月,心同死灰,形如枯木,才徐徐以精神来视察,看见它们的形体魁然如同嵩山的大丘,慢慢用元气来谛听,听到它们的声音砰砰然如同雷霆的巨响。

"吴国、楚国生长着一种高大的树木,名字叫柚。碧绿的树叶冬天常青,朱红色的果实味道酸甜。吃它的果皮和果汁,可以治愈因体气郁结而发生的痉挛昏厥。中原一带的人视为珍宝,但渡过淮河来到北方种植,它就变成了不堪食用的枳实。八哥不飞过济水,狗獾渡过岷江就死,是地方水土使它们这样的。虽然事物的形体气质都不相同,但各自的情性对于各自生长的环境都是相均衡的,不能相互更换。生理都已完备,天分都已充足。我凭什么来识别它们之间的巨细之分? 识别它们的长短之分? 识别它们的同异之分呢?"

太形、王屋二山^①,方七百里,高万仞,本在冀州之南^②,河阳之北^③。北山愚公者^④,年且九十,面山而居。惩山北之塞^⑤,出入之迂也^⑥,聚室而谋,曰:"吾与汝毕力平险,指通豫南^⑦,达于汉阴^⑧,可乎?"杂然相许^⑨。其妻献疑曰^⑩:"以君之力,曾不能损魁父之丘^⑪,如太形、王屋何? 且焉置土石?"杂曰:"投诸渤海之尾^⑫,隐土之北^⑬。"遂率子孙荷担者三夫,叩石垦壤,箕畚运于渤海之尾。邻人京城氏之孀妻有遗男^⑭,始龀^⑮,跳往助之。寒暑易节,始一反焉^⑯。河曲智叟笑而止之⑰,曰:"甚矣汝之不惠⑱!以残年余力,曾不能毁山之一毛⑲,其如土石何?"北山愚公长息曰:"汝心之固,固不可彻⑳,曾不若孀妻弱子。虽我之死,有子存焉。子又生孙,孙又生子,子又有子,子又有孙,子子孙孙,无穷匮也;而山不加增,何苦而不平㉑?"河曲智叟亡以应。操蛇之神闻之㉒,惧其不已也,告之于帝。帝感其诚,命夸蛾氏二子负二山㉓,一厝朔东㉔,一厝雍南㉕。自此,冀之南、汉之阴无陇断焉㉖。

【注释】

①太形(háng):山名,即太行山。位于山西高原与河北平原之间。王屋:山名。在今山西省阳城、垣曲两县之间。　②冀州:现河北、山西、河南的黄河以北和辽宁的辽河以西地区。为古九州之一。　③河阳:古县名。治所在今河南省孟县西。　④愚公:虚构的人物。这里所谓"愚",乃是世俗眼中的"愚",实际上倒未必不是一位智者。　⑤惩:苦于。　⑥迂:曲,远。此处指出入绕远路。　⑦指通:直通。豫南:豫州的南部。即今黄河以南的河南一带。⑧汉阴:汉水南边。汉水也称汉江。源出陕西省西南部,在武汉注入长江。⑨杂然相许:纷纷表示赞成。　⑩献疑:提出疑问。　⑪魁父:小土山名。在今河南省开封市境内。　⑫渤海之尾:渤海的边上。一说"尾"当训"底"。今从前说。　⑬隐土:古地名。地处中原的东北。　⑭京城氏:姓氏。遗男:指父亲死后遗下的男孩。　⑮龀(chèn):同"齔"。儿童脱去乳齿,长出恒齿,当在七八岁之际,因以指童年。　⑯一反:犹言一个往返。　⑰智叟:虚构的人物。　⑱惠:通"慧"。聪明。　⑲毛:小草。　⑳彻:贯通。　㉑苦:患,忧虑。　㉒操蛇之神:山神。传说山神手里拿着蛇。　㉓夸蛾氏:一本作"夸蚁氏",传说中大力·的天神。　㉔厝(cuò):通"措",安置。朔:朔方,在今山西省北部、内蒙古自治区一带。　㉕雍:雍州,古九州之一,地在今山西、陕西一带。　㉖陇:通"垄",土丘。断:阻隔。

【译文】

　　太行、王屋这两座大山,方圆七百里,高达几千丈,本来坐落在冀州的南部、河阳的北边。

　　北山有一位老汉名叫愚公,年纪将近九十岁了,他家门面对高山而住。苦于山北交通的阻塞,来往道路的迂曲,便召集全家人来商议。他说:"我和你们一道竭尽全力削平险阻,使道路直通豫州南部,抵达汉水南边。行吗?"

　　大家一听,纷纷表示赞成。但他的妻子却疑惑地说:"凭你这点力气,还不够对付那个名叫魁父的小土丘,怎能搬得掉太行、王屋这两座大山呢?再说,那些泥土石块朝哪儿放呢?"

大家异口同声地说:"把它们扔到渤海的岸边,隐土的北面去。"

于是,愚公便带领儿孙之中能挑担子的三个人,砸石头,挖泥土,用箕筐把土石运到渤海之滨。他的邻居京城氏的寡妇,有一个男孩子,刚七八岁,也蹦蹦跳跳地跑去帮忙。他们从冬到夏,才能往返一次。

河曲有个老头名叫智叟的,嘲笑着劝阻愚公说:"你也傻得太过分啦!凭你这点残年余力,还不能拔掉山上的一棵小草,怎能对付那些泥土石块呢?"

愚公长叹一声,回答说:"你太顽固了,顽固得一窍不通,你简直还不如那个寡妇和不懂事的小孩。即便我死了,还有儿子在呀!儿子生孙子,孙子又生儿子;孙子的儿子又有儿子,他的儿子又有孙子。子子孙孙,没有穷尽;但是山上的土石却不会再增加了,还怕挖不平它吗?"河曲智叟听罢,无言可对。

山神听到了,害怕愚公他们没完没了地挖下去,便去禀告天帝。天帝被愚公的诚心所感动,就命令大力神夸娥氏的两个儿子去背起大山,一座放在朔方的东部,一座放在雍州的南部。从此以后,冀州的南部直到汉水的南边,道路平坦,畅通无阻。

　　夸父不量力①,欲追日影,逐之于隅谷之际②。渴欲得饮,赴饮河、渭③。河、渭不足,将走北饮大泽④。未至,道渴而死。弃其杖,尸膏肉所浸⑤,生邓林⑥。邓林弥广数千里焉。

【注释】

①夸父:神话人物。又称"博父"。《山海经》等书记载有他的事迹。　②隅谷:古代传说中的日落的地方。也作"虞渊"。　③河:黄河。渭:渭河,在今陕西省境内,是黄河的大支流之一。　④走:疾行,即跑。大泽:大湖。神话传说在雁门山以北,纵横千里。　⑤膏肉:脂膏和筋肉。浸:滋润。　⑥邓林:即桃林。古代神话传说中的树林。

【译文】

夸父不自量力,想要追上太阳的影子,一直赶到太阳没落处的隅谷旁边。他渴极了,想得到水喝,就跑去饮黄河、渭河的水。黄河,渭河的水不够喝,他又向北奔去,想去喝大湖里的水。还没有到达半路上他就渴死了。他丢弃掉的手杖,为尸体的脂膏和肌肉所浸润,生长成一片茂密的树林,名叫邓林。邓林荫蔽广阔,方圆达几千里。

大禹曰："六合之间,四海之内,照之以日月,经之以星辰①,纪之以四时②,要之以太岁③。神灵所生,其物异形,或夭或寿,唯圣人能通其道。"夏革曰："然则亦有不待神灵而生,不待阴阳而形,不待日月而明,不待杀戮而夭,不待将迎而寿④,不待五谷而食,不待缯纩而衣⑤,不待舟车而行,其道自然,非圣人之所通也。"

【注释】

①经之以星辰:指古代人民通过细致的天象观测,以星辰在天上的运动规律,作为提供时间尺度、方位测量、季节分辨和农时安排等生产生活活动的标准。经,测量,计度。　　②纪之以四时:指人们以春、夏、秋、冬四时交替作为一年的秩序,如春种,夏耘,秋收,冬藏。纪,原指整理,这里引申为安排秩序。　　③要(yāo):约定。太岁:也称"岁星",即木星。木星绕日一周约为十二年,古人因分黄道带为十二等分,每经过一格,即定为一年,所以说"要之以太岁"。　　④将迎:犹言将养,保养。　　⑤缯:丝织品的总称。纩:亦作"纩"。絮衣服的新丝绵。

【译文】

大禹说："天地四方之间,四海之内,大自然以日月的光芒来照耀它,以星辰的运行作为它的计度,以四时的变化安排它的秩序,以岁星的循环规定它的纪年。神妙的灵气所产生的万事万物,都具有各自的形状,或者短命,或者长寿,只有圣人才能通晓它们的规律。"

夏革说："但是也有不须依靠神灵之气而产生的,不须依靠阴阳运动而成形的,不须依靠日月光芒而明亮的,不须依靠杀戮而短命的,不须依靠保养而长寿的,不须依靠五谷而饱的,不须依靠絮帛而暖的,不须依靠车船而行的,它的一切都自然而然,不是圣人所能通晓的。"

禹之治水土也,迷而失涂①,谬之一国。滨北海之北②,不知距齐州几千万里。其国名曰终北③,不知际畔之所齐限④。无风雨霜露,不生鸟兽、虫鱼、草木之类。四方悉平,周以乔陟⑤。当国之中有山,山名壶领⑥,状若甀甄⑦。顶有口,状若员环⑧,名曰滋穴。有水涌出,名曰神瀵⑨,臭过兰椒⑩,味过醪醴⑪。一源分为四埒⑫,注于山下。经营一国⑬,亡不悉遍。土气和,亡札厉。人性婉而从物,不竞不争;柔心而弱骨⑭,不骄不忌;长幼侪居⑮,不君不臣;男女杂游,不媒不聘;缘水而居,不耕不稼;土气温适,不织不衣;百年而死,不夭不病。其民孳阜亡数⑯,有喜乐,亡衰老哀苦。其俗好声,相携而迭谣⑰,终日不辍音,饥惓则饮神瀵,力志和平。过则醉,经旬乃醒。沐浴神瀵,肤色脂泽,香气经旬乃歇。周穆王北游过其国,三年忘归。既反周室,慕其国,慨然自失⑱。不进酒肉,不召嫔御者,数月乃复。管仲勉齐桓公因游辽口⑲,俱之其国,几尅举⑳。隰朋谏曰㉑:"君舍齐国之广,人民之众,山川之观,殖物之阜,礼义之盛,章服之美㉒,妖靡盈庭㉓,忠良满朝,肆咤则徒卒百万㉔,视挥则诸侯从命㉕,亦奚羡于彼而弃齐国之社稷,从戎夷之国乎? 此仲父之耄㉖,奈何从之?"桓公乃止,以隰朋之言告管仲。仲曰:"此固非朋之所及也。臣恐彼国之不可知之也㉗。齐国之富奚恋? 隰朋之言奚顾?"

【注释】

①涂:通"途"。道路。　　②滨:通"濒"。临近。　　③终北:也作"穷发",传说中的国名。　　④齐限:定限。　　⑤周:环绕。乔:高大。陟(zhì):层叠的山。　　⑥领:通"岭"。　　⑦瓵甀(dān zhuì):小口的水瓮。瓵:坛子一类瓦器的总称。甀,小口瓮。　　⑧员环:圆环。"员"通"圆"。　　⑨神瀵:神水。神,言其神奇。瀵(fèn),指由地底喷出的泉水。　　⑩臭(xiù):气味。兰椒:兰草和花椒,为两种香草。　　⑪醪醴:香甜的美酒。　　⑫埒:山上的水道。　　⑬经营:犹往来,指流水循环盘绕。古人以南北为"经",以东西为"营"。　　⑭骨:指人的品质气概。　　⑮侪(chái)居:同辈共居。　　⑯孳:繁殖。阜:盛多,丰富。⑰迭谣:轮流唱歌。　　⑱慨(chǎng)然自失:精神怅惘恍惚。形容失意的样子。⑲管仲:春秋初期政治家,曾相齐桓公,使齐国成为春秋时第一个霸主。齐桓公:名小白,春秋时齐国君。公元前685年—前643年在位。辽口:当为虚构的地名。辽,喻其遥远。　　⑳几:几乎。尅:通"克"。能够,胜任之意。举:行动,办理。这句意思说,快要付诸实行。　　㉑隰(xí)朋:齐国大夫。与管仲同为齐桓公的辅臣。　　㉒章服:古代以日、月、星辰、龙、蟒、鸟、兽等图文作为等级标志的礼服。㉓妖靡:妖艳的美女。　　㉔肆咤:当作"叱咤"。徒卒:即步兵。　　㉕视挥(huī):即指挥。"视"通"指";"挥"同"挥"。　　㉖仲父:齐桓公尊管仲为"仲父"。耄:昏乱。　　㉗恐彼国之不可知之:此句意为:恐怕关于那个国家的传说还不可靠。

【译文】

　　大禹治理水土,迷失了道路,错到了一个国家。它濒临北海的北边,不知道距离中国有几千万里之遥。这个国家名叫终北,辽阔得不知道边境的界限。这里没有风雨霜露,不生长鸟兽、虫鱼、草木之类的生物。四方都是一望平川,周围环绕着层层叠叠的高山。在国土正中有一座山,名叫壶岭。样子像只小口的陶罐。山顶有个洞口,形状像个圆环,名叫滋穴。其中有水喷涌而出,名叫神瀵,气味清香胜过兰椒,味道甜美赛似醪醴。一个源泉分为四道水流,灌注到山下,又在国土上循环盘绕,到处流遍。

这儿土气调和,没有瘟疫。人民性情委婉随和,不去竞逐,不去争斗;心地柔顺,品格怯弱,从不骄傲,从不妒忌;老少同居,不分君臣,不分贵贱;男女杂游,不需媒妁,不要聘礼;临水而居,不耕土地,不种庄稼;土气温适,不织布帛,不穿衣服;百年而死,不会短命,不会生病。这儿的人民繁衍兴旺,丁口无数,只有喜悦安乐,没有衰老哀苦。

这儿的风俗爱好歌唱,成群结队,轮流唱歌,歌声终日不停。饥饿疲倦了就喝神瀵的水,力量和心神立刻得到恢复。喝多了就要醉倒,十多天才会醒来。用神瀵的水洗澡,肤色洁白光滑,香气经十多天才消失。

周穆王在北方巡游时经过这个国家,居住三年,留连忘返。回到本国以后,他思慕"终北之国",精神怅惘恍惚,不进食酒肉佳肴,不亲近嫔妃美女,过了好几个月才恢复常态。

管仲劝齐桓公趁巡游辽口之便,一同到那个国家去。几乎要起行的时候,隰朋劝阻说:"大王身在宽广的齐国,有着众多的人民、壮丽的山川、丰富的物产、隆盛的礼义、华美的服饰、众多的美女、满朝的忠臣;一声呼喝就能召集兵卒百万,随意指挥便可使得诸侯从命,又为什么要羡慕别人而舍弃齐国的社稷,到那些外族人的国家去呢? 这是仲父老糊涂了,怎么能听从他呢?"

齐桓公便打消了出游的念头,又把隰朋的话告诉了管仲。管仲说:"这本来就不是隰朋所能理解的。我还怕不能确切地了解那个国家呢。如果真能去成,那么齐国的富饶又有什么值得留恋? 隰朋的话又有什么值得顾及的呢?"

　　南国之人祝发而裸①,北国之人鞨巾而裘②,中国之人冠冕而裳③。九土所资④,或农或商,或田或渔;如冬裘夏葛⑤,水舟陆车,默而得之,性而成之。越之东有辄沐之国⑥,其长子生,则鲜而食之⑦,谓之宜弟⑧。其大父死⑨,负其大母而弃之⑩,曰:"鬼妻不可以同居处。"楚之南有炎人之国⑪,其亲戚死⑫,刓其肉而弃之⑬,然后埋其骨,乃成为孝子。秦之西有仪渠之国者⑭,其亲戚死,聚柴积而焚之。熏则烟上,谓之登遐⑮,然后成为孝子。此上以为政,下以为俗,而未足为异也。

【注释】

①祝发:剃去头发。祝,通"翦",削断。　　②鞨(mò)巾:古代男子束发的头巾,此处"鞨"作动词用,犹"裹"。　　③冠冕:戴帽子。　　④九土:九州之土地。据《书·禹贡》,九州之土分别为:冀州白壤,兖州黑坟,青州白坟,徐州赤埴坟,扬州涂泥,荆州涂泥,豫州壤,梁州青黎,雍州黄壤。资:供给,提供资源。⑤葛:葛衣,蚕丝织物。　　⑥越:即越国。辄沐之国:古代传说中国名,亦作"核(kài)沐之国"。旧注家认为即是"儋耳",在今海南岛。　　⑦鲜:通"解",剖开。⑧宜弟:多生儿子。意同"宜男"。　　⑨大父:古人称谓祖父。　　⑩大母:古人称谓祖母。　　⑪炎人之国:炎人,也有作"啖人"(噉人)的。据《墨子·鲁问》孙诒让注引《后汉书·南蛮传》云:"交阯其西有噉人国,生首子辄解而食之。"⑫亲戚:此处专指父母。　　⑬剐(guǎ):割肉离骨。　　⑭仪渠:亦作"义渠",西戎之一,分布于岐山、泾水之北今甘肃省庆阳、泾川县一带。春秋时地近秦国。⑮登遐:升天成仙。遐,是"霞"的通借字。

【译文】

南方的人剪短头发,赤身裸体;北方的人包头束发,身穿皮袄;中原的人头戴帽子,穿衣束裙。九州土地拥有的资源,供人们或者务农,或者经商,或者种田,或者打鱼,这正如冬穿皮袄,夏穿葛衣,下水乘船,上岸坐车一样,是不学而会的,是靠随顺本性而自然形成的。

越国的东面有个叫辄沐的国家,那里的人生出第一个婴儿,就开膛剖肚地拿来吃掉,说这样能使今后多生儿子。一旦祖父死了,他们就把祖母背到野外去扔掉,说不能同鬼的老婆住在一起。

楚国的南边有"炎人之国",他们的父母死了,家里的人便割下尸体上的肉扔掉,然后把骨骸掩埋起来,这样才算是孝子。

秦国的西面有"仪渠之国",父母死了,他们就聚积柴火,焚烧尸体。看见火焰熏腾,烟气上升,就说是死人登天成仙了,这样才得称为孝子。

这些做法,在那里官方当成政事来抓,在民间作为风俗来做,大家都不感到奇怪。

　　孔子东游,见两小儿辩斗。问其故。一儿曰:"我以日始出时去人近,而日中时远也。"一儿以日初出远,而日中时近也。一儿曰:"日初出大如车盖①,及日中,则如盘盂,此不为远者小而近者大乎?"一儿曰:"日初出沧沧凉凉,及其日中如探汤,此不为近者热而远者凉乎?"孔子不能决也。两小儿笑曰:"孰为汝多知乎②?"

【注释】

①车盖:古代车子上的圆形伞盖,用以遮阳蔽雨。　②为:通"谓"。

【译文】

孔子在东方游历,看见路旁有两个小孩在争辩。孔子问他们争论的原因。一个小孩说:"我认为太阳刚出来的时候离人最近,到了中午离人最远。"另一个小孩认为太阳早上离人最远,中午离人最近。

前一个小孩说:"太阳刚出升的时候有车盖那样大,到了中午,却只有盘子那样大,这不是近大远小的缘故吗?"

后一个小孩说:"太阳刚升起时,天气还凉飕飕的,中午就热得像在汤锅里,这不是近热远凉的道理吗?"

孔子无法判断谁是谁非。两个小孩笑着说:"谁说你是一个见多识广的人呀?"

均,天下之至理也,连于形物亦然①。均发均县,轻重而发绝②,发不均也。均也,其绝也莫绝③。人以为不然,自有知其然者也。詹何以独茧丝为纶④,芒针为钩⑤,荆篠为竿⑥,剖粒为饵,引盈车之鱼于百仞之渊、汩流之中⑦,纶不绝,钩不伸,竿不挠。楚王闻而异之,召问其故。詹何曰:"臣闻先大夫之言⑧,蒲且子之弋也⑨,弱弓纤缴⑩,乘风振之,连双鸧于青云之际⑪。用心专,动手均也。臣因其事⑫,放而学钓⑬,五年始尽其道。当臣之临河持竿,心无杂虑,唯鱼之念;投纶沉钩,手无轻重,物莫能乱。鱼见臣之钩饵,犹沉埃聚沫,吞之不疑。所以能以弱制强,以轻致重也。大王治国诚能若此,则天下可运于一握,将亦奚事哉?"楚王曰:"善。"

【注释】

①连于:属于。　②轻重而发绝:受力有轻重而头发断绝。　③其绝也莫绝:原来会断绝的也不断绝了。以上几句当出自《墨子·经说下》。　④詹何:战国时期哲学家,楚国人,继承了杨朱的"为我"思想,和道家思想接近。纶:丝线,常指钓丝。　⑤芒针:针身纤细而长,形如麦芒,故名。　⑥荆篠:细荆条。篠(xiǎo)小竹。　⑦汩(gǔ)流:激流。　⑧先大夫:当为詹何已故世之父。　⑨蒲且子:古代楚国善于射鸟的人。弋:以细绳系在箭上射。　⑩缴(zhuó):系在箭上的生丝绳,射鸟用。　⑪鸧:即"鸧鹒",亦称"黄鹂",体羽黄色,翼尾中央黑色,鸣声婉转动听。　⑫因其事:根据这件事。　⑬放:通"仿",仿效。

【译文】

　　均衡，这是天下最公正的道理，对于有形的事物也是如此。譬如头发所受的拉力均衡，悬挂重物就不会断绝。如果轻重不匀，头发就会断绝，这是力量不均衡的缘故。如果力量均衡，则原来会断绝的也不断绝了。人们以为不是这样，但自然有懂得这个道理的人。

　　詹何用蚕茧上抽下来的独根丝缕作为钓丝，用纤细的芒针作为钓钩，用细柔的荆条作为钓竿，剖开饭粒作为鱼饵，从几十丈的深渊和滔滔激流之中，钓起一条就可以装满一车子的大鱼，而且钓丝不断，鱼钩不直，钓竿不弯。

　　楚王听说这件事，感到十分惊奇，就把他召来，问其中的缘故。詹何答道：“我曾经听先父说，蒲且子射鸟的时候，拿起柔弱的弓箭，系上纤细的丝绳，乘风拉弦，一箭就从高空射下两只黄鹂。这是用心专一，手力均衡的缘故。我就根据这件事，仿效他的榜样，学习钓鱼。钓了五年，方才掌握其中的规律。当我在河边拿起钓竿的时候，心中没有一些杂念，只想着鱼；投出钓丝，沉下鱼钩，手力没有轻重之差，外物不能扰乱我的心神。鱼看见我的钓饵，如同下沉的尘埃、聚拢的泡沫，就毫不怀疑地吞下。这就是我能以弱小制服强大，以轻物招来重物的道理。大王治理国家如果也能像这样的话，那么天下都可运转于手掌之中，还用得着干其他的什么事吗？”

　　楚王说：“好啊！”

　　鲁公扈、赵齐婴二人有疾①，同请扁鹊求治②。扁鹊治之。既同愈。谓公扈、齐婴曰：“汝曩之所疾，自外而干府藏者③，固药石之所已。今有偕生之疾，与体偕长。今为汝攻之，何如？”二人曰：“愿先闻其验④。”扁鹊谓公扈曰：“汝志强而气弱⑤，故足于谋而寡于断。齐婴志弱而气强，故少于虑而伤于专⑥。若换汝之心，则均于善矣。”扁鹊遂饮二人毒酒⑦，迷死三日，剖胸探心，易而置之；投以神药，既悟如初。二人辞归。于是公扈反齐婴之室，而有其妻子⑧，妻子弗识。齐婴亦反公扈之室，有其妻子，妻子亦弗识。二室因相与讼，求辨于扁鹊。扁鹊辨其所由，讼乃已。

【注释】

　　①公扈，齐婴：一为鲁国人，一为赵国人。事迹无考。　②扁鹊：战国时名医。姓秦，名越人。精通各科医学。　③府藏：腑脏。　④验：症状，征兆。　⑤志：意志。气：气质，身体素质。　⑥伤：妨害。专：任性，固执。　⑦毒酒：

指用作麻醉剂的药酒。　　⑧有：据有。

【译文】

鲁国的公扈和赵国的齐婴这两个人患有疾病，一同去请求名医扁鹊治疗。扁鹊给他们医治。疾病痊愈以后，扁鹊对公扈和齐婴说："你们这种疾病，由于外界侵扰腑脏所造成，本来就是药物和针石可以治愈的。现在你们还有与生俱来的疾病，同身体一道发展，现在替你们彻底根治，怎么样？"

公扈和齐婴说："请先听你讲讲这种病的症状。"

扁鹊对公扈说："你心志强盛而气质柔弱，所以善于谋虑，但缺乏决断。齐婴则心志薄弱，但气质强盛，因此缺乏谋虑而过于固执。如果把你俩的心对换一下，那就都得到好处啦。"

于是，扁鹊就给他们两人灌下毒酒，使他们昏迷三天；接着剖开胸膛，取出心脏，对换安置；然后再给他们服用一种神奇的药。两人醒来以后就像以前一样健康。

他们告别扁鹊，各自回家。于是，公扈回到了齐婴的屋里，而且据有了他的妻子儿女。齐婴的妻子儿女不认识他。齐婴则来到了公扈的家里，据有了他的妻子儿女。公扈的妻子儿女也不认识他。结果这两家人便相互争吵起来，找到扁鹊，请他辨别。扁鹊说明了事情的缘由，这场官司方才平息。

匏巴鼓琴而鸟舞鱼跃①。郑师文关之②，弃家从师襄游③。柱指钩弦④，三年不成章。师襄曰："子可以归矣。"师文舍其琴，叹曰："文非弦之不能钩，非章之不能成。文所存者不在弦，所志者不在声。内不得于心，外不应于器，故不敢发手而动弦。且小假之⑤，以观其后。"无几何，复见师襄。师襄曰："子之琴何如？"师文曰："得之矣。请尝试之。"于是当春而叩商弦以召南吕⑥，凉风忽至，草木成实。及秋而叩角弦以激夹钟⑦，温风徐回，草木发荣⑧。当夏而叩羽弦以召黄钟⑨，霜雪交下，川池暴沍⑩。及冬而叩徵弦以激蕤宾⑪，阳光炽烈，坚冰立散。将终，命宫而总四弦⑫，则景风翔⑬，庆云浮⑭，甘露降，澧泉涌⑮。师襄乃抚心高蹈曰⑯："微矣子之弹也！虽师旷之清角⑰，邹衍之吹律⑱，亡以加之，彼将挟琴执管而从子之后耳。"

【注释】

①匏巴：传说中的音乐家，善鼓琴。　　②师文：春秋时郑国的乐师，善弹琴瑟。　　③师襄：春秋时鲁国的乐官，善弹琴、击磬。孔子曾跟他学琴。　　④柱

指:确定音位。柱,亦称"品",为琴、瑟等拨弦乐器的指板上的弦枕,用以确定音位。钧弦:调谐琴弦。"钧"通"均",调和。　　⑤且:姑且。小:通"少"。稍稍。假:犹"假贷",宽容。　　⑥商:中国传统五声音阶以宫、商、角、徵、羽为五个音级。古人以商为五音中的金音,声凄厉,与肃杀的秋色相应。召:招致。这里指拨动琴弦,奏出某律的曲调。南吕:十二律中的第十律,相对于一年中的农历八月份(以下注皆以农历计),故作为秋声与商弦相配合。十二律为中国古代律制,偶数各律称"吕",奇数各律称"律"。　　⑦角:五音之一。属木音,与春天相应。激:激发。这也与"召"相同,表示扣动琴弦,奏出某律的曲调。夹钟:第四律,相对于二份,故与角弦相配合。　　⑧发荣:开花。　　⑨羽:五音之一。属水音,与冬天相应。黄钟:第一律,相对于十一月份,故与羽弦相配合。　　⑩暴:突然。沍(hù):冰冻。　　⑪徵(zǐ):五音之一。属火音,与夏天相应。蕤(ruí)宾:第七律,相对于五月份,故与徵弦相配合。　　⑫命:任命,引申为使用。宫:即宫调,指以七声之一的宫声为主的调式。七声,宫、商、角、变徵、徵、羽、变宫,配以十二律,可得八十四宫调。　　⑬景风:祥和之风。翔:回旋而飞。　　⑭庆云:一种彩云,古人以为祥瑞之气。　　⑮澧泉:甘美的泉水。澧,通"醴"。　　⑯抚:通"拊",拍击。高蹈:跳跃。形容惊喜。　　⑰师旷之清角:传说春秋时乐官师旷为晋平公用琴弹奏清角,始奏,有白云从西北方升起;再奏,狂风暴雨骤至;三奏,大地震动,撕裂帷幕,席卷房瓦,震碎祭器。结果晋国大旱,赤地三年。这里用来形容音乐对外物的感化。清角,用角音独奏的乐曲。　　⑱邹衍:齐国人,战国末期哲学家,阴阳家的代表人物。吹律:用管、笙、竽等簧管乐器吹奏乐律。律,即十二律当中属于奇数的六律:黄钟、太簇、姑洗、蕤宾、夷则、无射。相传邹衍吹律,使北方不毛之地得到暖气,滋生五谷。

【译文】

　　鲍巴弹起琴来,鸟儿闻声翔舞,鱼儿听音跳跃。郑国的乐师师文听说了,就抛弃家业,去拜乐官师襄为师。他确定音位,调整琴弦,学了三年都奏不成乐章。

　　师襄说:"你可以回家啦!"

　　师文放下琴,叹口气说:"我并不是不会调整琴弦,也不是不能弹奏乐章。我所存念的不在于琴弦,所向往的也不在于声乐。现在我对内还不能掌握自己的心意,对外还不能使乐器与心意相应和,所以就不敢放手去弹动琴弦。请再给我几天时间,看看我今后的学习效果吧。"

　　没过多少时候,师文又去拜见师襄。师襄问道:"你的琴弹得怎样啦?"

　　师文回答:"已经掌握啦。请让我试弹给您听听。"

　　于是,正当春天的时候,他叩响了属于金音的商弦,弹奏出代表八月的南吕乐律。琴声响处，忽然刮来了凉爽的秋风，草木都结出了丰硕的果实。

面对秋色，他又叩响了属于木音的角弦，弹奏出代表二月的夹钟。一时间，温暖的春风徐徐吹拂，绿树青草开花吐艳。

面对夏日，他又拨动属于水音的羽弦，奏出代表十一月的黄钟。忽然间，霜雪交加，河水冻结。

面对冬景，他再拨动属于火音的徵弦，奏出代表五月的蕤宾，只看见阳光炽烈，坚冰立散。

乐曲将终，他换用宫调，合奏四弦，顿时祥和之风徐徐回翔，吉庆彩云冉冉浮现，清凉甘露从天而降，甜美泉水自地涌出。

师襄高兴得拍胸雀跃地说："你的演奏太精妙啦！即使是师旷弹奏的清角之曲，邹衍吹出的笙管乐律，也比不上你的高超。他们都将要挟着琴瑟、拿着笙管跟在你后面跑啦！"

薛谭学讴于秦青①，未穷青之技，自谓尽之，遂辞归。秦青弗止。饯于郊衢②，抚节悲歌③，声振林木，响遏行云④。薛谭乃谢求反⑤，终身不敢言归。秦青顾谓其友曰："昔韩娥东之齐⑥，匮粮，过雍门⑦，鬻歌假食⑧。既去而余音绕梁欐⑨，三日不绝，左右以其人弗去。过逆旅，逆旅人辱之。韩娥因曼声哀哭⑩，一里老幼悲愁，垂泪相对，三日不食。遽而追之。娥还，复为曼声长歌。一里老幼喜跃抃舞⑪，弗能自禁，忘向之悲也。乃厚赂发之⑫。故雍门之人至今善歌哭，放娥之遗声⑬。"

【注释】

①薛谭，秦青：古代传说中秦国的两名善歌的人。讴：歌唱。②郊衢：城外的大路。 ③抚：通"拊"，拍打。节：一种古代乐器，用竹编成，上合下开，形状像箕，可以拍打成声，用作歌唱的伴奏。 ④响遏行云：形容歌声嘹亮，高入云霄，把流动着的云朵也阻住了。遏，阻止。 ⑤谢：认错，道歉。 ⑥韩娥：古代传说中韩国善歌的人。 ⑦雍门：齐国的城门。 ⑧鬻：卖。假：借。 ⑨梁欐：栋梁。 ⑩曼声哀哭：长声哀哭。 ⑪抃(biàn)舞：因欢欣而鼓掌舞蹈。抃，两手拍击。 ⑫厚赂：多多地赠送财物。发：遣送。 ⑬放：通"仿"，仿效。

【译文】

薛谭向秦青学习唱歌，还未曾学完秦青的技巧，就自以为已经完全掌握了，便告辞回家。

秦青也不挽留,在城外的大路旁为他饯行,在席上敲起拍板,慷慨悲歌。歌声振动林木,连飘动的浮云也停住了。薛谭听了,便向他认错,请求返回重新学习,从此再也不敢说回家的事了。

秦青回头对他的朋友说:"从前韩娥东去齐国,路上粮食吃完了,经过雍门的时候,她就靠卖唱来换取食物。她离开以后,歌声的余音还在房屋的栋梁上久久萦绕,三天都不断绝,附近的居民还以为她并没有离去。

"她经过旅店的时候,旅店里的人侮辱她。韩娥便拖长声音,哀哀地哭泣。全乡的男女老少无不为之悲愁,垂泪相对,整整三天吃不下东西,急忙去追赶她。韩娥回来后,又为大家引吭高歌,全乡的男女老少无不为之欢欣雀跃,鼓掌舞蹈,不能自禁,都忘掉了先前的悲哀。于是大家赠给她许多财物,送她回家。所以齐国雍门一带的人至今还擅长唱歌和悲哭,就是仿效了韩娥传留下的声音啊。"

　　伯牙善鼓琴^①,钟子期善听^②。伯牙鼓琴,志在登高山。钟子期曰:"善哉! 峨峨兮若泰山!"志在流水。钟子期曰:"善哉! 洋洋兮若江河^③!"伯牙所念,钟子期必得之。伯牙游于泰山之阴^④,卒逢暴雨^⑤,止于岩下;心悲,乃援琴而鼓之。初为霖雨之操^⑥,更造崩山之音。曲每奏,钟子期辄穷其趣^⑦。伯牙乃舍琴而叹曰:"善哉! 善哉! 子之听夫! 志想像犹吾心也。吾于何逃声哉^⑧?"

【注释】

①伯牙:古代传说中春秋时代人,善弹琴。　　②钟子期:传说中春秋时代人,极善知音。　　③洋洋:形容浩大的样子。　　④泰山之阴:泰山北麓。⑤卒:同"猝"。突然。　　⑥霖雨:连绵大雨。操(cāo):琴曲的一种,曲调凄婉,一般为表达内心忧虑,处世困穷而作。　　⑦趣:意旨。　　⑧逃声:隐匿自己的声音。

【译文】

伯牙擅长弹琴,钟子期善于欣赏。伯牙弹琴,内心向往着登临高山。钟子期便叹道:"好极了,巍巍峨峨就像泰山一样!"伯牙又向往着滔滔流水。钟子期又喝彩道:"绝妙啊! 浩浩荡荡就像长江大河一样!"凡是伯牙心中所想的,钟子期都能够知道。

有一次,伯牙漫游到泰山北麓,突然遇上暴雨。他被困在岩石下面,一时悲从中来,就取琴弹奏起来。起初他弹了悲感于连绵大雨的琴曲,接着又奏出了高山崩坍的壮烈之音。每奏一曲,钟子期立即就悟透其中旨趣。于是,伯牙便放下琴,长叹道:"好啊,好啊,你的鉴赏力! 意向和思想都像我内心的一样。我如何能隐匿自己的心声呢?"

　　周穆王西巡狩,越昆仑,不至弇山①。反还,未及中国,道有献工人名偃师②。穆王荐之③,问曰:"若有何能?"偃师曰:"臣唯命所试。然臣已有所造,愿王先观之。"穆王曰:"日以俱来④,吾与若俱观之。"越日偃师谒见王。王荐之,曰:"若与偕来者何人邪?"对曰:"臣之所造能倡者⑤。"穆王惊视之,趣步俯仰,信人也⑥。巧夫鎮其颐⑦,则歌合律;捧其手,则舞应节。千变万化,惟意所适。王以为实人也,与盛姬内御并观之⑧。技将终,倡者瞬其目而招王之左右侍妾⑨。王大怒,立欲诛偃师。偃师大慑,立剖散倡者以示王,皆傅会革、木、胶、漆、白、黑、丹、青之所为⑩。王谛料之⑪,内则肝胆、心肺、脾肾、肠胃,外则筋骨、支节、皮毛、齿发,皆假物也,而无不毕具者。合会复如初见。王试废其心⑫,则口不能言⑬;废其肝,则目不能视⑭;废其肾,则足不能步⑮。穆王始悦而叹曰:"人之巧乃可与造化者同功乎?"诏贰车载之以归⑯。夫班输之云梯⑰,墨翟之飞鸢⑱,自谓能之极也。弟子东门贾、禽滑釐闻偃师之巧以告二子⑲,二子终身不敢语艺,而时执规矩⑳。

【注释】

①不至弇山:弇山,即崦嵫山,在今甘肃省天水县西境。古代常用来指日没的地方。此句的"不"字当为衍文。考本书《周穆王篇》以及《穆天子传》都载有穆王"升于弇山"或"西观日之所入"之事,故应正为"至弇山"。　　②献工:奉献技艺。工,指工巧,技艺。偃师:虚构的人物。　　③荐:接见。　　④日:他日。以:与。　　⑤倡:倡优,古代以乐舞戏谑为业的艺人。这里指歌舞戏谑,作动词。　　⑥信人:真人。　　⑦鎮(hàn):通"撖",抑下。　　⑧盛姬:周穆王的宠姬。　　⑨瞬:眨眼睛。招:勾引。　　⑩傅会:同"附会",凑合。白、黑、丹、青:皆为可作颜料的矿物,如白垩、黑炭、丹砂和青雘(huò)。　　⑪谛:注意,仔细。料:计点,检视。　　⑫废:这里作"除掉"、"拿去"解。　　⑬口不能言:古人认为心主思,无心则无思,无思则不能言。　　⑭目不能视:古人认为肝经主目,无肝则目不能视。　　⑮足不能步:古人认为肾者精神之舍,性命之根,废其肾故不能行。　　⑯贰车:副车。古代帝王外出时的从车。　　⑰班输:即鲁班,姓公输名班。春秋

时鲁国人。中国古代著名的建筑工匠。云梯：古代攻城时攀登城墙的长梯。传说为鲁班所创。　　⑱飞鸢：传说墨翟用木头制成飞鸢，能飞翔。　　⑲东门贾：鲁班的弟子。禽滑(gǔ)釐：战国初人。初受业于子夏，后学于墨子，尽传其学，尤精研攻防城池的战术。　　⑳规矩：校正圆形和方形的两种木工用具。本句谓鲁班和墨翟两人自愧不如，拿着规和矩，老老实实地从头学起。

【译文】

周穆王去西方巡视，越过昆仑，登上弇山。在他返回的时候，还没到达国境，路上碰见一个自愿奉献技艺的人名叫偃师。

穆王召见了他，问道："你有什么本领？"

偃师回答："只要是大王的命令，我都愿意尝试。但我已经制造了一件东西，希望大王先观看一下。"

穆王说："明天你把它带来，我和你一同看看。"

第二天，偃师觐见周穆王。穆王召见他，问道："跟你同来的是什么人呀？"

偃师回答："是我制造的歌舞伎。"

穆王惊奇地看去，只见那歌舞伎疾走缓行，弯腰抬头，完全像个真人。巧妙啊！它抑低下巴就歌唱，歌声合乎乐律；它抬起两手就舞蹈，舞步符合节奏。其动作千变万化，随心所欲。穆王以为他是个真的人，便叫来自己宠爱的盛姬和妃嫔一道观看它的表演。

快要演完的时候，歌舞伎眨着眼睛去挑逗穆王身边的妃嫔。穆王大怒，立即要杀死偃师。偃师吓得半死，立刻把歌舞伎拆散，展示给穆王看，原来整个儿都是用皮革、木头、树脂、油漆和白垩、黑炭、丹砂、青臒之类的东西凑合而成的。穆王又仔细地检视，只见它里面有着肝胆、心肺、脾肾、肠胃；外部则是筋骨、肢节、皮毛、齿发，虽然都是假物，但没有一样不具备的。把这些东西重新凑拢以后，歌舞伎又恢复原状。穆王试着拿掉它的心脏，嘴巴就不能说话；拿掉肝脏，眼睛就不能观看；拿掉肾脏，双脚就不能行走。穆王这才高兴地叹道："人的技巧竟能与天地自然有同样的功效吗！"他下令随从的马车载上这个歌舞伎一同回国。

鲁班造的云梯，墨翟做的木鸢，他们都自认为是技能的最高水平了。他们的学生东门贾和禽滑釐听说了偃师的技巧，就分别告诉自己的老师。于是，这两位老师傅便终身不敢再谈论技艺，而只有时刻老老实实地守着他们做木工用的规和矩。

甘蝇①，古之善射者，彀弓而兽伏鸟下②。弟子名飞卫③，学射于甘蝇，而巧过其师。纪昌者④，又学射于飞卫。飞卫曰："尔先学不瞬,而后可言射矣。"纪昌归,偃卧其妻之机下⑤,以目承牵挺⑥。二年之后,虽锥末倒眦⑦,而不瞬也。以告飞卫。飞卫曰:"未也,必学视而后可。视小如大,视微如著,而后告我。"昌以氂悬虱于牖⑧,南面而望之。旬日之间,浸大也;三年之后,如车轮焉。以睹余物,皆丘山也。乃以燕角之弧、朔蓬之簳射之⑨,贯虱之心,而悬不绝。以告飞卫。飞卫高蹈抚膺曰⑩:"汝得之矣!"纪昌既尽卫之术,计天下之敌己者,一人而已,乃谋杀飞卫。相遇于野,二人交射,中路矢锋相触,而坠于地,而尘不扬。飞卫之矢先穷。纪昌遗一矢,既发,飞卫以棘刺之端扞之⑪,而无差焉。于是二子泣而投弓,相拜于涂,请为父子。尅臂以誓⑫,不得告术于人。

【注释】

①甘蝇:古代传说中善于射箭的人。 ②彀(gòu)弓:拉满弓弦。 ③飞卫:古代传说中的善射者。 ④纪昌:古代传说中的善射者。 ⑤偃卧:仰卧。机:这里专指织布机。 ⑥牵挺:织布机上提综的踏脚板。因其上下动作,故可练目不瞬。 ⑦锥末:锥尖。倒:通"到"。 ⑧氂:牛尾毛。 ⑨燕角之弧:用燕国出产的牛角做衬的弓。朔蓬之簳:用楚国蓬梗做成的箭。朔,当为"荆"字之误。荆,楚国,出产良竹。蓬,蓬草,干可做箭。簳(gǎn),箭干。 ⑩膺:胸膛。 ⑪棘刺:荆棘的尖刺。扞:"捍"的异体字。防卫。 ⑫尅臂:在臂上刻划下记印。尅,通"刻"。

【译文】

甘蝇,是古代的神箭手,只要一张弓发射,就能击落飞鸟,射杀走兽。他的学生名叫飞卫,向甘蝇学习射箭,而技巧超过了老师。

有个人名叫纪昌,又来向飞卫学习射箭。飞卫对他说:"你先要学会不眨眼睛的本领,然后才谈得上射箭。"

纪昌回到家里,就仰面朝天躺在他妻子的织布机下,双眼死死盯住织机的踏板。两年之后,即使锋利的锥尖刺到眼眶边,他都不眨一眨眼。于是就去告诉飞卫。

飞卫说:"还不行,你必须练好眼力才可以。当你能把极小的物体看得很大,将模糊的目标看得很显著,那时候,你再来告诉我。"

纪昌用牛尾巴毛拴住一只虱子,吊在窗口上,天天面朝南方目不转睛地瞪着。十多天之间,虱子在眼中渐渐显得大了起来;三年以后,竟显得有车轮一般大。再看看其他东西,都如山丘一样。他便用燕国牛角加固的弓,楚国蓬干制成的箭,朝虱子射去,利箭穿透虱心,而牛尾毛却没断绝。于是,纪昌又跑去告诉飞卫。飞卫高兴得跳将起来,拍着胸膛说:"射箭的奥妙你已经得到啦!"

纪昌完全学到了飞卫的箭术以后,算算天下能够同自己相匹敌的,不过一人而已,就图谋杀害飞卫。两人在野外相遇,便张弓搭箭对射起来。箭锋在半路上相互触碰,纷纷坠落到地下,却不扬起灰尘。飞卫的箭先射尽了,纪昌还剩下一枝。他张弓发箭,飞卫用棘刺的尖端来抵挡迎面而来的飞箭,竟无丝毫差失。

于是,两个人激动得哭着扔掉弓,在路上相对跪拜,请求结为父子。他们在胳臂上刻下记印,发誓不把射箭的技巧告诉别人。

　　造父之师曰泰豆氏①。造父之始从习御也,执礼甚卑②,泰豆三年不告。造父执礼愈谨,乃告之曰:"古诗言:'良弓之子,必先为箕③;良冶之子,必先为裘④。'汝先观吾趣⑤。趣如吾,然后六辔可持⑥,六马可御⑦。"造父曰:"唯命所从。"泰豆乃立木为涂,仅可容足;计步而置。履之而行。趣走往还,无跌失也。造父学之,三日尽其巧。泰豆叹曰:"子何其敏也? 得之捷乎! 凡所御者,亦如此也。囊汝之行,得之于足,应之于心。推于御也⑧,齐辑乎辔衔之际⑨,而急缓乎唇吻之和⑩;正度乎胸臆之中⑪,而执节乎掌握之间⑫。内得于中心,而外合于马志,是故能进退履绳而旋曲中规矩⑬,取道致远而气力有余⑭,诚得其术也。得之于衔,应之于辔;得之于辔,应之于手;得之于手,应之于心。则不以目视,不以策驱⑮;心闲体正,六辔不乱,而二十四蹄所投无差⑯;回旋进退,莫不中节⑰。然后舆轮之外可使无余辙⑱,马蹄之外可使无余地⑲;未尝觉山谷之崄⑳,原隰之夷㉑,视之一也。吾术穷矣,汝其识之!"

【注释】

　　①泰豆氏:古代传说中善于驾驭马车的人。也作"大(tài)豆"。　　②执礼:遵行礼节。甚卑:指态度十分谦卑。　　③良弓:指善于制弓的人。箕:柳条编制的簸箕。　　④良冶:善于铸造金属器具的人。裘:这里指补缀皮袍。"良弓之子,必先为箕;良冶之子,必先为裘。"句见于《礼记·学记》,其意谓学习专业必须先练好有关的基本功。　　⑤趣:通"趋",疾走。　　⑥六辔:古代一般是一车四马;共有八辔,但外侧两骖马的内辔是拴在车身上的,所以御者手中持有六根辔。辔,缰绳。　　⑦六马:古代天子大驾以六马驭车。　　⑧推:推求,类推。　　⑨齐:协调。辑:原指车舆。这里指驾车的马匹。衔:横在马口中备策勒的铁片。

殷、周时代用青铜制作。　⑩急缓乎唇吻之和：指车速快慢，与吆喝声的轻重相合。　⑪正度：掌握适当的分寸。谓心中有数。　⑫执节：控制一定的节奏。掌握之间：指手掌中握持的缰绳的松紧。　⑬履绳：意谓循着准绳。绳，直，正。旋曲中规矩：指车马在行进中回曲盘旋合乎法度。规矩，即规则，法度。　⑭致远：到达遥远的地方。　⑮策：马鞭。　⑯二十四蹄：造父习御，当以天子六驭为准，所以有二十四蹄之说。　⑰中节：合于节度。　⑱舆轮之外可使无余辙：意即在仅仅能容下车轮的小路上行驰车辆。　⑲马蹄之外可使无余地：意即在仅能容下马蹄的险道上驾驭马匹。　⑳岭：即"岭巇（xī）"。形容道路艰险崎岖。　㉑原：平原。隰：低下的湿地。夷：平坦。

【译文】

造父的老师名叫泰豆氏。造父刚开始跟他学习驾驭马车的时候，对老师的态度十分谦卑恭敬，但三年过去，泰豆却不肯告诉他一点技术。于是造父更加谨慎恭谦地侍奉老师，泰豆才对他说："古诗说：'制弓好手的儿子，必定先学习编织簸箕；打铁良匠的儿子，必定先学习补缀皮袍。'你先观察我是怎样走路的，等你走得像我一样了，然后就可以执掌六根缰绳，能够驾驭六匹骏马了。"

造父说："我完全听从您的吩咐。"

泰豆便立起一根根木桩，作为道路，每根木桩上仅够容下一只脚；又计算步距来安排木桩的间隔，然后踩在木桩上行走。只见他奔走往还，既不跌跤，也无差失。

造父向他学习，三天就全部掌握了这种技巧。泰豆赞叹道："你怎么这样聪敏？学得多迅速啊！大凡驾驭车马，道理也同这一样。方才你在木桩上行走，落脚得当，与心相应。把这个道理类推到驾驭车马上，就是在缰绳和衔铁之间协调驾车的马匹，而在嘴里吆喝的轻重之中掌握行车速度的快慢；在自己的胸中端正适当的尺度，而在手掌中掌握一定的节奏。在内得之于心，在外则同马的意愿相契合。这样，进退就像踩着准绳一般正直，盘旋就像照着圆规一样准确，就能走得远而气力有余，这便是真正掌握了驾驭车马的技术。

"与衔铁相得，就能与缰绳相应；与缰绳相得，就能与手掌相应；与手掌相得，就能与心神相应。于是就不必依靠眼睛来视察，不必依靠马鞭来驱赶；心神闲静，身体端正，六缰不乱，而二十四只马蹄所落下的地方没有丝毫差失；回旋进退，无不合于节度。然后就可以在除了车轮之外便容不下其他车辙的小路上行驶，可以在容下马蹄之外便没有多余地盘的险道上驾驭；根本不觉得高山深谷的危险，也感不到原野洼地的平坦，看上去它们都是一样的。我的技术都在这儿啦，你牢牢地记住吧！"

　　魏黑卵以昵嫌杀丘邴章①。丘邴章之子来丹谋报父之仇。丹气甚猛②，形甚露③，计粒而食，顺风而趋。虽怒，不能称兵以报之④。耻假力于人，誓手剑以屠黑卵。黑卵悍志绝众，力抗百夫。节骨皮肉，非人类也。延颈承刀，披胸受矢⑤，铓锷摧屈⑥，而体无痕挞⑦。负其材力，视来丹犹雏鷇也⑧。来丹之友申他曰⑨："子怨黑卵至矣，黑卵之易子过矣⑩，将奚谋焉？"来丹垂涕曰："愿子为我谋。"申他曰："吾闻卫孔周其祖得殷帝之宝剑⑪，一童子服之⑫，却三军之众⑬，奚不请焉？"来丹遂适卫，见孔周，执仆御之礼⑭，请先纳妻子⑮，后言所欲。孔周曰："吾有三剑，唯子所择；皆不能杀人，且先言其状。一曰含光，视之不可见，运之不知有。其所触也，泯然无际⑯，经物而物不觉。二曰承影，将旦昧爽之交⑰，日夕昏明之际，北面而察之，淡淡焉若有物存⑱，莫识其状。其所触也，窃窃然有声⑲，经物而物不疾也。三曰宵练，方昼则见影而不见光，方夜见光而不见形。其触物也，骍然而过⑳，随过随合，觉疾而不血刃焉。此三宝者，传之十三世矣，而无施于事㉑，匣而藏之，未尝启封。"来丹曰："虽然，吾必请其下者。"孔周乃归其妻子，与斋七日。晏阴之间㉒，跪而授其下剑，来丹再拜受之以归。来丹遂执剑从黑卵。时黑卵之醉偃于牖下，自颈至腰三斩之。黑卵不觉。来丹以黑卵之死，趣而退。遇黑卵之子于门，击之三下，如投虚㉓。黑卵之子方笑曰："汝何蚩而三招予㉔？"来丹知剑之不能杀人也，叹而归。黑卵既醒，怒其妻曰："醉而露我，使我嗌疾而腰急㉕。"其子曰："畴昔来丹之来㉖，遇我于门，三招我，亦使我体疾而支强㉗。彼其厌我哉㉘！"

【注释】

　　①黑卵、丘邴章：传说中春秋时代的人。昵嫌：私恨。　　②气：胆气。③形：身体。露：即瘦弱。　　④称兵：举起兵器。　　⑤披：敞开。　　⑥铓锷摧屈：刀箭的尖锋摧折弯曲。铓，锷，都是指刀剑等锐器的刃端。　　⑦体无痕挞：身体上不留下伤痕。"痕挞"当为"挞痕"之倒误。一说"挞"为衍文。⑧雏鷇：雏鸡小鸟。尚待母禽哺食的小鸟叫做"鷇"。　　⑨申他：传说中春秋时人。　　⑩易：轻贱，蔑视。　　⑪孔周：传说中春秋时的卫国人。殷帝：即成汤。商朝第一个帝王。　　⑫服：佩带。　　⑬三军：春秋时，大国多设三军，如楚国称为中军、左军、右军。　　⑭仆御之礼：仆役马夫等下等人所应遵行的礼节。

⑮纳:进献。这里有作抵押的意思。　　⑯泯然:形容事物尽灭,不见踪影的样子。泯,尽。际:原指两墙相合处的缝。这里泛指"缝隙"。　　⑰旦:天亮。昧爽之交:指黎明,天色将亮未亮时。昧,暗昏;爽,明亮。　　⑱淡淡(yàn)焉:隐隐约约地。形容像水晃动的影子。　　⑲窃窃然:犹"察察",形容音量不大但很清晰的响声。　　⑳骅(huà)然:刀裂物的声音。　　㉑无施于事:没有使用过。㉒晏阴之间:指天气半晴半阴。晏,天色清明无云。　　㉓投虚:落在虚空里。㉔蛊:通"嗤",讥笑。　　㉕嗌疾:咽喉疼痛。嗌(yì),咽喉。腰急:腰部瘪痛。急,即痛苦。　　㉖畴昔:刚才,日前。　　㉗支强:四肢僵硬。支,通"肢"。强(qiǎng),僵直。　　㉘厌(yā):即"厌胜"。古代方士的一种巫术,谓能以诅咒制服人或物。

【译文】

　　魏国人黑卵因为私仇而杀害了丘邴章。丘邴章的儿子来丹想报杀父之仇。来丹的胆气很猛,但身体却相当孱弱,数着饭粒吃饭,顺着风势行走;虽然怒火满腔,但无力举起兵器来报仇。可是他又耻于去依靠别人的力量,发誓要亲手用剑杀死黑卵。

　　黑卵凶悍勇猛,超越常人,以一可以当百。他的筋骨皮肉,都和一般人不同。伸长颈颈承受刀斧,袒露胸膛任凭箭射,刀箭的锋刃都摧折弯曲了,而他的身体上却没有一点伤痕。黑卵倚仗自己的材力,把来丹看得不过像一只雏鸟。

　　来丹的朋友申他说:"你对黑卵仇恨极了,而黑卵轻视你也太过分啦!你打算怎样报仇呢?"

　　来丹流着眼泪说:"希望你替我出出主意。"

　　申他说:"我听说卫国人孔周的祖上得到商朝帝王的宝剑,一个小孩子佩着它都可以吓退三军人马,你为什么不去请来用用呢?"

　　于是,来丹就来到卫国,拜见孔周,态度非常卑谦。他请孔周先收下自己的妻子儿女作为抵押,然后再把自己的要求讲了出来。

　　孔周说道:"我有三把宝剑;听任你选择一把。但这三把宝剑都不能杀死人,且让我先说说它们的特点。

　　"第一把剑名叫含光,看上去见不着它的形状,挥动时感不到它的存在。剑锋过处,丝毫没有缝隙,刺过身体而身体感觉不到。

　　"第二把剑名叫承影,在早晨天色将亮未亮之时,当黄昏光线半明半暗之际,对着北面仔细观察它,可以看见隐隐约约似乎有物体存在的样子,但不能分辨出它的形状。剑锋过处,只发出轻微的声音,经过身体而感不到疼痛。

　　"第三把剑名叫宵练,白天时只见它的影子而不见它的光芒,夜晚时只见它的光芒而不见它的影子。用它砍削身体,哗然而过,剑锋随过,伤口随合,虽然感到疼痛,但血水不沾刀口。这三件宝物,已经祖孙相传十三代了,但没有派过用场,装在匣子里收藏着,还不曾启封哩。"

来丹恳求说:"虽然这样,我还是一定要求用下等的那一把。"

孔周便归还了来丹的妻子儿女,又与他清心斋戒七天;然后当天色半晴半阴的时候,孔周跪下传授宝剑。来丹再拜,受剑而归。

来丹回来后,就拿着宝剑跟踪黑卵。一天,当黑卵喝醉酒仰卧在窗下的时候,来丹窜上去将他从头颈到腰部连砍三剑。黑卵毫无知觉。来丹以为黑卵已经死了,急忙离去。在门口碰见黑卵的儿子。来丹又挥剑连砍他三下,如同砍在虚空里。黑卵的儿子笑道:"你为什么戏弄我对我招了三次手?"来丹听了,知道这种宝剑确实是不能杀死人的,只得长叹着回去了。

黑卵酒醒过来,对老婆发脾气说:"我喝醉酒,你却让我睡在露天,害得我喉咙又疼,腰杆又酸。"

他儿子说:"刚才来丹到过这里,在门口遇上我,对我招了三次手,也使得我身体疼痛而四肢僵直。这家伙一定是在诅咒我们呀!"

　　周穆王大征西戎①,西戎献锟铻之剑②,火浣之布③。其剑长尺有咫④,练钢赤刃⑤,用之切玉如切泥焉。火浣之布,浣之必投于火;布则火色,垢则布色;出火而振之,皓然疑乎雪。皇子以为无此物⑥,传之者妄。萧叔曰⑦:"皇子果于自信⑧,果于诬理哉⑨!"

【注释】

①西戎:古西北戎族的总称。　②锟铻:也作"昆吾",古剑名。　③火浣之布:石棉布的旧称。由于可以用火烧除去石棉布上的污渍,故名。　④咫:古代长度单位,周制八寸,合今制市尺六寸二分二厘。　⑤练钢:即是纯钢。练,通炼,谓除去杂质,使物纯净或坚韧。赤刃:锋利的刀刃。赤,喻刀锋钢质真纯。　⑥皇子:即皇太子。历代注家皆以"皇子"为魏文帝曹丕。《抱朴子·论仙》:"魏文帝谓天下无切玉之刀、火浣之布。及著《典论》,尝据言此事。其间未期二物毕至,帝乃叹息,遽毁斯论。"　⑦萧叔:当为与魏文帝曹丕同时代的人。⑧果:敢于决断。此处指固执妄断。　⑨诬理:不信客观事理。诬,作动词用。即歪曲,不相信。

【译文】

周穆王西征犬戎。犬戎人进贡锟铻之剑和火浣之布。锟铻剑长一尺八寸,纯钢锻就,锋利无比,用它来切玉石,如同削泥。而火浣之布,清洗时必须投进火中,布烧成火红色,而污垢则呈现布色,从火中取出后抖一抖,皓然生光,竟像白雪一般洁净。

皇太子认为世界上不可能有这些东西,传说的人一定是胡说。有位大臣名叫萧叔的说:"皇太子也过分自信,过分不相信客观事理啦!"

力 命 篇

本篇反映《列子》的命定论思想，共有十三节文字，包含两层意思。

其一，它看到社会上存在着大量不平等、不合理和事与愿违的现象，在"力命问难"、"北宫与西门"、"管仲与鲍叔"、"子产诛邓析"等故事中，通过贤德之人与凶顽之徒善无善报、恶无恶报的比较，揭露了"穷圣而达逆，贱贤而贵愚，贫善而富恶"的事实。这种种吉凶祸福、寿夭贵贱本有其深刻的社会历史原因，但它却认为"生生死死，非物非我，皆命也"，将原因归咎于"命"，亦即人对之无可奈何的某种必然性。

虽然，《列子》命定论的出发点同相信天能赏善罚恶、因果报应的宿命论又有不同，它反对有人格神的上帝，只是过分强调了必然性，其结果却难免与后者殊途同归，都劝导人要"知命安时"，这便是本篇的第二层意思。"季梁请医"、"杨布问难"、"东门吴丧子"等故事提出，只有相信命运，才能忘怀寿夭、荣辱、安危；而要信命，则必先"于俏而不昧然"，亦即不迷惑于社会上大量的偶然现象，须洞察其中包藏的必然性。

篇末最后一节，是总结全文旨意之语。它认为士、农、工、商各趋利而逐势，是人力所能为的，至于水旱、成败、否泰则非力所能，乃命使然。简言之，便是谋事在人，成事在天。可见，《列子》命定论还没有走到全盘否定人的主观能动性的地步。

力谓命曰："若之功奚若我哉？"命曰："汝奚功于物而欲比朕？"力曰："寿夭、穷达、贵贱、贫富，我力之所能也。"命曰："彭祖之智不出尧、舜之上①,而寿八百;颜渊之才不出众人之下,而寿十八。仲尼之德不出诸侯之下,而困于陈、蔡②;殷纣之行不出三仁之上③,而居君位。季札无爵于吴④,田恒专有齐国⑤。夷、齐饿死首阳⑥,季氏富于展禽⑦。若是汝力之所能,奈何寿彼而夭此,穷圣而达逆,贱贤而贵愚,贫善而富恶邪?”力曰:“若如若言,我固无功于物,而物若此邪,此则若之所制邪?”命曰:“既谓之命,奈何有制之者邪?朕直而推之,曲而任之。自寿自夭,自穷自达,自贵自贱,自富自贫,朕岂能识之哉?朕岂能识之哉?”

【注释】

①彭祖:古代传说中的长寿者。说法不一。有谓彭祖姓篯名铿,颛顼玄孙,至殷末时已有七百六十七岁。一说彭祖为国名,即大彭,虞夏时封国,传数十世,商武丁时灭,历时八百年;后世传说彭祖年寿八百,盖由此附会。　　②困于陈、蔡:鲁哀公四年(公元前491年),孔子游于陈国和蔡国之间。楚国派人聘请他。陈、蔡两国大夫知道了,认为“今楚,大国也,来聘孔子。孔子用于楚,则陈、蔡用事大夫危矣”(见《史记·孔子世家》)。于是一齐派兵把孔子围困在陈、蔡之间的荒野,断粮多日。陈,古国名,国在今河南淮阳和安徽亳县一带。蔡,古国名,都城先在今河南省新蔡,后累有迁徙。陈、蔡两国先后为楚所灭。　　③三仁:指微子、箕子、比干。微子,商纣的庶兄。因见商代将亡,数谏纣王,纣王不听,他便出走。后被周封为宋国之君。箕子,商纣王的诸父(叔、伯辈),官为太师。曾劝谏纣王,纣王不听,被囚禁。武王灭商后获释。比干,商纣王的诸父,官为少师。因屡次劝谏纣王,被剖心而死。　　④季札:又称公子札,春秋时吴王诸樊之弟。多次推让君位,以贤而有远见著称。　　⑤田恒:即陈成子,春秋时齐国的执政。他收买人心,逐渐扩充势力,杀死齐简公,由陈氏专擅齐国的政权。　　⑥夷、齐:即伯夷与叔齐,商末孤竹君的两个儿子。孤竹君死后,两人谦让王位,后一同放弃国政,逃跑到周。曾反对周武王讨伐暴虐的商纣王。商灭后,他们又逃避到首阳山,不食周粟而死。首阳:山名。在今山西省运城县南。一称“雷首山”。　　⑦季氏:即季孙氏,春秋、战国时鲁国掌握政权的贵族。展禽:即柳下惠,春秋时鲁国大夫。以道德高尚著称。

【译文】

人力对命运说:“你的功劳怎能比得上我呢?”

命运反问道:“你对事物有什么功劳,竟然来同我相比?”

人力回答:“人的长寿或短命,穷困或显达,尊贵或低贱,贫穷或富有,这些都是我的力量所能办到的。"

命运说道:"彭祖的智慧超不过尧和舜,但活到八百岁;颜渊的才能不出众人之下,却只活了十八岁。孔子的德性远高于诸侯之上,但受困在陈国和蔡国之间的荒野里;殷纣王的品行远不如微子、箕子和比干,却高居于国君之位。季札虽贤但在吴国没有爵位;田恒虽诈却专擅齐国的政权。伯夷和叔齐在首阳山上挨饿,季孙氏比柳下惠富贵。如果你的力量能决定他们的遭遇,又为什么让那个人长寿而使这个人短命,让有道德的人穷困而使倒行逆施的人显达,让贤明的人低贱而使愚蠢的人尊贵,让善良的人贫穷而使邪恶的人富有呢?"

人力答道:"如果像你所说的,我固然对事物没有什么功劳;但事物造成这种状况,难道是由你所制宰的吗?"

命运说道:"既然把我叫做命运,又有什么可制宰的呢? 是非曲直,我都听任它自然发展。它们自然长寿自然短命,自然穷困自然显达,自然尊贵自然低贱,自然富有自然贫穷,其中的道理,我怎能知道呢? 我怎能知道呢?"

　　北宫子谓西门子曰①:"朕与子并世也②,而人子达③;并族也,而人子敬;并貌也,而人子爱;并言也,而人子庸④;并行也,而人子诚;并仕也,而人子贵;并农也,而人子富;并商也,而人子利。朕衣则裋褐⑤,食则粢粝⑥,居则蓬室,出则徒行。子衣则文锦,食则粱肉,居则连欐⑦,出则结驷⑧。在家熙然有弃朕之心⑨,在朝谇然有敖朕之色⑩。请谒不及相⑪,遨游不同行,固有年矣。子自以德过朕邪?"西门子曰:"予无以知其实。汝造事而穷⑫,予造事而达,此厚薄之验欤⑬? 而皆谓与予并,汝之颜厚矣。"北宫子无以应,自失而归。中途遇东郭先生。先生曰:"汝奚往而反,偊偊而步⑭,有深愧之色邪?"北宫子言其状。东郭先生曰:"吾将舍汝之愧⑮,与汝更之西门氏而问之。"曰:"汝奚辱北宫子之深乎? 固且言之⑯。"西门子曰:"北宫子言世族、年貌、言行与予并,而贱贵、贫富与予异。予语之曰:予无以知其实。汝造事而穷,予造事而达,北将厚薄之验欤⑰? 而皆谓与予并,汝之颜厚矣。"东郭先生曰:"汝之言厚薄不过言才德之差,吾之言厚薄异于是矣。夫北宫子厚于德,薄于命;汝厚于命,薄于德。汝之达,非智得也;北宫子之穷,非愚失也。皆天也,非人也。而汝以命厚自矜,北宫子以德厚自愧,皆不识夫固然之理矣⑱。"西门子曰:"先

生止矣！予不敢复言。"北宫子既归，衣其裋褐，有狐貉之温⑲；进其
茙菽⑳，有稻粱之味；庇其蓬室，若广厦之荫；乘其筚辂㉑，若文轩之
饰。终身逌然㉒，不知荣辱之在彼也，在我也。东郭先生闻之曰："北
宫子之寐久矣。一言而能寤，易悟也哉㉓！"

【注释】

①北宫子、西门子：虚构的人物。　②并世：同辈。　③人子达：人们给
你显贵的地位。"人子达"为"人达子"的宾置动前结构。　④庸：通"用"。这
里指用其言。　⑤裋(shù)褐：粗陋的衣服，古代多为贱者所穿。　⑥粢粝：指
粗劣的饭食。粢，饭团。粝，粗米。　⑦连栌：高屋大厦。栌，屋栋。　⑧结驷：
四匹马挽引的车辆。　⑨熙然：和乐貌。弃：指故意地冷落。　⑩謺然：直言
争辩的样子。敖：通"傲"。轻慢。　⑪请谒不及相：相互间不拜访往来。
⑫造事：遇事。　⑬厚薄：指德行好坏。验：犹报应，应验。　⑭偊(yǔ)偊：
同"踽踽"。孤独行走的样子。　⑮舍：通"释"，消除。　⑯固且：姑且。
⑰将：抑或，恐怕是。　⑱固然之理：本然之理。一说"固然"为"自然"之误。
⑲貉：指貉皮制成的衣服。貉是一种似狐而尾较短的动物，俗称狗獾。　⑳茙
菽(róng shū)：大豆。　㉑筚辂(lù)：亦作"筚路"，柴车。　㉒逌(yóu)然：
舒适自得貌。　㉓易悟：谓北宫子容易觉悟。"悟"，"道藏本"、"世德堂"本作
"怛"，字义相近。

【译文】

北宫子对西门子说："我与你同属一辈，但人们只给你显要的地位；与你同生
一族，但人们只对你十分敬重；与你容貌一般，但人们只对你很爱戴；与你一同说
话，但人们只采用你的意见；与你一道办事，但人们只信任你；与你一齐做官，但人
们只以你为尊贵；与你一同务农，但人们只让你富有；与你一道经商，但人们只使
你获利。我穿的是粗布衣裳，吃的是糙米麦饼，住的是草屋茅棚，外出只能徒步行
走。而你穿的是绫罗锦缎，吃的是精米鱼肉，住的是高楼大厦，外出有驷马大车。
在家里你怡然自得，有看不起我的意思；在朝廷你侃侃而谈，一付对我傲慢的神
气。你我之间，相互不来往，遨游不同行，已经有好些年啦！你自以为自己的德行
要胜过我吗？"

西门子回答："我不知道这是什么缘故。你遇事总是穷困多磨，我遇事总是顺
利通达，这恐怕是德行好坏的效验吧？而你却说自己的一切都与我相同，你的脸
皮也太厚啦！"

北宫子无言以答，只得神情恍惚地往家走。半路上遇见了东郭先生。东郭先
生问道："你从哪里回来呀？为什么孤伶伶地行走，脸上带着非常羞愧的神色呢？"

北宫子就把刚才的事情告诉了他。东郭先生听了说："我将解除你的羞愧,与你再到西门子家去问个明白。"

于是,东郭先生便问西门子："你为什么这样过分地污辱北宫子呢? 且讲讲你的道理。"

西门子说："北宫子刚才说他的辈份、家族、年龄、容貌、言行都与我相同,但贱贵、贫富却与我两样。我对他说:我不知道这是什么缘故。你遇事穷困,我遇事通达,这或许是两人德行好坏的应验吧? 而你却说自己一切都与我相同,你的脸皮也太厚啦。"

东郭先生说："你说的好坏不过是指才干德行上的差异,我所说的好坏就不同于这样啦。北宫子德行很好但命运很坏;你命运很好但德行很坏。你的显达,并非依靠个人的智力所获得的;北宫子的穷困,也不是他愚蠢带来的过失。这都是命运所致,并非人力所为。但你却以命运好而自矜,北宫子却以德行好而自愧,你们都不懂得自然的道理啊。"

西门子说："先生不要讲啦! 我不敢再说这样的话了。"

北宫子回家以后,穿他的粗衣布裳,觉得有狐裘貉袍一样的温暖;吃他的大豆,感到有稻米细粮一般的滋味;住在他的茅舍之下,仿佛得到高楼大厦的荫蔽;乘坐在他的柴车之上,好像坐在华丽的车辆里。终生怡然自得地,不知道荣耀和耻辱在别人那里,还是在自己这里。

东郭先生知道了,高兴地说："北宫子昏然若睡很久啦,一句话就能使他清醒过来,真是容易觉悟啊!"

　　管夷吾、鲍叔牙二人相友甚戚①,同处于齐。管夷吾事公子纠②,鲍叔牙事公子小白③。齐公族多宠④,嫡庶并行⑤。国人惧乱。管仲与召忽奉公子纠奔鲁⑥,鲍叔奉公子小白奔莒⑦。既而公孙无知作乱⑧,齐无君,二公子争入。管夷吾与小白战于莒,道射中小白带钩⑨。小白既立,胁鲁杀子纠⑩,召忽死之⑪,管夷吾被囚。鲍叔牙谓桓公曰:"管夷吾能,可以治国。"桓公曰:"我仇也,愿杀之。"鲍叔牙曰:"吾闻贤君无私怨,且人能为其主,亦必能为人君。如欲霸王,非夷吾其弗可。君必舍之⑫!"遂召管仲。鲁归之齐,鲍叔牙郊迎,释其囚⑬。桓公礼之,而位于高、国之上⑭,鲍叔牙以身下之,任以国政,号曰仲父。桓公遂霸。管仲尝叹曰:"吾少穷困时,尝与鲍叔贾⑮,分财多自与;鲍叔不以我为贪,知我贫也。吾尝为鲍叔谋事而大穷困,鲍叔不以我为愚,知时有利不利也。吾尝三仕,三见逐于君,鲍叔不以我为不肖,知我不遭时也。吾尝三战三北,鲍叔不以我为怯,知我有老母也。公子纠败,召忽死之,吾幽囚受辱,鲍叔不以我为无耻,知我不羞小节而耻名不显于天下也。生我者父母,知我者鲍叔也!"此世称管、鲍善交者,小白善用能者。然实无善交,实无用能也。实无善交实无用能者,非更有善交,更有善用能也。召忽非能死,不得不死;鲍叔非能举贤,不得不举;小白非能用仇,不得不用。及管夷吾有病,小白问之,曰:"仲父之病病矣⑯,可不讳⑰。云至于大病⑱,则寡人恶乎属国而可⑲?"夷吾曰:"公谁欲欤?"小白曰:"鲍叔牙可。"曰:"不可。其为人也,洁廉善士也,其于不己若者不比之人⑳,一闻人之过,终身不忘。使之理国,上且钩乎君㉑,下且逆乎民。其得罪于君也,将弗久矣。"小白曰:"然则孰可?"对曰:"勿已,则隰朋可。其为人也,上忘而下不叛㉒,愧其不若黄帝而哀不己若者。以德分人谓之圣人,以财分人谓之贤人。以贤临人㉓,未有得人者也;以贤下人者,未有不得人者也。其于国有不闻也㉔,其于家有不见也㉕。勿已,则隰朋可。"然则管夷吾非薄鲍叔也,不得不薄;非厚隰朋也,不得不厚。厚之于始,或薄之于终;薄之于终,或厚之于始㉖。厚薄之去来,弗由我也。

【注释】

①管夷吾:即管仲。名夷吾,字仲。鲍叔牙:春秋时齐国大夫。以知人著称。戚:亲近。　②公子纠:吕氏,名纠,齐襄公之弟,齐桓公之兄。　③小白:即齐桓公。吕氏,名小白,齐襄公及公子纠之弟。　④公族:诸侯的同族。　⑤嫡庶并行:嫡系和旁支的人都享有同样地位。这里指齐僖公十分喜爱母弟夷仲年之子公孙无知,令其礼遇同于太子。封建宗法社会中由正妻所生子女为嫡生,妾媵所生子女为庶出,"嫡庶并行"被看作是礼法混乱的表现。　⑥召(shào)忽:齐国的大臣。　⑦莒(jǔ):古国名。有今山东省安丘、诸城、沂水、莒、日照等县间地。公元前431年为楚所灭。　⑧公孙无知:齐釐公母弟夷仲年的儿子。曾杀齐襄公,篡夺王位。后被渠丘大夫雍林所杀。　⑨带钩:腰带上的钩,多用青铜制。　⑩胁:胁迫。　⑪死之:指为某人、某事而战死或自杀。　⑫舍:通"赦",赦免。　⑬囚:当指桎梏,即古代的脚镣手铐。　⑭高、国:齐国的两家当政的卿大夫。　⑮贾(gǔ):做买卖,经商。　⑯病病:病加重。后一"病",作动词,

谓病势加重。　⑰可不讳:亦作"不讳"或"不可讳"。将死的婉辞。　⑱云:这里作或许、如果解。大病:死。　⑲属:通"嘱",托付。　⑳比:亲近。人:无义,疑为衍文。或为"又"字之误,与下句"一闻人之过"连文。《庄子·徐无鬼》上句中正无此"人"字,下句作"又一闻人之过"。　㉑钩:钩距,即对人辗转推问,究其情实。这里含有求全责备的意思。　㉒上忘:指在上则忘记自己身处高位。下不叛:谓对下则不骄横跋扈。叛,即"叛换",同"畔援",暴横,跋扈。㉓以贤临人:因自己的贤明而临驾于别人之上。　㉔国:指国事。　㉕家:指家事。这两句意即对于国事和家务不是事必躬亲,求全责备,而是有所放任。㉖据陶鸿庆说这两句应为"薄之于始,或厚之于终",否则即与上句意义重复。

【译文】

管仲与鲍叔牙两人相交为友,十分亲密。他们一同住在齐国。管仲事奉公子纠,鲍叔牙事奉公子小白。当时齐国公族的子弟多受到齐僖公的宠爱,嫡系和旁支的人都享有同等的礼遇。百姓为此而忧惧齐国会发生内乱。于是,管仲与召忽陪着公子纠逃到鲁国,鲍叔陪着公子小白投奔莒国。

不久,公孙无知发动叛乱,杀了齐襄公,齐国没有了君主。公子纠与公子小白争着赶向齐国抢夺王位。管仲和小白在莒国交战。半路上射中了小白的腰带铜钩。小白即位以后,就胁迫鲁国杀死了公子纠。召忽自杀,管仲被囚。

鲍叔牙对齐桓公小白说:"管仲才能出众,可以治理国家。"

桓公说:"他是我的仇人,我要杀了他。"

鲍叔牙说:"我听说贤明的君主不能有私人的仇怨;况且一个人能忠心地为他的主人办事,也一定能忠心地为君王效力。如果您想要君临诸侯,成为霸主,没有管仲就不能成功。您一定要赦免他!"

齐桓公于是派人去召回管仲。鲁国放他归还齐国。鲍叔牙到郊外迎接,解除了他的桎梏。齐桓公用隆重的礼节接待了他,把他的地位安排在高、国两家贵族之上,鲍叔牙甘居下位,把国政委托给他,称他为仲父。齐桓公因此成为霸主。

管仲曾经叹道:"我年轻穷困的时候,曾与鲍叔合伙做买卖,在分红时往往自己多分一些,鲍叔不以为我是贪心,而是知道我家境贫穷。我曾为鲍叔谋事但弄得大为窘困,鲍叔不以为我是愚蠢,而是知道时机有顺利也有不顺利的时候。我曾三次做官,三次被君主驱逐出来,鲍叔不以为我是没有出息,而是知道我没有遭逢好机会。我曾三次作战三次败逃,鲍叔不以为我是胆怯,而是知道我上有老母。公子纠失败,召忽自杀,我却甘愿被囚受辱,鲍叔不以为我是无耻,而是知道我不羞于小节而耻于名声不能显扬于天下啊。生我的是父母,了解我的是鲍叔啊!"

这就是世人所称道的管、鲍善于结交朋友,小白善于任用贤能的故事。但是,实质上无所谓善于结交,无所谓善于任贤。实质上无所谓善于结交、无所谓善于任贤的原因,在于根本就没有什么善于结交,根本就没有什么善于任贤。召忽并非要自杀,而是不得不自杀;鲍叔并非能推荐贤者,而是不得不推荐;小白并非能任用仇人,而是不得不任用。

到了管仲患病的时候,小白前往探望,对他说:"仲父的病势很重啦,我也用不着隐瞒了。如果你去世了,寡人把国政托付给谁才好呢?"

管仲问道:"您想托付给谁呢?"

小白回答:"可以托付给鲍叔牙。"

管仲说:"那不可以。鲍叔牙为人清廉高洁,是一个贤良之士,他对于德行才干不如自己的人,就不屑同他们交往,一听见别人的过错,就耿耿于怀终生不忘。假如让他治理国家,对上则求全责备于君主,对下则违逆人情于百姓。他得罪您的时候不会太久啦。"

小白问道:"那么谁可以呢?"

管仲回答:"如果我的病不能治愈,那隰朋可以接任。他的为人?在上则忘怀自己身处高位,对下则毫不骄横跋扈,只惭愧自己的德才不如黄帝,而能哀怜那些不如自己的人。以德行来感化他人的叫做圣人,用财物来济施他人的叫做贤人。因贤能而傲气临人的,从来就没有能够得取人心的;以贤能而谦虚待人的,从来就没有不得人心的。这样的人顺应自然,对于国事有所不闻,对于家务有所不见。如果我的病不能治愈,那么隰朋可以担当国政。"

但是,管仲并非有意鄙薄鲍叔,而是不得不鄙薄;也并非有意推重隰朋,而是不得不推重。开始推重,或许到最后就变成了鄙薄;开始鄙薄,或许到最后就变成了推重。推重和鄙薄的相互转化,都不是由个人的意志所决定的。

邓析操两可之说①,设无穷之辞②,当子产执政③,作《竹刑》④。邓国用之,数难子产之治⑤。子产屈之⑥。子产执而戮之⑦,俄而诛之。然则子产非能用《竹刑》,不得不用;邓析非能屈子产,不得不屈;子产非能诛邓析,不得不诛也。

【注释】
①邓析:春秋时法家、名家。郑国大夫。主张法治,曾著《竹刑》,为郑国采用。据《左传》记载,定公九年,邓析被郑国驷颛所杀。此处说子产诛邓析,当为舛误。事实上子产卒于公元前522年,而邓析卒于公元前501年,比子产晚死20年。两可之说:可彼可此,无所可否的学说主张。　　②无穷之辞:指巧言辩说的圆滑辞令。　　③子产:春秋时政治家,郑国贵族子国之子。曾任郑简公的卿。

公元前543年执政,立丘赋,铸刑鼎,实行改革。 ④《竹刑》:子产公布《刑书》后三十余年,邓析又根据当时的新情况,改订刑法,刻在竹简上,称《竹刑》。⑤数(shuò):屡次。难:为难,诘难。 ⑥屈:理亏。 ⑦执而戮之:捕捉来后羞辱他。戮,羞辱。《尔雅·释诂》郭璞注:"相戮,辱。"一说此处"戮"即"杀"。如训"杀",则词意与下文的"诛"重复。

【译文】

邓析主张模棱两可的学说,编了一套巧辩圆滑的辞令,在子产掌理国政的时候,他制订了《竹刑》。郑国采用了《竹刑》,常常妨碍子产的治理。子产为之理屈,便把邓析抓来加以羞辱,不久又依据《竹刑》把他诛杀了。

但是子产并非乐意采用《竹刑》,而是不得不采用;邓析并非能使子产理屈,而是不得不使子产理屈;子产并非要杀邓析,而是不得不杀死他。

可以生而生,天福也;可以死而死,天福也。可以生而不生,天罚也;可以死而不死,天罚也。可以生,可以死,得生得死,有矣;不可以生①,不可以死②,或死或生,有矣。然而生生死死,非物非我,皆命也,智之所无奈何。故曰,窈然无际③,天道自会④;漠然无分⑤,天道自运。天地不能犯⑥,圣智不能干⑦,鬼魅不能欺。自然者默之成之,平之宁之⑧,将之迎之⑨。

【注释】

①不可以生:当为"可以生"。 ②不可以死:当作"可以死"。据陶鸿庆说:"两'不'字衍文,本作'可以生,可以死,或死或生,有矣。'言可以生而或死,可以死而或生也。"这里当从陶说,否则句意同上句重复。 ③窈(yǎo)然无际:深奥幽远,没有边际。 ④天道:自然规律。会:融会贯通。谓各种运动的相合和相通。 ⑤漠然无分:寂静无声,没有分别。漠,通"寞",无声。 ⑥犯:违犯,抵触。 ⑦干:干扰。 ⑧平之宁之:这里是无所施为的意思。句中的"之"为音节助词,无实义。 ⑨将之迎之:将,送。迎,接。此处含有"将顺迎合"的意思。意指自然规律先物而动,随物而往,顺势助成,而无一遗漏。

【译文】

可以生存而得以生存,是上天的赐福;可以死亡而得以死亡,也是上天的赐福。可以生存而不得生存,是上天的惩罚;可以死亡而不得死亡,也是上天的惩罚。可以生存,可以死亡,因而得以生存,得以死亡,这种情形是有的;可以生存,可以死亡,却不得不死亡,不得不生存,这种情形也是有的。

然而生生死死，并非听凭外物，并非顺随己愿，而都是命运的制宰，人的智力对它是无可奈何的。所以说，那深奥幽远，没有边际的自然规律是自行变通的；那寂静无声，没有界限的自然规律是自行运动的。天地不能违犯它，圣智不能干扰它，鬼魅不能欺诈它。自然规律，在静默之中暗暗成就着，平和宁静无所施为，顺迎万物而无遗漏。

　　杨朱之友曰季梁。季梁得病，七日大渐①。其子环而泣之，请医②。季梁谓杨朱曰："吾子不肖如此之甚，汝奚不为我歌以晓之？"杨朱歌曰："天其弗识③，人胡能觉？ 匪祐自天④，弗孽由人⑤。我乎汝乎！ 其弗知乎！ 医乎巫乎！ 其知之乎⑥？"其子弗晓，终谒三医⑦。一曰矫氏，二曰俞氏，三曰卢氏，诊其所疾。矫氏谓季梁曰："汝寒温不节，虚实失度⑧，病由饥饱色欲，精虑烦散，非天非鬼。虽渐，可攻也。"季梁曰："众医也⑨。亟屏之⑩！"俞氏曰："女始则胎气不足，乳湩有余。病非一朝一夕之故，其所由来渐矣，弗可已也。"季梁曰："良医也。且食之！"卢氏曰："汝疾不由天，亦不由人，亦不由鬼。禀生受形，既有制之者矣⑪，亦有知之者矣⑫，药石其如汝何？"季梁曰："神医也。重贶遣之⑬！"俄而季梁之疾自瘳。

【注释】

①渐：(病情)加剧。　②请医：一本作"请谒医"。即请为其父延医。③天其弗识：天无意志，因而不能知晓人得疾病的原因。《列子》是否认人格神上帝的，"天其弗识"便表达了这种思想。天，指自然的天。　④匪：通"非"。⑤孽：罪恶。　⑥其：副词。表反诘，通"岂"，难道。　⑦终：到处，周遍。蒋伯超《南漘楛语》："终，周也。'终谒三医'谓'遍谒三医'也，不作竟字解。"⑧虚实：此处为中医学名词。指病人正气与病邪相互抗衡的情况。虚证多为正气不足，实证多为邪气有余。　⑨众医：医术平庸的医生。　⑩屏(bǐng)：也作"摒"。排除，逐走。　⑪制之者：人的生命与形体的宰制者。　⑫知之者：通晓人的生命与形体内在变化的东西。这里所谓"制之者"、"知之者"指的是"命"。卢氏医生认为病由于命，命当病即病，命当愈则愈。　⑬贶(kuàng)：犹"赐"，赠送礼物。

【译文】

　　杨朱的朋友名叫季梁。季梁得病，七天而病情加剧。他的儿子们围着病榻痛哭，请求为他去延请医生。

季梁对杨朱说:"我的儿子太不明事理啦,你干嘛不为我唱支歌来开导他们呢?"

杨朱便唱道:"老天不知道,人何能知晓?福气非天佑,罪孽非人造。我啊与你啊,都不能知道!医生和巫师,岂能识分晓?"

季梁的儿子们不解歌意,到处寻访,请来三位医生,一位姓矫,一位姓俞,一位姓卢,为季梁诊断病因。

姓矫的医生对季梁说:"你寒温不能调节,虚实失去限度,病因在于饥饱色欲,导致精虑烦扰散乱,这不是天也不是鬼所造成的。虽然病势严重,但还是可用药治疗的。"

季梁说:"庸医呀,马上给我撵出去!"

姓俞的医生诊断道:"你生下来就胎气不足,乳汁有余。这种病并非一朝一夕所致,它是逐渐发展而成的,已经治不好啦。"

季梁说:"良医啊,姑且留他吃饭!"

姓卢的医生对他说:"你的生病不由天,不由人,也不由鬼。一个人从天禀承了生命,接受了形体,既有制宰它的,也有知晓它的,这便是命运。药石对你又有什么用呢?"

季梁听罢,叫道:"神医啊,用贵重的礼物发送他!"

不久之后,季梁的疾病就自行痊愈了。

　　生非贵之所能存,身非爱之所能厚;生亦非贱之所能夭,身亦非轻之所能薄。故贵之或不生,贱之或不死;爱之或不厚,轻之或不薄。此似反也,非反也;此自生自死,自厚自薄。或贵之而生,或贱之而死;或爱之而厚,或轻之而薄。此似顺也,非顺也;此亦自生自死,自厚自薄。鬻熊语文王曰:"自长非所增,自短非所损。算之所亡若何①?"老聃语关尹曰:"天之所恶,孰知其故②?"言迎天意③,揣利害,不知其已。

【注释】

①算:推测,筹划,引申为智谋。若何:奈何。　②"天之所恶,孰知其故",语出《老子》七十三章。这里并非说天有喜恶情感,而是指天或喜或恶,皆属必然,而必然性的规律是一般人无法逆料的。　③迎:推测未来。

【译文】

　　生命并不因珍惜它就能长存,身体并不因爱惜它就能健壮;生命也并不因贱待它就会夭折,身体也并不因轻视它就会瘦瘠。所以珍惜它或许就不能生存,贱待它或许就不会死亡;爱惜它或许就不健壮,轻视它或许就不瘦瘠。这里的因果似乎是相反的,其实并不相反,它们自生自死,自厚自薄。或者珍惜它就能生,贱待它就会死;或者爱惜它就能健壮,轻视它就会瘦瘠。这里的因果似乎是相顺的,其实并不相顺,它们同样也是自生自死,自厚自薄。

鬻熊对周文王说:"事物自身的发展,不是外力所能增加的;本身的衰亡,也不是外力所能减损的。智谋对此又有什么办法呢?"

老聃对关尹说:"天所讨厌的,谁知道是什么原因?"意思就是说,谁要推测天意,揣摹利害,还不如趁早罢休。

杨布问曰[1]:"有人于此,年兄弟也[2],言兄弟也[3],才兄弟也,貌兄弟也,而寿夭父子也[4],贵贱父子也,名誉父子也,爱憎父子也。吾惑之。"杨子曰:"古之人有言,吾尝识之,将以告若。不知所以然而然,命也。今昏昏昧昧,纷纷若若[5],随所为,随所不为,日去日来,孰能知其故? 皆命也夫。信命者,亡寿夭;信理者,亡是非;信心者,亡逆顺;信性者,亡安危。则谓之都亡所信,都亡所不信。真矣愨矣[6],奚去奚就? 奚哀奚乐? 奚为奚不为?《黄帝之书》云:'至人居若死[7],动若械[8]。'亦不知所以居,亦不知所以不居;亦不知所以动,亦不知所以不动。亦不以众人之观易其情貌,亦不谓众人之不观不易其情貌[9]。独往独来,独出独入,孰能碍之?"

【注释】

①杨布:战国时哲学家杨朱之弟。 ②年兄弟也:年纪相当。"兄弟",比喻差别不大。下同。 ③言:殷敬顺《释文》本作"訾",谓"訾"通"赀",即钱财。俞樾谓"訾"应释为"訾程",即资历。按下文"贵贱父子也"以地位"贵贱"与此"訾兄弟也"相应,故应释"资历"为是。 ④寿夭父子也:长寿或短命相差悬殊。"父子",喻差别悬殊。下同。 ⑤纷纷若若:指自然或人世变化的纷纷纭纭的面貌。纷纷,紊乱烦忙貌。若若,盛多貌。 ⑥愨(què):诚笃,忠厚。⑦居若死:指得道的人心如死灰,故其"居若死",即静坐时如同死人一般。⑧动若械:因得道之人形如槁木,故其"动若械",即行动时如同木偶一般。械,指机关木人。 ⑨亦不谓众人之不观不易其情貌:据陶鸿庆说,此句中"不谓"当作"不以",否则意思即与上句重复。

【译文】

杨布问道:"这里有两个人,他们年纪相仿,资历相仿,才能相仿,容貌相仿;但他们却寿夭悬殊,贵贱悬殊,名誉悬殊,爱憎悬殊。我对此感到迷惑不解。"

　　杨朱回答说:"古代人有句话,我记下了,就告诉你吧。不知为什么会这样而这样,就叫做命。如今万物昏昏昧昧,纷纷纭纭,任随所为,任随所不为,日去日来,运行无穷,谁能知道其中的原因呢? 都是命啊! 相信命的,心里就不考虑长寿短命;相信理的,心里就无是非;相信心的,就不考虑处境的逆顺;相信性的,就不考虑自身的安危。这就叫做什么都不相信,什么都相信。真率啊! 诚笃啊! 何去何从? 何哀何乐? 何为何不为?

　　"《黄帝书》上说:'道德最高的人,静坐时如同死人,行动时如同木偶。'也不知为什么静坐,也不知为什么不静坐;也不知为什么行动,也不知为什么不行动。也不因为众人的视听而改变他的情貌,也不因为众人的视听而不改变他的情貌。独往独来,独出独入,有谁能够妨碍他呢?"

　　墨尿①、单至②、啴咺③、憋懯四人相与游于世④,胥如志也⑤。穷年不相知情,自以智之深也。巧佞⑥、愚直⑦、婩斫⑧、便辟四人相与游于世⑨,胥如志也;穷年而不相语术,自以巧之微也。㺬㤉⑩、情露⑪、䜛极⑫、凌谇四人相与游于世⑬,胥如志也;穷年不相晓悟,自以为才之得也。眠娗⑭、誃诿⑮、勇敢,怯疑四人相与游于世⑯,胥如志也;穷年不相谪发⑰,自以行无戾也⑱。多偶⑲、自专⑳、乘权㉑、只立四人相与游于世㉒,胥如志也;穷年不相顾眄,自以时之适也。此众态也。其貌不一,而咸之于道㉓,命所归也。

　　【注释】
　　①墨尿(méi nì):表面愚蠢而内心狡诈。即以人的情貌作为寓言中的人名。②单至(zhàn dié):轻举妄动的样子。这里借作人名。　　③啴咺(chǎn xuān):迂阔缓慢的样子。这里借作人名。　　④憋懯(fū):急速貌。这里借作人名。⑤胥:皆,都。如:依照,顺遂。　　⑥巧佞:巧言邪佞。借作人名。　　⑦愚直:质朴憨厚。借作人名。　　⑧婩斫(àn zhuó):懵懂不悟的样子。借作人名。⑨便(pián)辟:善于逢迎谄媚的样子。借作人名。　　⑩㺬㤉(jiǎo jiā):也作"忿怀"。即哀怒郁结于心而不肯吐露的样子。借作人名。　　⑪情露:内情暴露,无所隐藏的样子。借作人名。　　⑫䜛极:性急口吃的样子。一本作"䜛悭(jí)"或"謇吃(jī)"。䜛(qiān),口吃。悭,同"急",迫切,性急。借作人名。　　⑬凌谇:殷敬顺《释文》:"凌谇,谓好陵辱责骂人也。"凌,欺凌。谇(suì),责骂。借作人名。　　⑭眠娗(tiǎn):害羞不开通的样子。借作人名。　　⑮誃诿:即以重负

推诿他人。引申为形容烦重不堪的样子。借作人名。 ⑯怯疑:懦弱不决。借作人名。 ⑰谪:责备。发:揭发,暴露。 ⑱戾(lì):违反。 ⑲多偶:随顺和谐。借作人名。 ⑳自专:独断专行。借作人名。 ㉑乘权:倚仗权势。借作人名。 ㉒只(zhī)立:孤独自立。借作人名。 ㉓咸之于道:都符合于道。

【译文】

虚伪狡诈的墨屎、轻举妄动的单至、迂阔迟缓的啴咺、性子急躁的憋懯,四人同在世上游逛,各各随顺己意,终年不相了解,都以为自己的智慧是最高深的。

能说会道的巧佞、质朴憨厚的愚直、懵懂不悟的婩斫、拍马溜须的便辟,四人同在世上游逛,各各随顺己意,终年不相探讨,都以为自己的技巧是最精妙的。

愤懑郁结的狣伢、胸怀坦荡的情露、心急口吃的謇极、恶语伤人的凌谇,四人同在世上游逛,各各随顺己意,终年不相启发,都以为自己的才能是最出色的。

羞涩闭塞的眠娗、烦重迟钝的諈诿、果敢刚强的勇敢、懦弱多疑的怯疑,四人同在世上游逛,各各随顺己意,终年不相指责,都以为自己的行为是正确的。

谦虚随和的多偶、独断专行的自专、趋炎附势的乘权、孤芳自赏的只立,四人同在世上游逛,各各随顺己意,终年不相顾视,都以为自己是适时走运的。

这些千姿百态,他们的情貌虽然不一,但同样都合于道,这是命运所导致的结果啊。

佹佹成者①,俏成也②,初非成也③。佹佹败者,俏败者也,初非败也。故迷生于俏④,俏之际昧然⑤。于俏而不昧然,则不骇外祸,不喜内福;随时动,随时止,智不能知也。信命者于彼我无二心⑥。于彼我而有二心者,不若揜目塞耳⑦,背坂面隍亦不坠仆也⑧。故曰:死生自命也,贫穷自时也⑨。怨夭折者,不知命者也;怨贫穷者,不知时者也。当死不惧,在穷不戚,知命安时也。其使多智之人量利害⑩,料虚实,度人情,得亦中⑪,亡亦中⑫。其少智之人不量利害,不料虚实,不度人情,得亦中,亡亦中。量与不量,料与不料,度与不度,奚以异?唯亡所量,亡所不量,则全而亡丧⑬。亦非知全⑭,亦非知丧。自全也,自亡也,自丧也。

【注释】

①佹佹(guǐ)成者:偶然成功的事情。佹,出于偶然。也有将"佹佹成"解作"将要成功"的,此处采用前说。 ②俏:通"肖",相似。 ③初:本来。

④故迷生于俏:所以迷惑往往产生于事情似成似败的时候。指人们只看见事情偶
然的表面的成败,而不能洞察其中必然的本质的原因。　⑤昧然:昏暗难辨的
样子。　⑥二心:指喜惧之情。　⑦捣(yǎn):掩盖。　⑧背坂:即背对城
墙。隍:护城壕。　⑨贫穷:据陶鸿庆说,"贫穷"当作"贫富",与上句"死生自
命也"语义一律。　⑩其:犹"若",作连词表假设。　⑪得:指预料正确的。
中:一半。　⑫亡:指预料错误的。　⑬全:指保全自然赋于人的本性。
⑭知全:靠智力来保全。知,通"智"。下文"知丧"的"知"亦同。

【译文】

　　偶然成功的事情,表面上似乎成功了,实质上并没有成功。偶然失败的事情,
表面上似乎失败了,实质上并没有失败。所以迷惑往往产生于事情似成似败的时
候。似成和似败的界限冥昧难辨。对于表面的成败毫不迷惑,那就不会对外来的
祸害感到恐骇,不会对自身的幸福感到欣喜,随顺时宜而动,随顺时宜而止,靠智
力是无法知晓的。恪信命运的人对于外物和自身没有喜惧之情。对于外物和自
身怀有喜惧之情的人,不如掩着眼睛,塞住耳朵,这样即使背对城墙,面向壕沟,也
不会跌仆下去。因此说:死生来自命运,贫富由于时会。抱怨夭折的人,乃是不知
命运;抱怨贫穷的人,乃是不知时会。面对死亡而不恐惧,身处穷困而不悲戚,乃
是知命安时。如果让足智多谋的人去估量利害,料算虚实,猜度人情,所得为一
半,所失也为一半。那些缺智少谋的人不估量利害,不料算虚实,不猜度人情,所
得为一半,所失也为一半。估量与不估量,料算与不料算,猜度与不猜度,两者之
间又有什么差别呢? 唯独没有什么估量的,也没有什么不估量的,才能保全本性
而无所丧失。也不靠智力来保全本性,也不因智力而丧失本性,它们都自然保全,
自然消亡,自然丧失。

　　齐景公游于牛山①,北临其国城而流涕曰:"美哉国乎! 郁郁芊
芊②,若何滴滴去此国而死乎③? 使古无死者,寡人将去斯而之何?"
史孔、梁丘据皆从而泣曰④:"臣赖君之赐,疏食恶肉可得而食⑤,驽马
稜车可得而乘也⑥,且犹不欲死,而况吾君乎?"晏子独笑于旁。公雪
涕而顾晏子曰⑦:"寡人今日之游悲,孔与据皆从寡人而泣,子之独
笑,何也。"晏子对曰:"使贤者常守之,则太公、桓公将常守之矣⑧;使
有勇者而常守之⑨,则庄公、灵公将常守之矣⑩。数君者将守之,吾君
方将被蓑笠而立乎畎亩之中⑪,唯事之恤⑫,行假念死乎⑬? 则吾君又
安得此位而立焉? 以其迭处之、迭去之⑭。至于君也,而独为之流

涕，是不仁也。见不仁之君，见谄谀之臣。臣见此二者，臣之所为独窃笑也。"景公惭焉，举觞自罚。罚二臣者各二觞焉。

【注释】

①齐景公：春秋时代齐国的国君。名杵臼。齐庄公的异母弟。公元前548—前490年在位。牛山：在今山东省临淄南。　②郁郁芊芊：草木繁盛貌。③滴滴：为"滂滂"之误。《晏子春秋》中亦有此段文字，即为"滂滂"。大水涌流貌。此处用以形容时光流逝，人的生命如江河日下。　④史孔：一作"艾孔"，人名。梁丘据：复姓梁丘，人名。以上两人同为齐景公的大臣。　⑤疏食：粗糙的食物。疏，糙米。　⑥驽马：劣马。稜车：当为"栈车"之误。《释文》："稜当作栈"。栈车，古代用竹木做成的简陋车子。一般供士人所乘。　⑦雪涕：揩去眼泪。雪，拭。　⑧太公：齐太公。周代齐国的始祖。姜姓，吕氏，名望，俗称姜太公。桓公：即齐桓公。　⑨而：通"能"，能够。　⑩庄公：齐庄公，名光，为齐灵公之子。春秋时齐国国君，公元前553年—前548年在位。灵公：齐灵公，名环，春秋时齐国君主，公元前581—前554年在位，曾攻灭莱国，扩展疆土。　⑪畎(quǎn)亩：田亩。　⑫事：从事。这里指耕耘等农事。恤：担忧。　⑬行假：张湛注："行假当作何暇。"　⑭迭处之、迭去之：指君主轮流登居王位，又轮流离位死去。

【译文】

齐景公登临牛山游玩，面向北方，眺望都城，泪水盈眶地叹道："我的国土多么美好啊！草木茂盛，郁郁葱葱，可是人的生命就像江河流逝，总有一天我会离开这座都城而死去，对此又有什么办法呢？如果自古以来就没有死亡这回事，寡人还会离开这儿再到哪里去呢？"

他身后两位侍臣名叫史孔和梁丘据的都跟着声泪俱下地说："小臣仰仗吾王的恩赐，有粗劣的饭食可吃，有驽马栈车可乘，尚且还不愿意死，更何况我们的君主呢？"

唯独晏子在一旁暗笑。景公擦去眼泪，望着晏子责问道："寡人今日游览心中悲伤，史孔和梁丘据都跟着寡人哭泣，你却独自发笑，这是什么道理？"

晏子回答说："如果让贤明的君主永远掌管这个国家，那么太公和桓公就能永远掌管它；如果勇武的君主能永远镇守这个国家，那么庄公和灵公便可永远镇守它；如果这几位君王永远掌守国家，那您大概只能做一个农夫，披着蓑衣戴着斗笠站在田野之中，成天只顾担忧耕田种地的事，还有什么闲暇去考虑死呢？您又怎能得到这王位呢？正是因为历代君主一个接一个地登位，又一个接一个地死去，才轮到您的呀。现在唯独您却因为死亡而痛哭流涕；这是没有仁德的表现。看到不仁的君主,看到阿谀谄媚的臣子,我看见了这样两种人,这便是我独自好笑的原因呀!"

景公十分惭愧,便举酒罚饮,同时又罚那两位侍臣每人各饮两杯。

　　魏人有东门吴者[1],其子死而不忧。其相室曰[2]:"公之爱子,天下无有。今子死不忧,何也?"东门吴曰:"吾常无子[3],无子之时不忧。今子死,乃与向无子同,臣奚忧焉?"

【注释】

①东门吴:人名。东门,复姓。　②相室:亦称"家相"。即管家。一说"相室"为妻子。　③常:通"尝"。曾经。

【译文】

魏国有一个人名叫东门吴,儿子死了,但他却毫不忧伤。他的管家问道:"您宠爱儿子,真是天下少有。现在儿子死了,您却毫不忧伤,是何道理?"

东门吴回答:"我曾经没有儿子,没有儿子的时候我不忧伤。如今儿子死了,就同过去没有儿子一样,我有什么值得忧伤的呢?"

　　农赴时,商趣利[1],工追术,仕逐势[2],势使然也[3]。然农有水旱,商有得失,工有成败,仕有遇否[4],命使然也。

【注释】

①趣:通"趋"。　②仕:做官的。　③势:情势。指人力所能为的。④遇:契合,顺通。否(pǐ):不通,阻滞。

【译文】

务农的人抢赶时令,经商的人趋逐财利,做工的人追求技术,当官的人争夺权势,这是情势使得他们这样的。然而务农有水旱,经商有得失,做工有成败,当官有顺滞,这就是命运所造成的了。

杨 朱 篇

　　杨朱学说连同儒、墨,曾是战国初年的三大显学。但本篇论旨往往与前期杨朱派不尽相同,它直接反对礼义纲常,强调顺从人的本性,享受当生的快乐。故应该是杨朱"为我"论在魏晋时代特定条件下的一种反映。

　　全文可分四个层次。首先,它针对与礼教纲常互为补充的功名利禄,以尧、舜、伯夷、叔齐、管仲、田恒等人的不同遭遇,说明"实名贫,伪名富";因此,"名者,伪而已矣";礼义荣禄不过是人生的"重囚累梏"。人的本性在于享乐,而生命短促,即使贤如尧舜,或恶如桀纣,死后都是腐骨一堆,因此便应该"且趣当生,奚遑死后"。

　　其次,享乐的目的在于重生贵己,既不以穷损生,也不以富累生,因此,它提出"损一毫利天下不与也,悉天下奉一身不取也"。在此前提下,它提出"智之所贵,存我为贵",表明每个人任"智"即发挥主观能力以保存自己是合理的。

　　再次,承认人是感性实体,有追求享乐的权利,这是对的,但人人纵情所好,在现实社会中又行不通,不过是一种幻想。于是,它只能把人的欲望向内收敛,以"负曝"、"献芹"等寓言,要人各安其性,制命在内。这里,本是从贵己非命出发,不意又落入了命定论的圈套。历来对本篇与《力命篇》宗旨相反却又前后双出的用意,异议颇多,刘向《列子新书目录》致疑道:"至于《力命篇》一推分命,《杨子之篇》唯贵放逸;二义乖背,不似一家之书";另有人则曲为之解,如张湛认为此意在:"叩其二端,使万物自求其中。"其实,在这一层意思中可以看出,两篇旨义并非乖背,在"为我"与"知命"之间没有一条不可逾越的鸿沟。

最后,作为第一层意思的补充,它申明"名"也非空无一物,"今有名则尊荣,亡名则卑辱,尊荣则逸乐,卑辱则忧苦",而忧苦便违反了人性。因此,名不可执着也不可抛弃,全以是否遂顺人性作为取舍的标准。

杨朱游于鲁,舍于孟氏。孟氏问曰:"人而已矣,奚以名为①?"曰:"以名者为富。""既富矣,奚不已焉?"曰:"为贵。""既贵矣,奚不已焉?"曰:"为死。""既死矣,奚为焉?"曰:"为子孙。""名奚益于子孙?"曰:"名乃苦其身,燋其心②。乘其名者③,泽及宗族,利兼乡党④,况子孙乎?""凡为名者必廉,廉斯贫⑤;为名者必让⑥,让斯贱。"曰:"管仲之相齐也,君淫亦淫,君奢亦奢。志合言从,道行国霸。死之后,管氏而已⑦。田氏之相齐也⑧,君盈则己降,君敛则己施。民皆归之,因有齐国;子孙享之,至今不绝。""若实名贫⑨,伪名富⑩!"曰:"实无名,名无实。名者,伪而已矣。昔者尧、舜伪以天下让许由、善卷⑪,而不失天下,享祚百年⑫。伯夷、叔齐实以孤竹君让而终亡其国⑬,饿死于首阳之山。实伪之辩,如此其省也⑭。"

【注释】

①名:名誉。　　②燋:通"焦",焦灼,烦躁。据陶鸿庆说,此句"名乃苦其身,燋其心"八字当在上文"孟氏问曰:人而已矣,奚以名为"之下,以说明名誉的害处和为名者的愚蠢,否则语气不贯通。　　③乘:趁,因。　　④乡党:周朝制度以五百家为党,一万二千五百家为乡。后因以"乡党"泛指乡里。　　⑤斯:乃,则。　　⑥让:谦让。　　⑦管氏而已:管氏就衰落了。意为管仲不求名,所以死了以后,子孙没有得到富贵。而,于是。已,停止,这里作衰落解。　　⑧田氏:田常,即陈成子。春秋时齐国大臣。公元前481年,他杀死齐简公,拥立齐平公,自任相国,齐国便由田氏专权。最后,田常的曾孙田和升格为诸侯,取代姜氏,成为齐的国君。　　⑨若:应为"若然",即如果这样。这是孟氏的问难辞。实名:指为善而不求名利,有其实而无其名。　　⑩伪名:指欺世盗名,徒有虚名而无其实。　　⑪许由:相传是尧时隐士,尧想把君位让给他,他不受而逃到箕山下,农耕而食。尧又请他做九州的长官,他便到颍水边洗耳,表示不愿听到。善卷:相传舜时隐士,舜曾将君位让给他,他以"日出而作,日入而息,逍遥于天地之

间"而拒绝不受。见《庄子·让王篇》。　　⑫祚:指王位、国统。　　⑬孤竹:古国名。在今河北省卢龙县一带。存在于商、周之时。君让:以君位相让。⑭省:明白。

【译文】

杨朱在鲁国游历,住宿在姓孟的家里。姓孟的问道:"老老实实做人就够啦,要名声干什么呢?"

杨朱回答:"靠名声来发财致富。"

"已经富有啦,为什么还不肯罢休呢?"

"还要谋个显贵地位。"

"已经显贵啦,怎么还不罢休呢?"

"为了身死之后。"

"人都已经死啦,还要名干什么呢?"

"为了子孙。"

"名声怎么还对子孙有益呢?"

"名声就是使肉体劳苦,使精神焦虑。获取名声的,便能让恩泽遍及宗族;利益兼顾乡里,更何况对于子孙呢?"

姓孟的说:"大凡为名的人一定廉洁,廉洁便会贫困;为名的人一定谦让,谦让地位就不高。"

杨朱说:"管仲担任齐国的国相,君王淫逸他也淫逸,君王奢侈他也奢侈,顺合君王的意愿,听从君主的言语,政治得以推行,国家得以称霸。但是他死之后,管氏家运就从此衰落。田成子担任齐国的国相,君主骄盈他就谦虚,君主聚敛他就施舍,因而民心悉皆归附,他便据有了齐国,子孙得以享用,至今不曾中断。"

"照这么说来,真名声使人贫贱,而假名声倒使人富贵啰。"

"务实的没有名,求名的没有实。所谓名声,都是虚假的罢了。从前,尧、舜假装把君位让给许由、善卷,因而不失天下,得以长久享受天子之位。伯夷、叔齐真的谦让孤竹君位,因而终于亡国,饿死在首阳山上。真实和虚伪的区别,就是这样明白啊。"

杨朱曰:百年,寿之大齐①。得百年者千无一焉。设有一者,孩抱以逮昏老,几居其半矣。夜眠之所弭②,昼觉之所遗,又几居其半矣。痛疾哀苦,亡失忧惧,又几居其半矣。量十数年之中,逌然而自得,亡介焉之虑者③,亦亡一时之中尔。则人之生也奚为哉? 奚乐哉? 为美厚尔,为声色尔。而美厚复不可常压足,声色不可常玩闻。

乃复为刑赏之所禁劝,名法之所进退④;遑遑尔竞一时之虚誉,规死后之余荣⑤;偊偊尔顺耳目之观听⑥,惜身意之是非;徒失当年之至乐,不能自肆于一时⑦。重囚累梏⑧,何以异哉?太古之人知生之暂来,知死之暂往;故从心而动⑨,不违自然所好;当身之娱非所去也,故不为名所劝。从性而游,不逆万物所好;死后之名非所取也,故不为刑所及⑩。名誉先后,年命多少,非所量也。

【注释】

①齐:定限。　②弭(mǐ):消逝,止息。　③介:通"芥",小草。引申为微细。　④名法:指等级名分和礼法规矩。进退:指束缚。　⑤规:谋划,打算。　⑥偊偊(yú):同"踽踽",独行貌。顺:与"慎"相通假,即谨慎小心。　⑦肆:放纵。　⑧重囚:严加囚禁。累梏:沉重的手铐。　⑨从:通"纵",放任。　⑩不为刑所及:不会触犯刑罚。

【译文】

杨朱说:"一百岁,是寿命的最高定限。享寿百年的,一千人当中挑不出一个。假设有一个人能活到百岁,那么他处在孩提和衰老的时间,就几乎占据了其中的一半。夜晚睡眠所消耗,白天觉醒所遗误的时间,也几乎占据了剩余的一半。至于疾痛哀苦,亡失忧惧,几乎又占据了一半剩下的时间。算算仅剩的十几年,能够舒适自得而毫无挂虑的时间,怕连一天也没有啊。

"那么人的一生究竟为了什么?究竟有什么快乐呢?就是为了锦衣美食,为了歌舞女色呀。然而美食锦衣并不能常常得到满足,歌舞女色也不能时时得到玩赏。而人们又要动辄遭到刑罚奖赏的禁劝,受到名分礼法的束缚。惶惶不安地竞取一时的虚名,谋算死后的遗荣。孤伶伶地审慎耳目的观听,注意思想行动的是非。白白丢失了有生之年的最高快乐,不能放纵自己的身心哪怕一时一刻。这样同关进死牢戴着重梏又有什么不同呢?

"远古时代的人知道生命不过是暂时的存在,死亡不过是暂时的消逝;因此放纵心意而行动,不违反自然的本性,并不抛弃当身的欢娱,所以不为名誉所劝诱。放纵本性而游历,不背逆万物的好恶,不去追求死后的名声,所以不会触犯刑罚。名誉的大小,寿命的长短,都不是他们所考虑的。"

杨朱曰:"万物所异者生也,所同者死也。生则有贤愚、贵贱,是所异也;死则有臭腐、消灭,是所同也。虽然,贤愚、贵贱非所能也①,臭腐、消灭亦非所能也。故生非所生②,死非所死,贤非所贤,愚非所愚,贵非所贵,贱非所贱。然而万物齐生齐死③,齐贤齐愚,齐贵齐贱。十年亦死,百年亦死。仁圣亦死,凶愚亦死。生则尧、舜,死则腐骨;生则桀、纣,死则腐骨。腐骨一矣,孰知其异? 且趣当生,奚遑死后④?"

【注释】

①非所能:不是自己所能做主的。能,指主观能力的作用。 ②非所生:疑此句脱一"能"字,应作"非所能生",意即生存并不是自己所能做主的。下文"非所死"、"非所贤"、"非所愚"等皆应有"能"字。 ③齐:相等,等同。这里是从万物皆归于自然的角度来谈论"齐生齐死"的,与《庄子》的"齐物"论有所不同。④遑:闲暇。

【译文】

杨朱说:"万物的差异在于生存,相同在于死亡。活着便各分贤愚、贵贱,这就是差异;死了便同归臭腐、消灭,这就是相同。即使这样,但造成贤愚、贵贱不是自己所能做主的;归于臭腐、消灭也不是个人所能决定的。所以生存并非自己做主就能生存,死亡并非自己做主就能死亡,贤明并非自己做主就能贤明,愚笨并非自己做主就能愚笨,显贵并非自己做主就能显贵,卑贱也并非自己做主就能卑贱的。

"这样,对万物来说,生与死是齐等的,贤与愚是齐等的,贵与贱是齐等的。活了十年是死,活了百年也是死;仁人圣者要死,恶棍笨蛋也要死。活着像尧、舜一样贤明,死了就是一堆腐骨;活着像桀、纣一样残暴,死了也是腐骨一堆。腐骨都是一样的,有谁能知道它们的差别呢? 姑且追求当生的快乐吧,哪有闲暇去考虑死后的事情呢?"

杨朱曰:"伯夷非亡欲,矜清之邮①,以放饿死②。展季非亡情③,矜贞之邮④,以放寡宗⑤。清贞之误善之若此⑥!"

杨朱曰:"原宪窭于鲁⑦,子贡殖于卫⑧。原宪之窭损生,子贡之殖累身。""然则窭亦不可,殖亦不可,其可焉在?"曰:"可在乐生,可在逸身。故善乐生者不窭,善逸身者不殖。"

【注释】

①矜清:矜持清高。指伯夷与其弟叔齐以孤竹国君位相让、不食周粟之事。邮:同"尤",最。 ②放(fǎng):至,到。 ③展季:即展禽,亦叫柳下惠。④矜贞:矜持贞节。指柳下惠严守贞节,曾有"坐怀不乱"之誉,事见《荀子·大略篇》。 ⑤寡宗:宗支不繁。谓子孙很少。 ⑥善:大。 ⑦原宪:春秋时

鲁国人(一说为宋人)。字子思。孔子学生。窭(jù):贫寒。　　⑧殖:货殖,经商。指子贡经商于曹、鲁之间,富至千金,故"殖"在此有"发财"之义。

【译文】

杨朱说:"伯夷并非没有欲望,但清高过分了,以至于饿死山中。展禽并非缺乏感情,但坚贞过分了,以至于寡子少孙。清高和坚贞的失误竟是如此之大啊!"

杨朱说:"原宪在鲁国挨饿受冻,子贡在卫国经商发财。原宪的贫寒损害生命,子贡的财富劳累身心。"

有人问道:"这么说来,贫寒也不合宜,发财也不合宜,那合宜的事在哪里呢?"

杨朱回答:"在于使生命快乐,在于使身心安逸。因此善于使生命快乐的人不会感到贫寒,善于使身心安逸的人不去经商发财。"

杨朱曰:"古语有之:'生相怜,死相捐①。'此语至矣。相怜之道,非唯情也;勤能使逸,饥能使饱,寒能使温,穷能使达也。相捐之道,非不相哀也;不含珠玉②,不服文锦,不陈牺牲③,不设明器也④。晏平仲问养生于管夷吾⑤。管夷吾曰:'肆之而已,勿壅勿阏⑥。'晏平仲曰:'其目奈何⑦?'夷吾曰:'恣耳之所欲听,恣目之所欲视,恣鼻之所欲向,恣口之所欲言,恣体之所欲安,恣意之所欲行。夫耳之所欲闻者音声,而不得听,谓之阏聪;目之所欲见者美色,而不得视,谓之阏明;鼻之所欲向者椒兰,而不得嗅,谓之阏颤⑧;口之所欲道者是非,而不得言,谓之阏智;体之所欲安者美厚,而不得从,谓之阏适;意之所欲为者放逸,而不得行,谓之阏性。凡此诸阏,废虐之主⑨。去废虐之主,熙熙然以俟死,一日、一月、一年、十年,吾所谓养。拘此废虐之主,录而不舍⑩,戚戚然以至久生,百年、千年、万年,非吾所谓养。'管夷吾曰:'吾既告子养生矣,送死奈何⑪?'晏平仲曰:'送死略矣⑫,将何以告焉?'管夷吾曰:'吾固欲闻之。'平仲曰:'既死,岂在我哉?焚之亦可,沉之亦可,瘗之亦可⑬,露之亦可,衣薪而弃诸沟壑亦可⑭,衮衣绣裳而纳诸石椁亦可⑮,唯所遇焉。'管夷吾顾谓鲍叔、黄子曰⑯:'生死之道,吾二人进之矣⑰。'"

【注释】

①捐:舍弃。　　②不含珠玉:古时入殓,以珠、玉、贝、米等物放在死者口中,因死者身份不同而有所区别。此处因谓"死相捐",故不给死者嘴里含上珠玉。

③牺牲：古时祭祀用的牲畜。　④明器：即"冥器"，殉葬的器物。一般用陶或木、石制成。　⑤晏平仲：即晏婴。春秋时齐国卿相。　⑥阏(è)：阻塞。　⑦目：细目。　⑧颤(shān)：通"膻"。审辨气味。　⑨废虐：大残害。废，《诗·小雅》毛传："废，大也。"主：主要原因。　⑩录：检束。　⑪送死：送葬，即以礼葬死者。⑫略：简略。　⑬瘗(yì)：埋葬。　⑭衣(yì)薪：用柴草遮盖，衣，遮盖。　⑮衮(gǔn)衣：古代公卿的礼服，绣有龙形。石椁(guǒ)：石头的套棺。　⑯黄子：与管仲同时的齐国大臣。　⑰进：借为"尽"。

【译文】

杨朱说："古代有一句话：'活着相互怜惜，死了相互捐弃。'这真是至理名言呀。相互怜惜的道理，并非只是动之以情，而且能使劳苦的得到安逸，饥饿的得到饱足，寒冷的得到温暖，穷困的得到显达。相互捐弃的道理，并非对死者不表示悲哀，而是不给他嘴里含入珠玉，不给他身体穿起锦衣，不给他祭礼供上牺牲，不给他墓里摆进冥器。

"晏子向管仲请教养生之道。管仲说：'养生之道不过放纵而已，对身心欲望不要阻碍，不要遏制。'

晏子问道：'具体的怎样呢？'

管仲回答：'放任耳朵所想听的，放任眼睛所想看的，放任鼻子所想闻的，放任嘴巴所想说的，放任身体所想处的，放任意愿所想干的。耳朵所想听的是声音，但不得听，这叫做阻塞听觉的灵敏；眼睛所想看的是美色，但不得看，这叫做阻塞视力的明亮；鼻子所想闻的是香气，但不得闻，这叫做阻塞气味的审辨；嘴巴所想讲的是是非，但不得讲，这叫做阻塞头脑的智慧；身体所想处的是舒适，但不得处，这叫做阻塞人身的安乐；意愿所想做的是放逸，但不得做，这叫做阻塞天生的本性。凡这种种阻塞，都是残害身心的根本原因。摈去这些残害身心的根本原因，和和乐乐地以待命终，即便能活上一日、一月、一年、十年，也是我所谓的养生之道。拘泥于这些残害身心的根本原因，受它束缚而不肯舍弃，悲悲戚戚地以至长寿，即便能活上百年、千年、万年，也不是我所谓的养生之道。'

管仲说罢，又反问晏子道：'我已经把养生之道告诉你啦，那么给死者送葬又该怎样呢？'

晏子回答：'送葬的事就简单啦，我将怎样对你说呢？'

管仲说：'我就是想听你说说。'

晏子便答道：'已经死了，难道还由得自己吗？把尸体放火烧了也可以，下水沉了也可以，用土埋了也可以，扔到野外也可以，丢进沟壑里拿柴草遮住也可以，穿着礼服锦衣装进石头棺椁也可以，随便别人怎么处置啦。'

管仲回头对鲍叔牙和黄子说:'生死的道理,我和他已经完全领悟啦!'"

　　子产相郑,专国之政;三年,善者服其化,恶者畏其禁,郑国以治,诸侯惮之。而有兄曰公孙朝,有弟曰公孙穆。朝好酒,穆好色。朝之室也聚酒千钟,积曲成封①,望门百步②,糟浆之气逆于人鼻。方其荒于酒也③,不知世道之安危,人理之悔吝④,室内之有亡⑤,九族之亲疏⑥,存亡之哀乐也。虽水火兵刃交于前,弗知也。穆之后庭比房数十,皆择稚齿矮媠者以盈之⑦。方其耽于色也,屏亲昵,绝交游,逃于后庭,以昼足夜⑧,三月一出,意犹未惬。乡有处子之娥姣者,必贿而招之,媒而挑之,弗获而后已⑨。子产日夜以为戚,密造邓析而谋之,曰:"侨闻治身以及家⑩,治家以及国,此言自于近至于远也。侨为国则治矣,而家则乱矣。其道逆邪?将奚方以救二子?子其诏之⑪!"邓析曰:"吾怪之久矣,未敢先言。子奚不时其治也⑫,喻以性命之重,诱以礼义之尊乎?"子产用邓析之言,因间以谒其兄弟,而告之曰:"人之所以贵于禽兽者,智虑。智虑之所将者⑬,礼义。礼义成,则名位至矣。若触情而动,耽于嗜欲,则性命危矣。子纳侨之言,则朝自悔而夕食禄矣。"朝、穆曰:"吾知之久矣,择之亦久矣,岂待若言而后识之哉?凡生之难遇而死之易及。以难遇之生,俟易及之死,可孰念哉⑭?而欲尊礼义以夸人,矫情性以招名⑮,吾以此为弗若死矣。为欲尽一生之欢,穷当年之乐,唯患腹溢而不得恣口之饮,力惫而不得肆情于色;不遑忧名声之丑,性命之危也。且若以治国之能夸物,欲以说辞乱我之心,荣禄喜我之意,不亦鄙而可怜哉?我又欲与若别之⑯。夫善治外者,物未必治,而身交苦;善治内者,物未必乱,而性交逸。以若之治外,其法可暂行于一国,未合于人心;以我之治内,可推之于天下,君臣之道息矣。吾常欲以此术而喻之,若反以彼术而教我哉?"子产忙然无以应之⑰。他日以告邓析。邓析曰:"子与真人居而不知也⑱,孰谓子智者乎?郑国之治偶耳,非子之功也。"

【注释】

①封:土堆。曲(qū):酒曲。　　②望:至。这里表示距离的意思。　　③荒:沉湎,迷乱。　　④悔吝:悔恨。　　⑤室内:泛指家内眷属财产等。　　⑥九

族:指本身以上的父、祖、曾祖和以下的子、孙、曾孙、玄孙。古时立宗法,以此为准。也有以父族四、母族三、妻族二为"九族"。　　⑦稚齿:谓年少。婐媠(wǒ tuǒ):艳丽美貌。　　⑧足(jù):补足。　　⑨弗获而后已:当为"必获而后已"之误。　　⑩侨:子产姓公孙,名侨,字子产。　　⑪诏:本用作上对下的告语,这里泛指"告诉"。　　⑫时其治:及时地管治。　　⑬将:扶持。　　⑭可孰念哉:为"孰可念哉"的倒装句。意谓,还有什么可牵挂于心呢?　　⑮矫:勉强克制。⑯别:分辩。　　⑰忙然:茫然。　　⑱真人:道家称谓修真得道的人。但此处是指本性率直天真的人。

【译文】

　　子产担任郑国的国相,独揽政权三年,好人顺服他的教化,坏人畏惧他的禁令,郑国因此得以安定,诸侯为之感到害怕。

　　但子产有个哥哥名叫公孙朝,有个弟弟名叫公孙穆,一个好酒,一个好色。公孙朝的家里藏有上千坛好酒;陈曲堆积成山,离大门百步之远,糟浆的气味就直冲人鼻。当他沉湎于饮酒的时候,根本不顾世道的安危、人事的纷争、家室的有无、九族的亲疏、存亡的哀乐,即使水火刀斧交加于前,也茫然无知。

　　公孙穆的后庭并列有数十间房间,都选择年少美貌的女子住在里面。当他耽迷于女色的时候,屏退亲友,断绝交游,躲在后庭,日以继夜,三个月才出来一次,还感到未能满足。乡间凡有娇美的处女,他必定要用财物招引,派媒人挑诱,不弄到手就不肯罢休。

　　子产日夜为此而忧愁,便秘密造访邓析,同他商议道:"我听别人讲,治理好自身才能治理好家庭,治理好家庭才能治理好国家,这就是说做事要由近及远。对于国家我已经治理好啦,但自己家庭却这般混乱,那不是把由近及远的道理颠倒了吗?该用什么办法来拯救我那弟兄呢?你可要出出主意呀!"

　　邓析回答:"我也奇怪很久啦,但不敢先说。你为什么不及时管治,向他们喻以性命的重要,劝以礼义的尊严呢?"

　　子产采纳了邓析的意见,找机会见了这两兄弟,对他们说:"人比禽兽高贵的地方,就在理智。理智所扶持的东西,就是礼义。礼义具备,就能够得到名誉地位。如果一味感情用事,耽于嗜欲,那性命就危险啦!你们听我的话,早上悔过自新,晚上我就给你们官做。"

　　公孙朝和公孙穆答道:"我们早就明白了,也选择很久啦,难道要等你的教训然后才知道吗?大凡生命是难以得到的,而死亡是很快到来的。用难以得到的生命,来等待很快到来的死亡,还有什么可牵挂于心的呢?如果想借尊重礼义来夸耀于人,用克制情性以招徕名誉,我们认为这样还不如死了的好。人活着就要享尽一生的欢娱，穷极当年的快乐；只怕肚子太饱而不得听任嘴巴去痛饮，精力衰惫而不得放纵情欲于美色，根本没有时间去担忧名声的丑恶，性命的危险。而你却以治国的才能来炫耀于人，想凭劝说之辞来扰乱我们的心性，用荣华利禄来诱惑我们的意志，岂不是太浅薄又太可怜了吗？

“我们再为你把道理分辨一下。善于治理外物的，外物未必能够治好，而自己的身心却与之一道受苦；善于治理内心的，外物未必因此混乱，而自己的性情却与之一道安逸。凭你的治理外物，这种方法虽可暂时在一国推行，但并不符合人心；凭我的治理内心，可以在普天下推行，君臣之道也用不着啦！我们常想拿这种方法来开导你，而你却反而要用你的那套东西来教训我们吗？”

子产听罢，茫然无言可答。第二天他把事情告诉邓析。邓析说：“你同本性真率的人相处却不知道，谁说你是个聪明人？郑国得以治理只是偶然的罢了，并不是你的功劳。”

卫端木叔者①，子贡之世也②。藉其先赀③，家累万金。不治世故④，放意所好。其生民之所欲为，人意之所欲玩者，无不为也，无不玩也。墙屋台榭，园囿池沼，饮食车服，声乐嫔御，拟齐、楚之君焉。至其情所欲好，耳所欲听，目所欲视，口所欲尝，虽殊方偏国⑤，非齐土之所产育者⑥，无不必致之，犹藩墙之物也。及其游也，虽山川阻险，途径修远，无不必之⑦，犹人之行咫步也。宾客在庭者日百住⑧，庖厨之下不绝烟火，堂庑之上不绝声乐⑨。奉养之余，先散之宗族；宗族之余，次散之邑里；邑里之余，乃散之一国。行年六十，气干将衰⑩，弃其家事，都散其库藏、珍宝、车服、妾媵⑪。一年之中尽焉，不为子孙留财。及其病也，无药石之储；及其死也，无瘗埋之资。一国之人受其施者，相与赋而藏之⑫，反其子孙之财焉。禽骨釐闻之，曰：“端木叔，狂人也，辱其祖矣。”段干生闻之⑬，曰：“端木叔，达人也，德过其祖矣。其所行也，其所为也，众意所惊，而诚理所取。卫之君子多以礼教自持，固未足以得此人之心也。”

【注释】

①端木叔：人名。孔子弟子端木赐（即子贡）的后代。　②世：后嗣。③藉：通“借”，凭借。先：祖先。赀：财产。　④世故：这里指生计、生产。⑤殊方偏国：异域和偏僻的国家。　⑥齐土：犹中土，指中原地域。　⑦之：至。　⑧日百住：俞樾《诸子平议》：“‘住’当为‘数’，声之误也。”　⑨庑：堂

周的廊屋。　　⑩气干：气血躯干。指身体状况。　　　⑪妾媵(yìng)：古代诸侯之女出嫁,以妹妹和堂妹从嫁,称为"妾媵"。后亦泛指小老婆。　　⑫赋：按人口出钱。藏(zàng)：埋葬。　　⑬段干生：一本作"段干木"。战国初年魏国学者。姓段干,名木。魏文侯曾给以爵禄官职,他坚辞不受。

【译文】

卫国的端木叔,是子贡的后代,凭借祖遗的财产,家中积聚达万金之多。但他不经营生产,却纵性所好,只要是人们所能想到干的,意念所能想到玩的,他无不去干,无不去玩。他家高墙深宅、楼台水榭、兽苑池塘、琼酒玉食、华车美服、声乐嫔御,几乎可同齐、楚两国的君王相比美了。至于他情意所喜好的、耳朵所要听的、眼睛所想看的、嘴巴所爱尝的,即便远在异域他国,并非国中所产的东西,都一定要弄来,就好像是自己围墙里的东西一般。他外出游览时,尽管山川险阻,道路漫长,都一定要去到,就像在咫尺之间散步一般。

四方来宾在他家里做客,每日以百计数。厨房灶下的烟火从不熄灭,厅堂廊房里的声乐从不断绝。奉养门客之余,先把钱财施散给宗族;施散给宗族之余,再施散给乡里;施散给乡里之余,又施散给整个都城的人民。他活到六十岁时,身体即将衰弱,便抛弃家事,把所有的库藏、珍宝、车服、妾媵统统施散出去。一年之中,施散罄尽,不给子孙留下一点财产。到他重病之际,没有抓药求医的积蓄;到他去世之后,没有买棺埋葬的钱。都城之中凡是受过他施舍的人得知,一齐计口出钱,把他埋葬了,又把财产退还给了他的子孙。

禽骨釐听说这件事,骂道："端木叔真是个狂人,把他的祖宗都辱没了！"

段干生听说这件事,赞道："端木叔真是个达观的人,德行超过了他的祖先。他所行的,他所为的,众人都感到惊骇,但确实是符合自然之理的。卫国的君子多以礼教来约束自己,当然是不足以理解端木叔的用心了。"

孟孙阳问杨朱曰①："有人于此,贵生爱身,以蕲不死②,可乎？"曰："理无不死。""以蕲久生,可乎？"曰："理无久生。生非贵之所能存,身非爱之所能厚。且久生奚为？五情好恶,古犹今也;四体安危,古犹今也;世事苦乐,古犹今也;变易治乱,古犹今也。既闻之矣,既见之矣,既更之矣③,百年犹厌其多,况久生之苦也乎？"孟孙阳曰："若然,速亡愈于久生;则践锋刃,入汤火,得所志矣。"杨子曰："不然;既生,则废而任之④,究其所欲,以俟于死。将死,则废而任之,究其所之,以放于尽。无不废,无不任,何遽迟速于其间乎⑤？"

【注释】

①孟孙阳：杨朱的学生。　②蕲(qí)：通"祈"，祈求。　③更：经历。

④废：弃置不顾。有放任的意思。　⑤遽：惶恐，窘急。

【译文】

孟孙阳问杨朱道："要是有一个人，珍视生命爱惜身体，以此祈求不死，能办到吗？"

杨朱回答："人没有不死的道理。"

孟孙阳又问："以此祈求长久活着，能办到吗？"

杨朱回答："人没有长久活着的道理。生命并非珍视就能长寿的，身体并非爱惜就能健康的。再说，要长生不死干什么呢？人的情感与好恶，古今是一样的；四肢躯体的安危，古今是一样的；世间人事的苦乐，古今是一样的；社会变动和治乱，古今也是一样的。既然已经听过啦，已经看过啦，已经经历啦，活上百年都嫌太多，何况长生不死要经受许多痛苦呢？"

孟孙阳说："如果这样，快点死要胜过长生的话，就去触碰刀锋斧刃，自投滚汤烈火，那才是符合意愿的啰。"

杨朱答道："不是这样。人既已活着，就听之任之，尽量满足他的欲望，以等待死亡。将要死亡，就听之任之，他的生命爱到那儿就让他到那儿去，直至命终。没有什么不可弃置的，没有什么不可放任的，为什么还要为生命的长短而担心呢？"

杨朱曰："伯成子高不以一毫利物①，舍国而隐耕。大禹不以一身自利，一体偏枯②。古之人损一毫利天下不与也，悉天下奉一身不取也。人人不损一毫，人人不利天下，天下治矣。"禽子问杨朱曰③："去子体之一毛以济一世，汝为之乎？"杨子曰："世固非一毛之所济。"禽子曰："假济④，为之乎？"杨子弗应。禽子出语孟孙阳。孟孙阳曰："子不达夫子之心，吾请言之。有侵若肌肤获万金者，若为之乎？"曰："为之。"孟孙阳曰："有断若一节得一国⑤，子为之乎？"禽子默然有间。孟孙阳曰："一毛微于肌肤，肌肤微于一节，省矣。然则积一毛以成肌肤，积肌肤以成一节。一毛固一体万分中之一物，奈何轻之乎？"禽子曰："吾不能所以答子。然则以子之言问老聃、关尹，则子言当矣；以吾言问大禹、墨翟，则吾言当矣。"孟孙阳因顾与其徒说他事。

【注释】

①伯成子高：即伯益,亦称大费。古代嬴姓各族的祖先。相传善于畜牧和狩猎,被舜任为虞(掌管山林之官)。一说他为禹所提拔,曾因助禹治水有功,禹去世时传位于他,但他固辞不受,故下文说他"舍国而隐耕"。　②偏枯:亦称"半枯"或"偏瘫",即半身不遂。　③禽子:即禽骨釐。他属墨家,主兼爱,故此文中有诘难杨朱"贵生"之辞。　④假:假设。　⑤一节:一段肢体。

【译文】

杨朱说:"伯成子高不肯拔一毛而有利于他人,因此舍弃王位,隐居耕田。大禹不愿为自身谋利,因此劳累过度,半身偏瘫。古人损伤自己的一根毫毛来有利于天下是不干的,而让普天下来奉养他一人也是不取的。人人都不损伤一根毫毛,人人都不有利于天下,那么天下就太平啦。"

禽骨釐问杨朱道:"拔去你身上的一根毫毛来救助世道,你愿干吗?"

杨朱回答:"世道本来就不是一根毫毛所能救助得了的。"

禽骨釐说:"假设可以救助,你愿干吗?"

杨朱不理睬他。禽骨厘出门告诉了孟孙阳。孟孙阳说:"你不领会先生的用心,我和你谈谈吧。有人损害你的肌肤给你万斤黄金,你愿干吗?"

禽骨釐回答:"愿意干。"

孟孙阳又问:"有人砍断你一段肢体给你一个国家,你愿干吗?"

禽骨釐一言不发,默默地呆了一会儿。

孟孙阳接着说:"一根毫毛轻于肌肤,肌肤又轻于一段肢体,这是很明白的。但肌肤是由一根根毫毛构成的,肢体又是由一块块肌肤构成的,一根毫毛固然只是身体的万分之一,但难道可以轻视它吗?"

禽骨釐说:"我没有什么话可回答你。但是拿你这番言论去问老聃、关尹,那么你的话是正确的;拿我的这番言论去问大禹、墨翟,那么我的话又是正确的啦!"

孟孙阳听罢,就回过头去,和自己的同伴谈其他事情了。

杨朱曰:"天下之美归之舜、禹、周、孔①,天下之恶归之桀、纣。然而舜耕于河阳②,陶于雷泽③,四体不得暂安,口腹不得美厚;父母之所不爱④,弟妹之所不亲⑤。行年三十,不告而娶⑥。及受尧之禅,年已长⑦,智已衰。商钧不才⑧,禅位于禹,戚戚然以至于死;此天人之穷毒者也⑨。鲧治水土⑩,绩用不就,殛诸羽山⑪。禹纂业事仇⑫,惟荒土功⑬,子产不字⑭,过门不入⑮;身体偏枯,手足胼胝⑯。及受舜禅,卑宫室⑰,美绂冕⑱,戚戚然以至于死;此天人之忧苦者也。武王既终,成王幼弱⑲,周公摄天子之政⑳。邵公不悦㉑,四国流言。居东三年㉒,诛兄放弟㉓,仅免其身㉔,戚戚然以至于死:此天人之危惧者也。孔子明帝王之道㉕,应时君之聘㉖,伐树于宋㉗,削迹于卫㉘,穷于商周㉙,围于陈、蔡㉚,受屈于季氏㉛,见辱于阳虎㉜,戚戚然以至于死:此天民之遑遽者也。凡彼四圣者,生无一日之欢,死有万世之名。名者,固非实之所取也。虽称之弗知,虽赏之不知,与株块无以异矣㉝。桀藉累世之资,居南面之尊,智足以距群下㉞,威足以震海内;恣耳目之所娱,穷意虑之所为,熙熙然以至于死:此天民之逸荡者也。纣亦藉累世之资,居南面之尊;威无不行,志无不从;肆情于倾宫㉟,纵欲于长夜;不以礼义自苦,熙熙然以至于诛:此天民之放纵者也。彼二凶也,生有从欲之欢㊱,死被愚暴之名。实者,固非名之所与也,虽毁之不知,虽称之弗知㊲,此与株块奚以异矣。彼四圣虽美之所归,苦以至终,同归于死矣。彼二凶虽恶之所归,乐以至终,亦同归于死矣。”

【注释】

①周:这里指周公旦,周武王之弟。曾助武王灭商。武王去世,成王年幼,由他摄政。孔:指孔子。　②河阳:古地名,在今河南省孟县西。但据《史记·五帝本纪》载:“舜耕历山。”则舜耕田在历山。不在河阳。　③陶:作动词用。制造陶器。雷泽:古泽名,又称“雷夏”,在今山东省菏泽东北,久已埋没。《史记·五帝本纪》载:“舜耕历山,渔雷泽,陶河滨。”据此则舜当在雷泽打鱼,而在河滨制作陶器。　④父母之所不爱:指舜的父亲瞽叟宠爱后妻所生的儿子象,常常想谋杀舜。　⑤弟妹之所不亲:指舜的异母弟象嫉恨其兄,曾伙同其父纵火烧房以及投井下石,图谋杀害舜。　⑥不告而娶:指舜三十岁时娶了尧的两个女儿娥皇和女英,没有经过他父亲和后母的同意。　⑦年已长:《史记·五帝本纪》:“舜年二十以孝闻,年三十尧举之,年五十摄行天子事,年五十八尧崩,年六十一代尧践帝位。”故舜接受帝位时,年纪已经很老了。　⑧商钧:舜的长子。因商钧缺乏才能,所以舜把天下禅让给了禹。　⑨天人:犹言天下之人。穷毒:犹言受苦难最多。穷,极。毒,苦害。　⑩鲧(gǔn):同“鯀”,传说中国原始时代的部落酋长,为禹的父亲。他曾奉尧命治水,因用筑堤堵塞的方法,九年未成。后被舜杀死在羽山。　⑪殛:诛杀。羽山:在今山东省郯城东北。　⑫纂业:继

承事业。纂,通"缵(zuǎn)",继承。事仇:服事仇人。"仇",指舜。舜杀禹父鲧而任用禹。　　⑬惟荒土功:意思是专心平治水土。荒:迷乱沉溺。　　⑭不字:不加抚养。这里指禹妻涂山氏生下儿子启,禹忙于治水而无心照管。　　⑮过门不入:传说禹治水土在外十三年,三过家门都不入内。　　⑯胼胝(pián zhī):手脚因劳作而形成的老茧。　　⑰卑宫室:建造低矮简陋的宫室。即指禹不顾享乐,而把国帑多用于治水。　　⑱美绂冕:绂(fú),通"黻",黻冕,古代祭服。指禹生活俭节,却把祭祀的衣冠做得十分华美。　　⑲成王:周成王,名诵。其父武王去世时,他尚年幼,由叔父周公旦摄政七年。　　⑳摄:代理。　　㉑邵公:也作召公。姓姬名奭,周代燕国的始祖。周成王时任太保之职,因怀疑周公旦名为代政,实为篡政,故而很不高兴。　　㉒居东:周公因管蔡流言曾避居东都洛阳三年。㉓诛兄放弟:周公旦摄政后,他的兄弟管叔鲜和蔡叔度心怀猜忌,便联合殷纣王之子武庚作乱。周公奉成王命令讨伐,诛杀了叔鲜和武庚,放逐了叔度,三年平定内乱。故云"诛兄放弟"。　　㉔仅免其身:谓周公"诛兄放弟",才得以保全自身。㉕帝王之道:指用政教、礼乐来治国的道理。　　㉖应时君之聘:指孔子曾多次受当时君主如鲁定公、卫灵公、楚昭王等人聘用,但往往因别人造谣中伤而不得见用。　　㉗伐树于宋:指孔子在宋国被大司马桓魋驱逐一事。《史记·孔子世家》:"孔子去曹,适宋,与弟子习礼大树下。宋司马桓魋欲杀孔子,拔其树。"㉘削迹于卫:卫灵公原来想聘用孔子,后听信谗言,改变了态度。孔子恐遭祸害,便躲藏起来,又悄悄离开了卫国。削迹,匿迹,也指隐居。　　㉙穷于商周:孔子去陈国,途经匡。匡人曾遭受鲁国阳虎的暴凌,见孔子貌似阳虎,便误将他抓住,囚禁了五天。穷,这里指困厄。商周,古地名,即今河南省商丘一带的商朝旧地。这里专指"匡"。　　㉚围于陈、蔡:楚昭王派人聘请孔子。陈、蔡两国大夫怕孔子大用于楚,便一道出兵把孔子围困在陈、蔡之间的野地里。　　㉛受屈于季氏:季孙氏当时为鲁国三卿之中权势最大的一家。孔子曾经担任季氏手下管理牲畜的小官,所以说"受屈"。　　㉜见辱于阳虎:阳虎,一作阳货,春秋后期季孙氏的家臣,要挟季氏,掌握国政,权势很大。季氏曾经设宴招待鲁国士人。孔子前去,被阳虎挡驾,说:"季氏飨士,非敢飨子也。"所以说孔子"见辱于阳虎"。　　㉝株块:树根、土块。　　㉞距:通"拒",抗拒。　　㉟倾宫:谓很大的宫殿。《淮南子·地形训》:"倾宫旋室。"倾,形容高耸。　　㊱从:通"纵",放纵。　　㊲虽称之弗知:据俞樾《诸子平议》,此句当作"虽罚之弗知"。

【译文】

　　杨朱说:"天下的美誉都归于虞舜、夏禹、周公、孔子,天下的怨毒都归于夏桀、殷纣。然而当年虞舜在河阳耕田、在雷泽制陶的时候,手脚不得片刻的安闲,口腹不得美味的食物;父母不爱他,弟妹不亲他。活到三十岁,不经父母同意就娶了老婆。待到接受唐尧禅让时,年纪已老,智力已衰。他儿子商钧又无才能,他只好把帝位禅让给禹,忧愁郁闷地直到老死:这真是天下人中受苦受难最多的一个啊。

"鲧治理水土,毫无功绩,被舜杀死在羽山。大禹继承父业,服事仇人,一心平治水土。生了孩子他不照管,路过家门他不进去;弄得身体偏瘫,手足胼胝。待到接受虞舜禅让后,为了俭省而住低矮的宫室,为祭鬼神却制作华丽的冠服,忧愁郁闷地直到老死:这真是天下人中忧愁痛苦最多的一个啊。

"周武王死后,成王还年幼弱小,他叔父周公旦便代掌国政。召公怀疑周公篡权而心怀不满,流言蜚语四处散播。周公为此避居东都三年,后来诛杀了叛乱的哥哥,放逐了谋反的弟弟,才得以保全自身。忧愁惶恐地直到老死:这真是天下人中最担惊受怕的一个啊。

"孔子精通治国的道理,接受君主的聘用,却在宋国遭桓魋砍倒大树的威胁,只得仓惶出境;在卫国受别人造谣中伤,只能销声匿迹。在商周地方被囚禁,在陈、蔡之间被围困,受季氏的委屈,遭阳虎的侮辱,悲悲戚戚地直到老死:这真是天下人中最凄惶窘迫的一个啊。

"上面这四位圣人,活着没有一天欢乐,死后却有万世名声。所谓名声,本来就不是实在所要取的,虽然赞扬它,它也不知道,虽然褒赏它,它也不觉晓,同树桩土块有什么两样呢?

"夏桀凭借历代祖宗的基业,高居尊贵的帝位;智谋足以对付群臣,威力足以震慑海内;尽量满足耳目的欢娱,为所欲为,舒适快活地直到死亡:这真是天下人中最奢逸放荡的人啊。

"殷纣也凭借历代祖宗的基业,高居南面之尊;威力没有哪里行不通,意志没有谁个敢不从;在宏大的宫殿中放情欢乐,在漫漫长夜中通宵纵欲;不用礼义来苦害自己,舒适安乐地直到死亡:这真是天下人中最放纵任性的人啊。

"上面的这两个凶徒,活着有纵欲的欢娱,死后背上愚暴的名声。所谓实在的东西,本来就不是名声所能赋予的,虽然诋毁它,它也不知道,虽然惩罚它,它也不觉晓,这同树桩土块又有什么两样呢!那四位圣人虽然天下人人赞颂,辛苦一生直到终老,最后都归于死亡。那两个凶徒虽然天下人人痛恨,却欢乐一世直至命终,最后也不过同样归于死亡而已。"

杨朱见梁王^①,言治天下如运诸掌^②。梁王曰:"先生有一妻一妾而不能治,三亩之园而不能芸^③,而言治天下如运诸掌,何也?"对曰:"君见其牧羊者乎?百羊而群,使五尺童子荷箠而随之^④,欲东而东,

欲西可西。使尧牵一羊,舜荷箠而随之,则不能前矣。且臣闻之:
'吞舟之鱼,不游枝流⑤;鸿鹄高飞,不集污池⑥。'何则? 其极远也⑦。
黄钟大吕不可从烦奏之舞⑧,何则? 其音疏也。将治大者不治细,成
大功者不成小,此之谓矣。"

【注释】

①梁王:梁惠王,战国时魏国国君。　②诸:"之于"的合音。　③芸:通
"耘",除草。　④箠:"棰"之异体字,鞭子。　⑤枝流:即支流。指小河。
⑥污池:这里指水停积不流的池塘。　⑦其极远也:一说当作"其志极远也"。
⑧黄钟大吕:分别为古代十二律中的第一、第二律。音频很低,发声稀疏、缓慢。
烦奏之舞:用繁剧复杂的音乐伴奏的舞蹈。即节奏很快的舞蹈。

【译文】

杨朱拜见魏惠王,自称治理天下就像在手掌中运转一般容易。魏惠王说:"你
自己家里有一妻一妾都管教不好,三亩菜园里的草也锄不过来,却说治理天下像
在手掌中运转一般容易,这是什么道理?"

杨朱回答:"王见过牧羊人吗? 百来头羊一大群,让五尺高的孩童提着鞭子跟
在后面,要它们向东就向东,要它们朝西就朝西。如果让尧牵一头羊走在前面,让
舜提着鞭子跟在后面,那就一步也走不了啦!

"我还听说:能吞下船只的大鱼,不在江河的支流里遨游;高飞长空的鸿雁,不
在死水塘里栖集,为什么? 因为它们的志向极其高远。黄钟大吕的音律不能为节
奏繁快的舞蹈伴奏,为什么? 因为它们的声音十分疏缓。将要治理大事的人不治
理小事,成就大功的人不成就小功,就是这个道理呀。"

杨朱曰:"太古之事灭矣,孰志之哉? 三皇之事若存若亡,五帝
之事若觉若梦,三王之事或隐或显,亿不识一。当身之事或闻或见,
万不识一。目前之事或存或废,千不识一。太古至于今日,年数固不
可胜纪。但伏羲已来三十余万岁①,贤愚、好丑、成败、是非,无不消
灭,但迟速之间耳。矜一时之毁誉②,以焦苦其神形,要死后数百年
中余名③,岂足润枯骨? 何生之乐哉?"

【注释】

①但:仅,只。　②矜:顾惜,拘谨。　③要(yāo):追求。

【译文】

杨朱说:"太古时代发生的事情早就湮灭了,谁还能记得呢? 三皇时代的事情

至今若有若无,五帝时代的事情至今似醒似梦,三王时代的事情至今或隐或现,亿万桩事中知道的不到一桩。当代的事情或闻或见,一万桩事中知道的不到一桩。眼前的事情或存或废,一千桩事中知道的不到一桩。从太古至于今日,年数本来就数不过来。仅伏羲以来就已三十多万年,其间的贤愚、好丑、成败、是非,无不归于湮灭,只不过迟早而已。顾惜一时的毁誉,使心神焦虑肉体受苦,以追求死后几百年中留下的名声,难道名声足以滋润死人的枯骨吗?这样活着还有什么快乐呢?"

　　杨朱曰:"人肖天地之类①,怀五常之性②,有生之最灵者也③。人者,爪牙不足以供守卫,肌肤不足以自捍御,趋走不足以从利逃害,无毛羽以御寒暑,必将资物以为养④,任智而不恃力。故智之所贵,存我为贵;力之所贱,侵物为贱。然身非我有也,既生,不得不全之;物非我有也,既有,不得而去之。身固生之主,物亦养之主。虽全生,不可有其身;虽不去物,不可有其物。有其物,有其身,是横私天下之身⑤,横私天下之物。不横私天下之身,不横私天下物者,其唯圣人乎!公天下之身,公天下之物,其唯至人矣!此之谓至至者也⑥。"

【注释】

　　①肖天地之类:指人类男女之别相似于天地的阴阳类别。　　②五常:五行。金、木、水、火、土。古人谓万物皆有五行之性,而人的性情也反映出五行的德性,即仁、义、礼、智、信。　　③有生:指一切生物。　　④资:凭借,依靠。　　⑤横(hèng):粗暴,不循正理。私:占为己有。　　⑥至至:道德的最高境界。

【译文】

　　杨朱说:"人,类似天地的阴阳之分,禀受万物的五行之性,是生物之中最有灵性的。人,指甲牙齿不足以用来防卫,肌肉皮肤不足以抵御外敌,疾行快跑不足以趋利避害,身上没有毛羽来防寒避暑,就必定要取借外物来作为供养,使用智慧而不依仗气力。

　　"因此,智慧之所以可贵,就在于保存人身而可贵,气力之所以低贱,就在于侵犯外物而低贱。但是,身体并非属个人所有,既然已经活着,就不得不保全它;外物也并非属个人所有,既然已经使用了,就不必将它舍去。身体固然是生命的主体,外物也是供养的主体。虽然保全了生命,但不可据有自己的身体;虽然不必舍去外物,但不可据有那些外物。据有外物,据有身体,便是将属于天下的身体不合理地占为己有,将属于天下的物不合理地占为己有。不无理地占有属于天下的身体,不无理地占有属于天下的物资,只有圣人才能做到吧!把属于天下的身体化为公有,把属于天下的物资化为公有,只有道德极高的人才能做到呀!这就叫做最高最高的道德。"

　　杨朱曰:"生民之不得休息,为四事故:一为寿,二为名,三为位,四为货。有此四者,畏鬼,畏人,畏威,畏刑:此谓之遁民也①。可杀可活,制命在外②。不逆命,何羡寿?不矜贵,何羡名?不要势,何羡位?不贪富,何羡货?此之谓顺民也③。天下无对④,制命在内⑤。故语有之曰:'人不婚宦,情欲失半;人不衣食,君臣道息。'周谚曰:'田父可坐杀⑥。'晨出夜入,自以性之恒;啜菽茹藿⑦,自以味之极;肌肉粗厚,筋节䏶急⑧,一朝处以柔毛绵幕,荐以粱肉兰橘⑨,心痌体烦⑩,内热生病矣⑪。商、鲁之君与田父侔地⑫,则亦不盈一时而惫矣。故野人之所安⑬,野人之所美,谓天下无过者。昔者宋国有田夫,常衣缊黂⑭,仅以过冬。暨春东作⑮,自曝于日,不知天下之有广厦隩室⑯,绵纩狐貉⑰。顾谓其妻曰:'负日之暄⑱,人莫知者;以献吾君,将有重赏。'里之富室告之曰:'昔人有美戎菽、甘枲茎芹萍子者⑲。对乡豪称之。乡豪取而尝之,蜇于口⑳,惨于腹㉑,众哂而怨之㉒,其人大惭。子,此类也。'"

　　【注释】

　　①遁民:违反自然之性的人。　②制命在外:指受外物支配,自己不能做主。　③顺民:顺从自然之性的人。　④对:敌手。　⑤制命在内:支配命运在于自身内部。　⑥田父可坐杀:谓老农有劳动习惯,假如使他总是闲坐,反而致病而死。　⑦啜菽:吃大豆。茹藿:吃豆叶。茹,食。　⑧䏶:当作"膭"。膭(kuì),《集韵》:"音喟,筋节急也。"膭急,谓筋节紧张。　⑨兰橘:指香甜的水果。兰,香草。这里取其香义。　⑩痌(yuān):忧郁。　⑪内热:内心焦灼。　⑫商:指春秋时宋国。侔地:处在相同的境地。意即过同样的生活。侔(móu),等同。　⑬野人:古代对从事农耕的奴隶或平民的称呼。　⑭缊黂(yùn fén):麻絮衣。　⑮东作:指从事农耕。　⑯隩:本义为避寒就暖,引申为温暖。　⑰纩:丝绵。　⑱暄:暖和。　⑲戎菽:也作"茙菽",大豆。枲(xǐ)茎:胡麻茎。芹萍子:即"苹",也叫"藾蒿",嫩苗可食。　⑳蜇:刺。　㉑惨:剧痛。　㉒哂(shěn):讥笑。

【译文】

杨朱说:"人们所以不得休息,是为了四件事的缘故:一为长寿,二为名誉,三为地位,四为钱财。有这四件事,就会怕鬼,怕人,怕权势,怕刑罚:这样的人叫做违反自然本性的人。他们或者死或者活,都听任外物的支配。

"不违背命运,何须羡慕长寿?不看重显贵,何须羡慕名声?不追求权势,何须羡慕地位?不贪图富有,何须羡慕钱财?这样的人叫做顺从自然本性的人。他们天下没有对手,支配在于自身。

"因此有句话说:'人不婚娶不做官,情欲即可少一半;人不穿衣不吃食,君臣之道可休矣。'周代谚语说:'农夫累不死,坐着会闲死。'早出晚归,自己觉得是入之常情;吃豆咽菜,自己感到是美味无比;肌肉粗厚,筋节紧张,一旦躺在柔软的皮毛上,睡进丝绸的帐幕中,送上精美的饭菜、香甜的水果,倒反而心焦体烦,内热生病啦。让宋国、鲁国的君王处在与农夫相同的境地,那他们也不消一时三刻就累坏了。所以农夫所安身的地方,农夫所喜欢的东西,他们自认为天下没有超过的了。

"从前宋国有个种田人,常常穿着破麻絮,勉强熬过冬天。开春时节,他下地干活,在太阳下晒得暖洋洋的,不知天下还有大厦温室、丝棉狐裘。他回头对妻子说:'晒太阳的暖和,别人没有一个知道的。我拿这办法献给国王,一定会有重赏。'乡里的一家富户告诉他:'过去有一个人喜欢吃大豆、胡麻茎、藕蒿苗,对着乡里的富豪啧啧称道。富豪就拿来尝尝,谁料刺在嘴上,痛在肚里。大家都讥笑并埋怨那个人,他大为惭愧。你,就是这种人!'"

杨朱曰:"丰屋美服,厚味姣色。有此四者,何求于外?有此而求外者,无厌之性。无厌之性,阴阳之蠹也①。忠不足以安君,适足以危身;义不足以利物,适足以害生。安上不由于忠,而忠名灭焉;利物不由于义,而义名绝焉。君臣皆安,物我兼利,古之道也。鬻子曰:'去名者无忧。'老子曰:'名者实之宾②。'而悠悠者趋名不已③。名固不可去,名固不可宾邪?今有名则尊荣,亡名则卑辱。尊荣则逸乐,卑辱则忧苦。忧苦,犯性者也;逸乐,顺性者也。斯实之所系矣④。名胡可去?名胡可宾?但恶夫守名而累实。守名而累实,将恤危亡之不救⑤,岂徒逸乐忧苦之间哉?"

【注释】

①阴阳之蠹:自然界的害物。　②名者实之宾:这句话见于《庄子·逍遥

游》。意即实是主,名是客,名是实的附从。 ③悠悠:众多的样子。 ④斯:此。指名。系:依靠。 ⑤恤:忧虑。

【译文】

杨朱说:"高大的房屋、华美的衣服、可口的食物、娇艳的女色,有这四样东西,还要向外面追求什么呢?有了这四样东西还要向外面追求的,就是贪得无厌的本性。贪得无厌的本性,是自然的害虫。

"忠诚不足以保护君主,恰恰足以危及自身;正义不足以利于外物,恰恰足以伤害生命。保护君主不依靠忠诚,那忠诚的名声就息灭了;利于外物不依靠正义,那正义的名声就绝尽了。君主和臣下都得安处,外物和自身同时有利,这是古代的做法。

"鬻子说:'摈弃名声的人无所忧虑。'老子说:'名声是实在的皮毛。'但仍有多少人在不停地追逐名声。名声本来就不可摈弃吗?名声本来就不可当作皮毛吗?现在,有名声就安富尊荣,没名声就身为卑贱屈辱。享有尊荣就得到逸乐,处身卑贱就饱尝忧苦。忧苦,是违背人的本性的;逸乐,是符合人的本性的。这样看来,名声倒是实在所依附的了,名声怎么可摈弃呢?名声怎么能当作皮毛呢?但是应该厌恶死守名声而损害实在。死守名声而损害实的,将终日忧虑世事危亡的不可拯救,其痛苦难道仅只是在逸乐和忧苦之间吗?"

说 符 篇

  《列子》以《天瑞篇》开始，以《说符篇》告终，首尾恰相呼应。所谓"天瑞"即客观规律，所谓"说符"，即在于解"说"人的主观意识、行为必须与客观规律相"符"，以求"心合于道"。故本篇对全书有总结意义。

  "符"，原是古代朝廷传达命令或征调兵将的凭证，用来检验真伪，资为信据，引申之就有"符信"、"符验"等说法。先秦哲学家已经提出"贵有符验"的思想，如《荀子·性恶》所说"凡论者，贵其有辨合，有符验"，但其主旨在于强调理论要得到事实的验证。而本篇更把"符"这概念扩大成为事物的普遍联系，特别是主客观之间关系变化的一种必然规律，小而个人的休戚命运，大而国家的存亡兴衰，无不决定于人们对客观规律的从违，其效果与动机，正像影之随形，响之随声，都有若合符节之验。本篇开首便借列子与壶丘子林问答，阐明了这一观点。

  那么，怎样方能"心合于道"呢？本篇认为，首先必须在纷纭万象中见微知著，察其所以然，以知善恶之来去，祸福之相倚，"关尹教射"、"列子不受粟"。"晋文公伐卫"、"赵襄子攻翟"、"九方皋相马"、"歧路亡羊"等十来个寓言就着意于此。其次，必须力克骄盛，凡事"持后"才能"处先"，如"河梁济水"，"詹何论治"、"寝丘之封"、"腐鼠之祸"所反复告诫的。再其次，还必须像"至为楮叶"、"郄雍视盗"、"白公问孔"说的那样，"恃道化而不任智巧"。但本篇又非一概反对"智巧"，相反，通过孟氏两子、宋国兰子、牛缺等人的遭遇，强调了"智"亦即人的主观能动性的作用，指出"投隙抵时，应事无方，属乎智”,说明人们应该不失时机地主动把握事物变化的条件和环节。

本篇还指出妨碍“心合于道”的种种因素,几乎涉及到认识论、心理学、伦理学和社会学等各个方面。“爰旌目拒食”、“不死之道”、“正旦献鸠”等说明勿贪空名而应求实。“疑人窃斧”、“枯梧之树”等明确反对主观主义;而主观主义认识方法又同个人不正当的欲望大有关系,于是“白公虑乱”、“齐人攫金”便告诫人们切勿纵欲而迷性。特别值得一提的是,本篇中“人和鱼雁”的故事,是我国古籍中难得的一段批判两汉“天人感应”神学目的论的绝妙文字,更有助于读者正确地理解和评价《列子》。

子列子学于壶丘子林。壶丘子林曰:“子知持后①,则可言持身矣。”列子曰:“愿闻持后。”曰:“顾若影,则知之。”列子顾而观影:形枉则影曲②,形直则影正。然则枉直随形而不在影,屈申任物而不在我③,此之谓持后而处先。

【注释】

①持后:保持谦退,不与人争先。　②枉:弯曲。　③屈:弯曲。申:通“伸”。“屈申”在这里主要指个人处世的窘困和顺利。

【译文】

列子向壶丘子林学道。壶丘子林说:“你懂得保持谦退,才谈得上持养身心。”

列子说:“愿听您说说保持谦退的道理。”

壶丘子林说:“看看你的影子,就知道了。”

列子低头察看自己的身影,身体弯曲,影子就随着弯曲;身体挺直,影子也随着挺直。由此可见,影子的或弯或直依赖于身体的动作,而由不得影子;处世的窘困或顺利听凭于外物的制约,而不在于个人的主观意志。这就是保持谦退才能使自己处身领先的道理。

关尹谓子列子曰:“言美则响美①,言恶则响恶;身长则影长,身短则影短。名也者②,响也;身也者③,影也。故曰:慎尔言,将有和之;慎尔行,将有随之。是故圣人见出以知入,观往以知来,此其所以先知之理也。度在身④,稽在人⑤。人爱我,我必爱之;人恶我,我必恶之。汤武爱天下,故王;桀、纣恶天下,故亡。此所稽也。稽度皆明而不道也,譬之出不由门,行不从径也⑥。以是求利,不亦难乎?尝观之神农、有炎之德⑦,稽之虞、夏、商、周之书,度诸法士贤人之言⑧,所以存亡废兴而非由此道者,未之有也。"

【注释】

①响:回声。　②名:名称概念。此处指名声。　③身:指报应。即行为所造成的与之对应的结果。　④度:礼度、法度或度量标准。身:自身。　⑤稽:考察,验证。　⑥径:小路。此处泛指道路。　⑦神农:古代传说中农业和医药的发明者。有炎:炎帝。传说中上古姜姓部族首领。号烈山氏,一作厉山氏。⑧度(duó):推测,估量。法士:推崇法治的人士。

【译文】

关尹对列子说:"发出的言辞美好,回音就美好;发出的言辞丑恶,回音就丑恶。身体修长,影子就修长;身体短小,影子就短小。个人的名声,就等于回音;一生的报应,就等于身影。所以说:谨慎你的言辞,将有应和它的;检点你的行为,将有跟从它的。因此,圣人听见发声就能知道回音,观察过去便可预料将来,这正是他们能够先知先觉的道理。

"掌握礼度在于自身,而考察它的客观效果却在于他人。别人敬爱我,我必定敬爱他;别人嫌恶我,我必定嫌恶他。成汤、周武因为爱惜天下百姓,所以君临一国;夏桀、商纣因为厌恶天下百姓,所以身死国亡,这就是客观检验的结果。客观的检验和自身的礼度都已明确而又不遵守它,正如离家不通过门口,行走不顺着道路一般。依靠这种违反常理的方法去谋求利益,不是很困难的吗?我曾经考查了神农、炎帝的德行,检核了虞舜、夏禹、商汤、周武的书籍,思量了那些坚持法治和推崇德化之人的言论,发现存亡兴废不遵循这条规律的朝代,在历史上是从来没有的。"

严恢曰①:"所为问道者为富②;今得珠亦富矣,安用道?"子列子曰:"桀、纣唯重利而轻道,是以亡。幸哉余未汝语也。人而无义,唯食而已,是鸡狗也。彊食靡角③,胜者为制④,是禽兽也。为鸡狗禽兽矣,而欲人之尊己,不可得也。人不尊己,则危辱及之矣。"

【注释】

①严恢:其人无考,可能是作者所假托。　②问:学习。　③彊食靡角:为争食而相互角斗。彊(qiǎng),使用强力。靡,俞樾《诸子平议》:"靡读为摩。"这里的"靡角",当指以角相摩,即角斗。　④制:即操纵,控制。

【译文】

严恢说:"那些学道的人为的是想富。现在我获得金珠财宝也能富有,还要用什么道呢?"

列子回答:"夏桀、商纣只重财利而轻视道,所以灭亡了。幸好我还没有对你说呢。作为一个人却不懂道义,只知饮食而已,不过是鸡狗罢了。逞强争食,相互角斗,胜者为王,这不过是禽兽罢了。干出鸡狗禽兽一般的行为,却希望别人尊重自己,这是不可能办到的。待到别人都不尊重自己的时候,灾祸耻辱就临身了。"

列子学射中矣①,请于关尹子②。尹子曰:"子知子之所以中者乎?"对曰:"弗知也。"关尹子曰:"未可。"退而习之。三年,又以报关尹子。尹子曰:"子知子之所以中乎?"列子曰:"知之矣。"关尹子曰:"可矣,守而勿失也。非独射也,为国与身亦皆如之。故圣人不察存亡而察其所以然③。"

【注释】

①中:指射箭已能命中箭靶。　　②请:告诉。　　③存亡:指表面的结果。

【译文】

列子练习射箭已能命中靶心,便去告诉关尹子。关尹子说:"你知道你能射中的原因吗?"

列子回答:"不知道。"

关尹子说:"那你的箭术还不行。"

列子便回家再作苦练。三年过后,又去告诉关尹子。关尹子问:"现在你知道射中的原因了吗?"

列子回答:"知道了。"

关尹子说:"行啦!牢牢记住其中的道理不要违背它。不仅射箭,治理国家和修养身心也都是这样。"

因此圣人不囿限于事物存亡成败的表面现象,而要察看所以存亡成败的内在原因。

列子曰:"色盛者骄①,力盛者奋②,未可以语道也。故不班白语道③,失,而况行之乎? 故自奋则人莫之告。人莫之告,则孤而无辅矣。贤者任人,故年老而不衰④,智尽而不乱⑤。故治国之难在于知贤而不在自贤⑥。"

【注释】

①色：指气色，血气。　②奋：此处谓恃力强干。　③班白：同"斑白"，头发花白，谓年老。　④故年老而不衰：指贤者善于用人，所以自己虽然年老，但治事的能力并不衰退。　⑤智尽而不乱：贤者善于用人，所以自己的智力虽已竭尽，但头脑并不糊涂。　⑥自贤：自以为贤。意即恃仗一己的聪明和才能。

【译文】

列子说："气血旺盛的人容易骄傲，体力充沛的人容易逞强，都不可能同他们论道。因此头发没有花白的人谈道，往往丧失道的本意，更何况去施行它呢？所以骄傲逞强的人，就不会有谁来告诉他治国修身的道理，而没有人来相告，他就孤立无助了。贤明的人善于任用他人，所以自己虽然年老，但治事的能力并不衰退，智力虽已竭尽，但看待问题并不迷乱。因此，治理国家难就难在能否识别和任用贤才，而不在于恃仗个人的贤能。"

　　宋人有为其君以玉为楮叶者①，三年而成。锋杀茎柯②，毫芒繁泽③，乱之楮叶中而不可别也。此人遂以巧食宋国④。子列子闻之，曰："使天地之生物，三年而成一叶，则物之有叶者寡矣。故圣人恃道化而不恃智巧。"

【注释】

①楮叶：即构树叶，似桑叶，多有涩毛。　②锋杀茎柯：谓楮叶上茎脉和叶柄的肥瘦得体，十分逼真。锋杀（shài），亦作"丰杀"，意即"增减"，引申为肥瘦、大小。　③毫芒繁泽：谓楮叶上的细毛繁密而润泽。　④食：指俸禄。这里有取得俸禄的意思。

【译文】

　　宋国有人为国君用玉来雕刻楮树叶片，三年方才完成。茎脉和叶柄肥瘦得体，细毛繁密而润泽，即使混在真的楮叶中也难以辨别。这个人便赖此技巧得到了宋国的俸禄。

　　列子听见这件事，说："假如天地生育万物，要三年才长出一片叶子，那么有叶子的树木就极少啦！所以圣人依靠自然规律来施行教化，而不依赖个人的智巧。"

　　子列子穷，容貌有饥色。客有言之郑子阳者①，曰："列御寇盖有道之士也，居君之国而穷，君无乃为不好士乎②？"郑子阳即令官遗之粟③。子列子出见使者，再拜而辞。使者去。子列子入，其妻望之而拊心曰④："妾闻为有道者之妻子皆得佚乐。今有饥色，君过而遗先生食⑤。先生不受，岂不命也哉?"子列子笑谓之曰："君非自知我也。以人之言而遗我粟，至其罪我也，又且以人之言，此吾所以不受也。"其卒⑥，民果作难而杀子阳⑦。

【注释】

①子阳：人名，郑国之相。　　②无乃：岂非。　　③遗（wèi）：赠送。④望：埋怨，责怪。拊心：拍打胸口。表示气恼的样子。　　⑤过：意为探望。《释文》作"遇"，意为对待，款待。这里从《释文》的说法。　　⑥其卒：后来，终于。⑦民果作难杀子阳：子阳执政严酷，国人不堪，以赶逐疯狗之机杀子阳。

【译文】

列子穷困，面有饥色。有门客对郑国国相子阳说："列御寇原是有道德的人才，居住在您的国家却贫困不堪，恐怕您是不喜爱人才的吧?"子阳听了，立即命令官员给列子送去粮食。

列子出来见使者，再三拜谢推辞不受。使者去后，列子走进内室。妻子怨恨地责怪他，捶着胸口说："我听说有道之士的妻子儿女都能享受安乐。现在我们穷得面有饥色，君王以礼相待，给你送来粮食，你却硬不接受。我的命好苦啊！"

列子笑着对她说："君王并不是自己赏识我。现在他可以听信别人的话而送我粟米，将来也可能听信别人的话而加罪于我。这就是我不接受粮食的原因啊！"

到后来，郑国的百姓果然叛乱而杀掉了子阳。

鲁施氏有二子，其一好学，其一好兵。好学者以术干齐侯①；齐侯纳之，以为诸公子之傅②。好兵者之楚，以法干楚王③；王悦之，以为军正④。禄富其家，爵荣其亲。施氏之邻人孟氏同有二子，所业亦同，而窘于贫。羡施氏之有，因从请进趋之方⑤。二子以实告孟氏。孟氏之一子之秦，以术干秦王。秦王曰："当今诸侯力争，所务兵食而已⑥。若用仁义治吾国，是灭亡之道。"遂宫而放之⑦。其一子之卫，以法干卫侯。卫侯曰："吾弱国也，而摄乎大国之间⑧。大国吾事之，小国吾抚之，是求安之道。若赖兵权⑨，灭亡可待矣。若全而归之，适于他国，为吾之患不轻矣。"遂刖之⑩，而还诸鲁。既反，孟氏之父子叩胸而让施氏⑪。施氏曰："凡得时者昌，失时者亡。子道与吾同，而功与吾异，失时者也，非行之谬也。且天下理无常是，事无常非。先日所用,今或弃之;今之所弃,后或用之。此用与不用,无定是非也。投隙抵时⑫,应事无方⑬,属乎智。智苟不足,使若博如孔丘,术如吕尚⑭,焉往而不穷哉?"孟氏父子舍然无愠容⑮,曰:"吾知之矣,子勿重言!"

【注释】

①干:求取。 ②傅:指老师。 ③法:指兵法。 ④军正:军队的官长。正,亦作"政",旧谓主其事者。 ⑤进趋之方:求取功名的办法。 ⑥兵食:兵马和粮草辎重。 ⑦宫:宫刑,也称腐刑。 ⑧摄:迫近;夹迫。 ⑨兵权:用兵的权谋,策略。 ⑩刖(yuè):断足,古代的一种酷刑。 ⑪叩胸:即拊心,拍打胸部,表示恼恨。让:责备。 ⑫投隙抵时:迎合机会,行动及时。投,犹迎合;隙,机会;抵,到达;时,适时。 ⑬应事无方:应付事物不囿于固定的办法。 ⑭术:此处指用兵之术。吕尚:即姜太公,周代齐国的始祖。传说他智勇双全,精通兵法,曾辅助灭商有功。 ⑮愠(yùn)容:含怒、怨恨的面色。

【译文】

鲁国姓施的人家有两个儿子,一个爱好学问,一个喜欢军事。爱好学问的以学术谋求齐侯任用,齐侯接纳他,叫他担任公子们的老师。喜爱军事的儿子到楚国,以兵法向楚王求取官职。楚王很高兴,委他担任军队的将领。于是这两个儿子的俸禄使家庭富足,官爵让亲戚们感到荣耀。

施家的邻居孟家也有两个儿子,从事的学业也与施家之子相同,却陷于贫困之中。他们十分羡慕施家的富有,便前去请教谋取功名的方法。施家二子将情况告诉了他们。孟家的一个儿子便去秦国,以学术求为秦王任用。秦王说:"当今诸侯凭武力争夺天下,竭力经营的只是兵马粮草而已。如果用仁义来治理国家,那是灭亡的道路。"于是就对他施以宫刑才予释放。

另一个儿子跑到卫国,以兵法求为卫侯任用。卫侯说:"我们是弱国,却夹在强国中间。对于大国,我们奉事;对于小国,我们安抚,这才是求安保全的办法。如果依赖军事权谋,那灭亡之日就不远啦!假使放你好好的回去,你到了别的国家,定会成为我国的极大祸害。"于是就砍断他的双脚才放回鲁国。

返回家后,孟氏父子捶胸顿足地责怪施家。施氏说:"凡是合乎时势的就昌盛,错过时机的就败亡。你们的学业和我们一样,但是功效和我们不同,这便是错过时机的缘故,并不是你们的做法有什么不对。再说,天下没有永远正确的道理,也没有永远错误的事情。过去所使用的,现在也许被废弃;现在被废弃的,将来也许还要使用。这里或使用或不用是不存在固定的是与非的。迎合机会,行动及时,应付事变,不受拘限,这种能力属于智谋。智谋如果不足,即使你博学多才有如孔夫子,善用兵法有如姜太公,到哪里去而会不碰壁呢?"

孟家父子满脸怒色顿时消除,说:"我们懂啦,你不要再说了!"

晋文公出会①,欲伐卫,公子锄仰天而笑。公问何笑。曰:"臣笑邻之人有送其妻适私家者②,道见桑妇,悦而与言。然顾视其妻,亦有招之者矣。臣窃笑此也。"公寤其言③,乃止。引师而还,未至,而有伐其北鄙者矣。

【注释】

①晋文公:春秋时晋国君。名重耳。公元前636—前628年在位,曾在践土(今河南省荥阳县东北)大会诸侯,成为霸主。出会:即与诸侯会师出兵。②私家:娘家。另据《尔雅·释亲》:"女子谓姊妹之夫曰私。"故"私家"也有指姊妹夫家。③寤:通"悟"。

【译文】

晋文公率兵出国,会合诸侯,准备攻打卫国。公子锄在一旁仰天大笑。晋文公问他笑什么。他说:"我笑我的邻人,他陪送妻子回娘家,半路上看见一个采桑的妇人,不觉产生好感,就同她谈笑起来。可是回头看自己的妻子,也正有别的男人在招引她。我暗自笑这件事呢。"

晋文公领悟他话中的意思,于是放弃了出兵的计划。当他率领军队回国,还没有到达,果然有别的国家正举兵进犯晋国北部的边境。

晋国苦盗。有郄雍者①,能视盗之貌,察其眉睫之间,而得其情。晋侯使视盗,千百无遗一焉。晋侯大喜,告赵文子曰:"吾得一人,而一国盗为尽矣,奚用多为?"文子曰:"吾君恃伺察而得盗,盗不尽矣,且郄雍必不得其死焉。"俄而群盗谋曰:"吾所穷者郄雍也。"遂共盗而残之②。晋侯闻而大骇,立召文子而告之曰:"果如子言,郄雍死矣!然取盗何方?"文子曰:"周谚有言:察见渊鱼者不祥,智料隐匿者有殃③。且君欲无盗,莫若举贤而任之;使教明于上,化行于下,民有耻心,则何盗之为?"于是用随会知政④,而群盗奔秦焉。

【注释】

①郄(xī)雍:人名。②残:杀害。③智料:以智慧来料算。④随会:人名。知政:主持政事。

【译文】

晋国苦于强盗为害。有个名叫郗雍的人，能够审视强盗的相貌，察看他们的神色而获得真情。晋侯派他去识别强盗，千百个当中没有一个漏网的。

晋侯大喜，告诉赵文子说："我得到一个人，差不多一国的强盗都被捉尽了，还要用那么多人干什么呢？"

文子说："主上依靠伺察来捕捉强盗，强盗是捉不完的了，而且郗雍必将不得好死。"

过了不久，强盗们聚集商议说："把我们逼得走投无路的人就是郗雍。"于是他们一同劫走郗雍并把他杀掉。

晋侯听到消息大为惊骇，立刻召见赵文子，对他说："果然像你说的那样，郗雍死啦！可是究竟用什么方法来消灭强盗呢？"

文子说："周人的谚语说：能够察见深潭中游鱼的人定不吉祥，以智巧算出隐藏者的人必有灾殃。您要想消除盗贼之害，不如选拔有才德的人加以任用，使政治昌明于上，教化风行于下，人民有了羞耻之心，还会去做什么强盗呢？"

于是，晋侯便任用随会主持政事，强盗就成群地逃往秦国去了。

孔子自卫反鲁，息驾乎河梁而观焉①。有悬水三十仞②，圜流九十里③，鱼鳖弗能游，鼋鼍弗能居，有一丈夫方将厉之④。孔子使人并涯止之⑤，曰："此悬水三十仞，圜流九十里，鱼鳖弗能游，鼋鼍弗能居也。意者难可以济乎⑥？"丈夫不以错意⑦，遂度而出⑧。孔子问之曰："巧乎？有道术乎？所以能入而出者，何也？"丈夫对曰："始吾之入也，先以忠信⑨；及吾之出也，又从以忠信。忠信错吾躯于波流⑩，而吾不敢用私，所以能入而复出者，以此也。"孔子谓弟子曰："二三子识之⑪！水且犹可以忠信诚身亲之⑫，而况人乎？"

【注释】

①河梁：同《黄帝篇》中的"吕梁"为同一处，郦道元《水经注》："泗水过吕县南，水上有石梁，谓之吕梁。"　②悬水：即瀑布。　③圜（huán）流：有漩涡的水流。　④厉：原谓河水深及腰部，可以涉过之处。引申为涉渡。　⑤并涯：顺着河岸。　⑥意者难可以济乎：只怕你是很难渡过的吧？　⑦错意：留意，注意。　⑧度：通"渡"。过河。　⑨忠：尽心竭力。信：坚定不疑。　⑩错：通"措"。安置。　⑪二三子：犹"你们"，长者对小辈或上对下之称。　⑫诚身亲之：以真诚的身心去亲近它（指激流）。

【译文】

孔子从卫国返回鲁国,在河梁上歇下马车观望,只见瀑布飞泻而下二十丈,激流环绕九十里。鱼鳖不能游渡,鼋鼍无法居留。有一个汉子正要涉水。孔子连忙派人顺岸边跑去阻止他,说:"这瀑布二十丈,漩流九十里,鱼鳖不能游渡,鼋鼍无法居留,只怕你是很难渡过的吧?"

那汉子听了毫不在意,就渡过河水上了岸。孔子问他:"凭技巧吗?有道术吗?你能够入水又能出水的道理是什么呢?"

汉子回答:"我刚下水的时候,依靠尽心竭力和坚定不疑;待我出水的时候,又依靠尽心竭力和坚定不疑。这忠和信使我的躯体安处波涛激流之中,而我不敢任从个人的意志。我能入水又能出水的道理,就是这样的。"

孔子对学生说:"你们记住!水,尚且可以凭忠信和诚意来亲近,何况对于人呢?"

白公问孔子曰①:"人可与微言乎②?"孔子不应。白公问曰:"若以石投水,何如?"孔子曰:"吴之善没者能取之。"曰:"若以水投水何如?"孔子曰:"淄渑之合③,易牙尝而知之④。"白公曰:"人固不可与微言乎?"孔子曰:"何为不可?唯知言之谓者乎⑤!夫知言之谓者,不以言言也⑥。争鱼者濡⑦,逐兽者趋,非乐之也。故至言去言,至为无为。夫浅知之所争者末矣。"白公不得已⑧,遂死于浴室⑨。

【注释】

①白公:白公胜,春秋时楚国大夫,楚平王之孙。楚惠王十年(前479年),白公胜发动政变,杀死令尹子西、司马子期,控制楚都。后被叶公击败,自缢死。②微言:指密谋。微,隐匿。　③淄(zī):水名,即今山东省境内的淄河。渑(shéng):水名,一作"绳水"。源出今山东省临淄县东北,久湮。　④易牙:一作"狄牙"。春秋时齐桓公宠幸的近臣,长于烹调。　⑤谓:指发言的内在涵意。⑥不以言言也:不用言辞来表达。　⑦濡(rú):沾湿。　⑧白公不得已:指白公没有领会孔子说话的意思,杀了令尹子西和司马子期。　⑨遂死于浴室:指白公谋反事败,被迫自缢死于浴室。

【译文】

白公胜问孔子:"可以与别人一起密谋吗?"

孔子不回答。

白公胜再问:"如果拿石块投入水里,怎样呢?"

孔子回答:"吴国擅长潜水的人能够从水底取出来。"

白公胜又问:"如果用水倒进水里,怎样呢?"

孔子回答:"淄水和渑水混合在一起,易牙用舌头尝了就能分辨出来。"

白公胜说:"那么,就不能同别人密谋了吗?"

孔子回答:"为什么不可以? 只要懂得发言的旨趣啊! 懂得了发言的旨趣,就不依靠语言来表达。捕鱼的人被沾湿,追赶野兽的人要奔跑,这是势必如此,并非喜欢这样做。因此最精深的言论不用言辞,最崇高的行为无所动作。那些浅薄的人所争执的只是事物的表面现象啊!"

白公胜没有领会到孔子说话的意思,仍然密谋叛乱,最后政变失败,他被迫上吊死在浴室里。

赵襄子使新稚穆子攻翟①,胜之,取左人、中人②;使遽人来谒之③。襄子方食而有忧色。左右曰:"一朝而两城下,此人之所喜也;今君有忧色,何也?"襄子曰:"夫江河之大也④,不过三日;飘风暴雨不终朝⑤,日中不须臾⑥。今赵氏之德行无所施于积⑦,一朝而两城下,亡其及我哉⑧!"孔子闻之曰:"赵氏其昌乎!"夫忧者所以为昌也,喜者所以为亡也。胜非其难者也;持之,其难者也。贤主以此持胜,故其福及后世。齐、楚、吴、越皆尝胜矣⑨,然卒取亡焉,不达乎持胜也。唯有道之主为能持胜。孔子之劲能拓国门之关⑩,而不肯以力闻。墨子为守攻⑪,公输般服,而不肯以兵知。故善持胜者以强为弱。

【注释】

①赵襄子:赵无恤,春秋末年晋国大夫,赵鞅之子。新稚(zhì)穆子:也叫新稚狗,是赵襄子的家臣。翟(dí):通"狄",古族名。春秋前,长期活动于齐、鲁、晋、卫、邢、宋等国之间。　②左人、中人:古城名。两城皆在今河北省唐县西北。　③遽人:传递公文的人。　④江河之大也:此处指江河涨潮。　⑤飘风:旋风,暴风。　⑥日中不须臾:指正午时,太阳当空不到片刻就会偏西。　⑦施:为衍文。据俞樾《诸子平议》:"施衍字,盖即'于'字之误而复者。"　⑧其:恐怕要。表揣测。　⑨齐、楚、吴、越皆尝胜矣:指春秋时代齐、楚、吴、越等国都经常获得胜利,称霸一时。　⑩拓:亦作"招"(qiáo),举起。国门:国都的城门。关:门闩。此句意为,孔子的力气可以举起城门上的门闩。据《左传·襄公十年》:"逼阳人启门,诸侯之士门焉。悬门发,聊人纥抉之以出门者。""纥"即"叔

梁纥",为孔子之父。故"拓国门之关"的应是孔子之父,后人误传为孔子。
⑪墨子为守攻:墨子制订防守策略,挫败公输般的攻势,使公输般折服。事见《墨子·公输》。公输般,即鲁班。春秋时鲁国人。

【译文】

赵襄子派家臣新稚穆子攻打翟这个部族,大获全胜,夺取了左人、中人两座城池。新稚穆子派传令兵向赵襄子告捷。襄子正在吃饭,脸上显出忧虑的神色。

身边侍候他的人说:"一天就攻克两座城池,这是人们所喜悦的事情;而现在您却面有忧色,为什么呢?"

襄子回答:"江河涨潮不过三天,旋风暴雨不能终朝,太阳到中午停留不了片刻。如今我们赵家没有积下什么德行,一天却攻下两座城市,灭亡恐怕要降临到我头上啦!"

孔子听了这件事,说:"赵家将要昌盛了啊!"

忧虑是成为昌盛的原因,而喜悦便是导致灭亡的祸根。夺得胜利并非困难;保持胜利,才是困难的。贤明的君主依靠这条道理来保持胜利,所以他们的幸福能够延及后世。齐、楚、吴、越等国都经常夺得胜利,可是终于得到灭亡的下场,就是不通晓这个保持胜利的道理。只有掌握这条规律的君主才是能保持胜利的人。

孔子的力气可以举起城门上的门闸,但他不愿以力气来夸耀于世。墨子制订防守策略以挫败进攻,使公输般折服,但他不愿以用兵来扬名四海。所以善于保持胜利的人把自己的强大当作弱小。

宋人有好行仁义者,三世不懈。家无故黑牛生白犊,以问孔子。孔子曰:"此吉祥也,以荐上帝①。"居一年,其父无而盲。其牛又复生白犊。其父又复令其子问孔子。其子曰:"前问之而失明,又何问乎?"父曰:"圣人之言先迕后合②。其事未究③,姑复问之。"其子又复问孔子。孔子曰:"吉祥也。"复教以祭。其子归致命。其父曰:"行孔子之言也。"居一年,其子又无故而盲。其后楚攻宋④,围其城。民易子而食之,析骸而炊之;丁壮者皆乘城而战⑤,死者太半。此人以父子有疾皆免。及围解而疾俱复⑥。

【注释】

①荐:祭献。古代以纯色牛羊作牺牲,故孔子说此白犊可祭上帝。上帝:天帝。　②迕(wǔ):违背。这里是不相符的意思。　③未究:未见结果。
④楚攻宋:指楚庄王二十年(公元前594年),楚军围宋之事。　⑤乘:升,登。

⑥复:平复,指病愈。

【译文】

宋国有个喜爱施行仁义的人,三代相续毫不懈怠。他家的黑牛平白无故地生下一头白色的小牛,他便拿这件事来请教孔子。孔子说:"这是吉祥的事呀,用它来祭献天帝吧。"过了一年,他家父亲无缘无故瞎了双眼。

那黑牛又生了一头白色的小牛,父亲又要他儿子去请教孔子。他儿子说:"前次问了孔子,你就瞎了眼睛,还要问什么呢?"父亲说:"圣人的预言同事实先是相背然后才吻合。这件事还没有完结,姑且再去请教他吧。"他儿子便又去问孔子。孔子说:"吉祥啊!"又教他们用小牛来祭献天帝。儿子回家转达孔子的意思。父亲说:"按孔子的话去办。"过了一年,他儿子的眼睛也无缘无故地瞎了。

后来楚国攻打宋国,包围了京城。宋国百姓饿得交换子女来充饥,劈开骨头生火做饭。成年男子都登上城墙作战,死亡的人超过一半。这家人因为父子有眼疾而得以幸免。待到京城解围,他俩的眼疾就痊愈了。

宋有兰子者①,以技干宋元②。宋元召而使见其技③:以双枝长倍其身④,属其胫⑤,并趋并驰,弄七剑迭而跃之,五剑常在空中。元君大惊,立赐金帛。又有兰子又能燕戏者闻之⑥,复以干元君。元君大怒曰:"昔有异技干寡人者,技无庸⑦,适值寡人有欢心,故赐金帛。彼必闻此而进,复望吾赏。"拘而拟戮之,经月乃放。

【注释】

①兰子:以技妄游者,即指走江湖的人。兰,通"阑",妄。　②宋元:即宋元君,亦作宋元王。《吕览·君守篇》:"鲁鄙人遗宋元王闭",《庄子·外物篇》有宋元君得神龟事,《史记·龟策列传》载"宋元王时得龟",并召博士卫平问梦事,可证宋元君,宋元王即为一人。　③见:同"现"。　④双枝:两根木杆。⑤属(zhǔ):联接。胫:同"胫",小腿。　⑥燕戏:古代戏技,因动作轻疾如燕,故名。张湛注:"如今之绝倒投狭者。"投狭,即钻刀圈。　⑦庸:通"用"。

【译文】

宋国有个流浪汉,以技艺求为宋元君所用。宋元君召他进来表演技巧。只见他用两根比身体长一倍的木杆绑在小腿上,踩着高跷疾走快跑,手上还轮流抛接七把剑,同时有五把剑飞在空中。宋元君大为惊讶,立刻赏给他许多钱财缎匹。

又有一个能耍杂技流浪汉,听说这件事,也来求为宋元君所用。元君大怒说:"前次有人以奇技异巧求为我用,那技巧毫无用处,正好碰上我高兴,所以赏给金

帛。这个人一定是听说那件事而来的,也希望我能赏他。"于是,宋元君命人把他
关押起来打算处死,经过一个月才释放。

　　秦穆公谓伯乐曰①:"子之年长矣,子姓有可使求马者乎②?"伯乐
对曰:"良马可形容筋骨相也。天下之马者③,若灭若没④,若亡若
失⑤,若此者绝尘弭辙⑥。臣之子皆下才也。可告以良马,不可告以
天下之马也。臣有所与共担缥薪菜者⑦,有九方皋⑧,此其于马非臣
之下也。请见之。"穆公见之,使行求马。三月而反报曰:"已得之
矣,在沙丘⑨。"穆公曰:"何马也?"对曰:"牝而黄。"使人往取之,牡
而骊⑩。穆公不说,召伯乐而谓之曰:"败矣,子所使求马者!色物、
牝牡尚弗能知⑪,又何马之能知也?"伯乐喟然太息曰:"一至于此乎!
是乃其所以千万臣而无数者也⑫。若皋之所观,天机也⑬,得其精而
忘其粗,在其内而忘其外;见其所见,不见其所不见;视其所视,而遗
其所不视。若皋之相者,乃有贵乎马者也。"马至,果天下之马也。

【注释】
　　①秦穆公:春秋时秦国国君,公元前660—前621年在位。伯乐:相传为秦穆
公时的孙阳,以善相马著称。　　②子姓:子孙。　　③天下之马:世上稀有的良
马。　　④若灭若没:恍惚迷离的样子。指"天下之马"的内在神气在外表的透
露,很难把握。　　⑤若亡(wú)若失:似有似无的样子。这两句意即,鉴别"天下
之马",不在它的筋骨毛色,而要洞察本质。　　⑥绝尘弭辙:谓马奔驰极快,四足
落地不沾尘土,车轮过后不见辙印。绝尘,足不沾尘土的样子。弭,消除。辙,通
"辙",车轮印。　　⑦担缥:挑担子。缥(mò),本作"纆",绳索。薪菜:砍柴。
薪,柴。菜,通"采"。也是拾取柴草的意思。　　⑧九方皋:一作"九方堙"。春
秋时善于相马者。　　⑨沙丘:古地名。在今河北省广宗县北。　　⑩骊:黑色。
⑪色:指纯色。物:指杂色。　　⑫千万臣而无数:超过我千万倍而不可计数。
⑬天机:此处指天赋的灵性或内在秘奥。

【译文】
　　秦穆公对伯乐说:"您的年纪老啦,您的子孙中有没有可以派去访求良马的
人呢?"
　　伯乐回答:"良马可以凭形体外貌和筋骨来鉴别,但天下稀有的骏马,其神气
却在若有若无、似明似灭之间。像这样的马,奔驰起来足不沾尘土,车不留轮迹,
极为迅速。我的子孙都是下等人才,可以教他们识别良马,但无法教他们识别天

下稀有的骏马。有一个同我一起挑担子拾柴草的朋友，名叫九方皋，他相马的本领不在我之下。请让我引他来见您。"

穆公召见了九方皋，派他外出找马。过了三个月他回来报告说："已经得到一匹好马啦，在沙丘那边。"

穆公问："是什么样的马？"

他回答："是一匹黄色的母马。"

穆公派人去沙丘取马，却是一匹黑色的公马。穆公很不高兴，把伯乐召来，对他说："坏事啦！你介绍的那位找马人，连马的黄黑、雌雄都分辨不清，又怎能鉴别马的好坏呢？"

伯乐大声叹了一口气，说："竟到了这种地步了啊！这正是他比我高明不止千万倍的地方呵！像九方皋所看到的是马的内在神机，观察到它内在的精粹而忽略它的表面现象，洞察它的实质而忘记它的外表；只看他所应看的东西，不看他所不必看的东西；只注意他所应注意的内容，而忽略他所不必注意的形式。像九方皋这样的相马，有比鉴别马还要宝贵得多的意义。"

后来马送到了，果然是一匹天下少有的骏马。

楚庄王问詹何曰①："治国奈何？"詹何对曰："臣明于治身而不明于治国也。"楚庄王曰："寡人得奉宗庙社稷，愿学所以守之。"詹何对曰："臣未尝闻身治而国乱者也，又未尝闻身乱而国治者也。故本在身，不敢对以末。"楚王曰："善。"

【注释】

①楚庄王：春秋时楚国国君，公元前614—前591年在位。詹何：战国时期哲学家。详见《汤问篇》注释。

【译文】

楚庄王问詹何道："治理国家该怎么办呀？"

詹何回答："我只明白修养自身的道理，不明白治理国家的道理。"

楚庄王说："寡人得以奉事宗庙和掌管国家，愿学的是怎样保持它的办法。"

詹何回答说："我从来没有听说过自身修养很好而国家却混乱的，也从来没有听说过自身管不好而国家可以治理好的。所以治国的根本在于自身，别的细枝末节我就不敢对您讲了。"

楚王说："说得好。"

狐丘丈人谓孙叔敖曰①："人有三怨,子之知乎?"孙叔敖曰:"何谓也?"对曰:"爵高者,人妒之;官大者,主恶之;禄厚者,怨逮之②。"孙叔敖曰:"吾爵益高,吾志益下;吾官益大,吾心益小;吾禄益厚,吾施益博。以是免于三怨,可乎?"

【注释】

①狐丘丈人:据旧注,狐丘是邑名,丈人指地方上的长老。孙叔敖:春秋时楚国人,楚庄王时任令尹。　②逮:及,到。

【译文】

狐丘丈人对孙叔敖说:"人们有三件事最容易招怨,您知道吗?"

孙叔敖问:"是什么呢?"

狐丘丈人回答:"爵位高的,人家会妒嫉;官职大的,君主会猜忌;俸禄厚的,会招来怨仇。"

孙叔敖说:"我的爵位愈高,志向就愈低下;官职愈大,心里就愈谨慎;俸禄愈厚,施舍就愈广泛。依靠这样来避免人们的三种怨恨,行吗?"

孙叔敖疾,将死,戒其子曰:"王亟封我矣①,吾不受也。为我死②,王则封汝。汝必无受利地③! 楚越之间有寝丘者④,此地不利而名甚恶。楚人鬼而越人禨⑤,可长有者唯此也。"孙叔敖死,王果以美地封其子。子辞而不受,请寝丘。与之,至今不失。

【注释】

①亟(qì):屡次。　②为:犹言"如"。　③利地:肥沃的土地。　④寝丘:古邑名,春秋楚地,在今河南省沈丘县东南。寝,容貌丑恶。有本认为"寝丘"之名和"陵寝"、"葬地"相似,故下文说"此地不利而名甚恶。"　⑤楚人鬼:即谓楚人崇拜鬼神。禨:禨祥,祈福禳灾之事。

【译文】

孙叔敖病重,即将死去,告诫他的儿子说:"楚王屡次要封给我土地,我不接受。如果我死了,楚王就会封给你。你一定不要接受肥沃的土地! 楚国和越国之间有一片土地叫寝丘,这块土地不仅贫瘠而且名字也很不好听。楚人信鬼神,越人信禨祥,大家都对它不感兴趣。你可以长久拥有的只能是这块土地。"

孙叔敖死后,楚王果然拿肥美的土地封给他儿子。孙叔敖的儿子推辞不受,请求要寝丘,楚王就给了他,一直保持到现在都没有丧失。

牛缺者^①，上地之大儒也^②，下之邯郸^③，遇盗于耦沙之中^④，尽取其衣装车，牛步而去。视之欢然无忧悋之色^⑤。盗追而问其故。曰："君子不以所养害其所养^⑥。"盗曰："嘻！贤矣夫！"既而相谓曰："以彼之贤，往见赵君，使以我为^⑦，必困我。不如杀之。"乃相与追而杀之。燕人闻之，聚族相戒，曰："遇盗，莫如上地之牛缺也！"皆受教。俄而其弟适秦。至关下^⑧，果遇盗。忆其兄之戒，因与盗力争。既而不如，又追而以卑辞请物。盗怒曰："吾活汝弘矣^⑨，而追吾不已，迹将箸焉^⑩。既为盗矣，仁将焉在？"遂杀之，又傍害其党四五人焉。

【注释】

①牛缺：人名。《淮南子·人间训》作"秦牛缺"。《吕氏春秋·必已》高诱注："牛，姓也，缺其名。秦人也。秦在西方，故称下之邯郸。"　②上地：当为秦国的地名。　③邯郸：古都邑名，战国时为赵国都城，故址在今河北省邯郸市西南。　④耦沙：水名。现称沙河，在河北省南部。　⑤忧悋：忧伤吝惜之色。悋(lìn)，古"悋"字，同"吝"。　⑥不以所养害其所养：意即不因为身外的财物而损害身心道德。按此句"不以所养"当为"不以所以养"，《庄子·让王篇》正作"不以所用养害所养"，《吕览·审为篇》作"不以所以养害所养"，否则义不可通。"所以养"，用来养护身心的，指衣物钱财等；"所养"，财物所养护的对象，指身心。　⑦使以我为：派他来对付我们。"为"下当脱"事"字。　⑧关：此处指函谷关，在今河南省灵宝县东北。　⑨弘：意即度量宽宏。　⑩箸：通"著"，显明。

【译文】

牛缺，是上地的一位大学者，他到邯郸去，在耦沙这个地方遇上了强盗。强盗抢光他的衣物车马，牛缺便步行而去，看上去高高兴兴没有一点忧伤吝惜的神色。强盗连忙追上来问他原因。他说："君子不因为这些身外之物而损害自己的身心道德。"

强盗说："哈，真高尚啊！"接着相互议论："像他这样的贤人，去拜见了赵国的君王，被任用来对付我们，一定会使我们遭殃，不如把他杀了。"于是就一齐追上去把牛缺杀害了。

燕国有人听说了这件事，就聚集家族相互告诫说："遇见强盗，不要像上地的牛缺那样迂腐！"大家都因此接受了教训。不久，他的弟弟去秦国，来到函谷关下，果然又遇上了强盗。他想起哥哥的告诫，便同强盗奋力争夺；争不过，又追上去低声下气地哀求强盗留下一些衣物。强盗发怒说："我们饶你活命已经够宽大了，你还要追个不停，我们的行踪将让你给暴露了。既然当了强盗，还讲什么仁义？"说完就把他杀了，又连带杀害了他的四五个同伴。

虞氏者,梁之富人也,家充殷盛^①,钱帛无量,财货无訾^②。登高楼,临大路,设乐陈酒,击博楼上^③。侠客相随而行。楼上博者射^④,明琼张中^⑤,反两㯚鱼而笑^⑥。飞鸢适坠其腐鼠而中之。侠客相与言曰:"虞氏富乐之日久矣,而常有轻易人之志。吾不侵犯之,而乃辱我以腐鼠。此而不报,无以立懄于天下^⑦。请与若等戮力一志^⑧,率徒属必灭其家为等伦^⑨。"皆许诺。至期日之夜^⑩,聚众积兵以攻虞氏,大灭其家。

【注释】

①家充殷盛:"充"后当脱一"盈"字。《淮南子·人间训》便作"家充盈殷盛"。　②訾:估量,限度。　③击博:古代博戏。共十二棋,六黑六白,两人相博,每人六棋。《释文》:"击,打也,如今双陆棋也。"　④射:此处指投琼,即掷骰子。　⑤明琼张中:琼,古代游戏用具,与后来的骰子相似。明琼,指骰子上有五白齿的一面,即最佳的一面。此句意为,掷骰子中了彩。　⑥反两㯚鱼而笑:此句意为,因连胜两着棋而欢喜大笑。㯚,同"槅",《释文》作"檎";通"鳎",《大博经》作"鲽",都是指比目鱼。古代六博局分十二道,两头当中名为"水",放"㯚鱼"两枚。吃一鱼得二筹,得筹多者为胜。　⑦懄(qín):勇。这里含有勇名的意思,即勇武的名声。　⑧戮力一志:协力同心。　⑨等伦:原指同列的人,这里指亲戚朋辈。　⑩期日:约定的日子。

【译文】

虞氏,是梁国的富人,家业丰足昌盛,金钱布帛无法计数,财产货物无法度量。虞家的人登上高楼,俯临大路,奏着音乐,摆开美酒,打六博棋取乐。

碰巧有一群侠客经过楼下。楼上的赌客掷骰子中了头彩,因连胜两着而高兴得放声大笑。这时天上飞过的老鹰掉下一只腐烂的老鼠,正好打中了侠客。侠客们相互说道:"姓虞的富贵淫乐的日子过得太久啦!常常有轻蔑别人的意思。我们不侵犯他,但他竟用烂老鼠来侮辱我们。此仇不报,就无法在天下树立我们的勇武之名。请与你们合力同心,率领手下人,一定要灭绝他一家和亲属。"

大家都同意了。到了约定的那天夜晚,他们合伙拿着武器来攻打虞氏,彻底毁灭了他的家。

东方有人焉曰爰旌目^①,将有适也^②,而饿于道。狐父之盗曰丘^③,见而下壶餐以铺之^④。爰旌目三铺而后能视,曰:"子何为者也?"曰:"我狐父之人丘也。"爰旌目曰:"譆!汝非盗邪?胡为而食我？吾义不食子之食也。"两手据地而欧之⑤，不出，喀喀然⑥，遂伏而死。狐父之人则盗矣，而食非盗也。以人之盗因谓食为盗而不敢食，是失名实者也⑦。

【注释】

①爰(yuán)旌目：人名。《后汉书·张衡传》作"旌瞀"。　②适：往。③狐父：地名。在今安徽省砀山县附近。　④餐(sūn)：也作"飧"，用水泡饭。壶餐，即一壶水泡饭。铺：通"哺"，以食与人。　⑤欧(ǒu)："呕"的本字。吐。⑥喀喀然：形容呕吐不出的痛苦样子。喀喀，呕吐声。　⑦是失名实者也：这是颠倒了名称与实在的位置。意即爰旌目重名而不求实。

【译文】

东方有个人名叫爰旌目，将要到某地去，却饿倒在半路上。一个狐父地方的强盗名叫丘的，看见了就用一壶水泡饭喂给他吃。

爰旌目吃了三口，然后才能睁开眼睛看，说："你是干什么的？"

强盗回答："我是狐父地方的人，名叫丘。"

爰旌目说："啊！你不是强盗吗？为什么给我吃东西？强盗的食物我是决不该吃的。"说罢，就两手撑地呕吐起来，呕不出，胸口喀喀作响，终于卧在地上死去。

狐父的这个人是强盗，但食物却不是强盗。因为人是强盗就认为食物也是强盗而不敢吃，这是把名实的关系弄错了呀。

柱厉叔事莒敖公①，自为不知己，去，居海上。夏日则食菱芰②，冬日则食橡栗。莒敖公有难，柱厉公辞其友而往死之③。其友曰："子自以为不知己，故去。今往死之，是知与不知无辨也。"柱厉叔曰："不然。自以为不知，故去；今死，是果不知我也。吾将死之，以丑后世之人主不知其臣者也④。"凡知则死之，不知则弗死，此直道而行者也⑤。柱厉叔可谓怼以忘其身者也⑥。

【注释】

①柱厉叔：人名。莒(jǔ)敖公：莒国的国君。《说苑·立节篇》作"莒穆公"。莒，春秋时古国名，在今山东省莒县一带，公元前431年为楚国所灭。　②菱芰：俗称菱角。"芰"一本作"茨"。　③死之：犹谓以死来为他效力。　④丑：羞辱。　⑤直道：此处指以德报德，以怨报怨的人之常情。　⑥怼：怨恨。

【译文】

柱厉叔侍奉莒敖公，认为自己不被赏识，便离开国都，隐居在海边上，夏天吃菱角,冬天就食橡栗。后来,莒敖公遭到了危难,柱厉叔就辞别朋友,前去为他拼死效劳。

他的朋友说:"你自己认为不受赏识,所以才离开莒敖公的。现在又要去为他而死,这样,受赏识和不受赏识就没有区别了。"

柱厉叔说:"不是这样。我正因为自己不受赏识,所以才离开莒敖公;现在能够为莒敖公而战死,这正表明他是果真不了解我。我将为他而死,以此来羞辱后世那些不了解自己臣下的君主。"

凡是知己的就为他而死,不知己就不为他而死,这才是循正道而行的人。柱厉叔可以说是因为怨恨而不顾自己生命的人了。

杨朱曰:"利出者实及①,怨往者害来。发于此而应于外者唯请②,是故贤者慎所出。"

【注释】

①及:意为得到。殷敬顺、俞樾皆以"及"为"反"之误。此处两义皆可通。②请:通"情",作情实、情感解。

【译文】

杨朱说:"给了别人利益,就会收到实惠;给了别人怨恨,就会招来祸害。从这里发出而在外面得到反应的,唯有内心的情感。由于这个缘故,有道德和才能的人十分谨慎自己的言行举止。"

杨子之邻人亡羊①,既率其党②,又请杨子之竖追之③。杨子曰:"嘻!亡一羊何追者之众?"邻人曰:"多歧路。"既反,问:"获羊乎?"曰:"亡之矣。"曰:"奚亡之?"曰:"歧路之中又有歧焉,吾不知所之,所以反也。"杨子戚然变容,不言者移时,不笑者竟日。门人怪之,请曰:"羊,贱畜,又非夫子之有,而损言笑者④,何哉?"杨子不答。门人不获所命⑤。弟子孟孙阳出以告心都子⑥。心都子他日与孟孙阳偕入,而问曰:"昔有昆弟三人,游齐、鲁之间,同师而学,进仁义之道而归⑦。其父曰:'仁义之道若何?'伯曰⑧:'仁义使我爱身而后名。'仲曰⑨:'仁义使我杀身以成名。'叔曰⑩:'仁义使我身名并全。'彼三术相反,而同出于儒。孰是孰非邪?"杨子曰:"人有滨河而居者,习于水,勇于泅,操舟鬻渡⑪,利供百口。裹粮就学者成徒⑫,而溺死者几半。本学泅,不学溺,而利害如此。若以为孰是孰非?"心都子嘿然而出⑬。孟孙阳让之曰:"何吾子问之迂,夫子答之僻?吾惑愈甚。"心都子曰:"大道以多歧亡羊,学者以多方丧生⑭。学非本不同,非本不一,而末异若是。唯归同返一,为亡得丧。子长先生之门⑮,习先生之道,而不达先生之况也⑯,哀哉!"

【注释】

①亡:失去。　②党:这里指邻里乡亲。　③竖:童仆。　④损言笑:谓不言不笑。损,减少。　⑤不获所命:不领会他的意思。　⑥孟孙阳:人名。当为杨朱门下的大弟子。心都子:人名。当为与杨朱同时的学者。　⑦进:借为尽,有全部掌握的意思。　⑧伯:老大。　⑨仲:老二。　⑩叔:老三。　⑪鬻渡:摆渡营生。　⑫徒:众多。　⑬嘿:同"默"。　⑭方:指方术,古代关于治道的方法。由于各人对道的理解不同,便形成很多思想流派,所以这里说"多方"。丧生:指丧失方向,丧生乃极言其危。　⑮长(zhǎng):排行第一。　⑯况:比拟,譬喻。

【译文】

杨朱的邻人丢失了一头羊,他既率集全家老小,又请杨朱派童仆帮助一齐追寻。杨子说:"哈!丢失一头羊,为什么要这么多人去追呢?"邻人回答:"岔路太多了。"

等他们返回后,杨子问:"羊找到了吗?"邻人回答:"找不着啦!"杨子问:"怎么会找不到呢?"回答:"岔路上又有岔路,我不知道该往哪条路去找,所以只好回来了。"

杨朱听了,脸色变得很忧伤,很长时间不说话,整天不露笑容。他的学生很奇怪,问道:"羊,是不值钱的畜生,再说又不是先生的财产,但您却不说不笑,为什么呢?"杨子不回答。学生们不领会他的意思。有个学生孟孙阳走出来把事情告诉了心都子。

有一天,心都子和孟孙阳一同走进杨子的房间,问道:"从前有兄弟三人,在齐国和鲁国之间游历,向同一位老师学习,掌握了仁义的道理后就返回家来。他们的父亲问:'仁义的道理是怎样的?'老大说:'仁义使我爱惜生命而把名誉摆在后面。'老二说:'仁义使我为了名誉不惜牺牲性命。'老三说:'仁义使我同时保全生命和名誉。'他们三人的结论大相径庭,但同样出自儒家。你说谁是正确谁是错误的呢?"

杨朱回答:"有一个人住在河边上,熟习水性,勇于泅渡,以撑船摆渡为生,收入可以供养一百口人。自带粮食来向他学习泅水的人成群结队,但下水淹死的几乎一半。他们本是来学泅水的,而不是学淹死的,但得利或受害的差别这样悬殊。你认为谁正确谁错误呢?"

　　心都子听了,默默地走了出来。孟孙阳责备他说:"为什么你问得这样曲折,先生又回答得这样古怪呢? 我愈听愈糊涂了。"

　　心都子说:"大道因为岔路太多而找不回山羊,求学问的人也因为治道的方法太多而丧失方向。学习并不是根源不相同,所依据的不一样,但结局却有这样大的差异。只有归于相同,返回到统一的本质上,才可不迷失方向。你是先生门下的大弟子,学习先生的思想,却不懂先生的譬喻,可悲呀!"

　　杨朱之弟曰布,衣素衣而出①。天雨,解素衣,衣缁衣而反②。其狗不知,迎而吠之。杨布怒,将扑。杨朱曰:"子无扑矣! 子亦犹是也。向者使汝狗白而往,黑而来,岂能无怪哉?"

【注释】

①素衣:白色的衣服。　　②缁(zī)衣:黑色的衣服。

【译文】

　　杨朱的弟弟名叫杨布,穿着白布衣服外出。天忽然下雨,他就脱下白布衫,穿着里面的黑布衫回家来。他的狗不认识主人了,冲着他汪汪吠叫,杨布发怒了,就要狠狠地打狗。杨朱说:"你不要打啦! 你也是这样的。先前让你的狗白的出去,黑的回来,你难道能不感到奇怪吗?"

　　杨朱曰:"行善不以为名,而名从之;名不与利期①,而利归之;利不与争期,而争及之;故君子必慎为善。"

【注释】

①期:企望。

【译文】

　　杨朱说:"做善事不是为了名誉,但名誉会随之而来。有了名誉并不企望利益,但利益就会归附而来。有了利益并不希望争夺,但争夺就会跟着到来。所以有德行的人做善事一定要谨慎。"

　　昔人言有知不死之道者①,燕君使人受之②,不捷③,而言者死。燕君甚怒,其使者将加诛焉。幸臣谏曰④:"人所忧者莫急乎死,己所重者莫过乎生。彼自丧其生,安能令君不死也?"乃不诛。有齐子亦欲学其道,闻言者之死,乃抚膺而恨。富子闻而笑之曰:"夫所欲学不死,其人已死而犹恨之,是不知所以为学。"胡子曰:"富子之言非也。凡人有术不能行者有矣,能行而无其术者亦有矣。卫人有善数者⑤,临死,以决喻其子⑥。其子志其言而不能行也。他人问之,以其父所言告之。问者用其言而行其术,与其父无差焉。若然,死者奚为不能言生术哉⑦?"

【注释】

①言有知不死之道者:据陶鸿庆《读〈列子〉札记》:"'言有'二字误倒。"故此句应为"有言知不死之道者"。 ②受:意即"受师"。从师学习。 ③不捷:犹言"不克",指没有成功。捷,成功。 ④幸臣:为君主所宠爱的臣子。⑤数:算术。古代六艺"礼、乐、射、御、书、数"之一。 ⑥决:通"诀"。诀窍。⑦生术:指长生不死之术。

【译文】

从前有一个自称通晓长生不死之术的人。燕国君主派人向他学习,未学成,而自称通晓不死之道的人就死了。燕王十分生气,那个使者将要被处死了。燕王的宠臣规劝说:"人们所忧虑的事情,没有比怕死更急切的了;人们所重视的东西,没有比自己的生命更重要的了。他自己都丧失了生命,又怎能使您长生不死呢?"燕王听罢,就不再把使者处死了。

还有一个人名叫齐子,也想学习那个人的不死之道;听说他已死的消息,便悔恨得直拍胸脯。富子听见,讪笑他说:"你想学的是长生不死,而那个人已经死了,你却还要感到遗憾,这正说明你不知道所学究竟是为了什么。"

又有一个人叫胡子,说:"富子的话错啦!大凡掌握道术但不能实行的人是有的,能够实行但不懂道术的人也是有的。卫国有个擅长算术的人,临死前把诀窍告诉给他的儿子。儿子牢记父亲的口诀但不会使用。别人来请教他,他就用父亲所说的话告诉别人。来请教的人凭着他的话来使用他的这门技术,结果同他父亲的本领不相上下。要是这样,那个死去的人为什么不可以懂得长生不死的方术呢?"

邯郸之民以正月之旦献鸠于简子①,简子大悦,厚赏之。客问其故。简子曰:"正旦放生,示有恩也。"客曰:"民知君之欲放之,故竞而捕之,死者众矣。君如欲生之,不若禁民勿捕。捕而放之,恩过不相补矣。"简子曰:"然。"

【注释】

①正月之旦:犹言"正旦",即正月初一。鸠:斑鸠。简子:赵简子,即赵鞅,春秋末年晋国的卿。

【译文】

邯郸地方的老百姓在正月初一把斑鸠献给赵简子。赵简子十分高兴,重重地赏给他们财物。有个门客见了,问他这是什么缘故。赵简子说:"正月初一放生,用来表示我对小生命的恩德。"

门客说:"老百姓知道你想放生,所以争先恐后地去捕捉,被弄死的斑鸠就多啦!你如果想让斑鸠活命,不如制止百姓,不准捕捉。像这样捉来又放走,你的恩德还抵不上罪过呢。"

赵简子说:"对!"

　　齐田氏祖于庭①,食客千人。中坐有献鱼雁者②。田氏视之,乃叹曰:"天之于民厚矣!殖五谷,生鱼鸟以为之用。"众客和之如响③。鲍氏之子年十二,预于次④,进曰:"不如君言。天地万物与我并生,类也⑤。类无贵贱,徒以大小智力而相制,迭相食⑥;非相为而生之。人取可食者而食之,岂天本为人生之?且蚊蚋嘬肤⑦,虎狼食肉,非天本为蚊蚋生人、虎狼生肉者哉?"

【注释】

①祖:古代祭祀祖先以及出行时祭祀路神称为"祖"。　②雁:即鹅。毕沅《〈吕氏春秋〉新校正》:"《说文》云:'雁,鹅也。'此与鸿雁异。"　③和:随声附和。响:回声。　④预于次:指参加宴会。次,位次。　⑤类:种类。这里含有各成其类的意思。　⑥迭相食:一个吃一个。犹生物学所说的食物链。⑦嘬(zǎn):叮咬。

【译文】

齐国的贵族田氏在大堂上祭祀祖先,前来赴宴的客人有上千个。酒席中,有献上鲜鱼和肥鹅作为礼物的。田氏看了,感慨地说:"上天对百姓真优厚啊!它繁殖五谷、生育鱼鸟来供我们吃喝享受。"众位宾客听了,像回声一样点头附和。

鲍家的孩子只有十二岁,也参加了宴会,站起来说:"我不同意你这种说法。天地万物和人共同生存,只是各成其类罢了。种类之间没有什么贵贱之分,只是根据体力大小和智力的不同而相互制约,弱肉强食,并没有谁为谁生的道理。人类选择可吃的东西作食物,难道是上天特地为人类而创造的吗?正如蚊虫吸人的血,虎狼吃人的肉,也难道是上天特意生出人来给它们作食品的吗?"

齐有贫者,常乞于城市。城市患其亟也,众莫之与。遂适田氏之厩,从马医作役而假食①。郭中人戏之曰②:"从马医而食,不以辱乎?"乞儿曰:"天下之辱莫过于乞。乞犹不辱,岂辱马医哉?"

【注释】

①假食:寄食。　　②郭:外城。这里泛指城市。

【译文】

齐国有一个贫穷的人,经常在城里的集市上行乞。人们讨厌他一次又一次来乞讨,就没有谁再肯施舍给他了。他只好到田家的马厩里,跟着马医做苦力,借此得些食物。城里的人戏弄他说:"跟着马医混饭吃,你不感到太可耻了吗?"讨饭的人说:"天下没有比乞讨更加耻辱的事情了,我过去讨饭都不觉得耻辱,难道还会以跟马医干活为耻辱吗?"

宋人有游于道、得人遗契者①,归而藏之,密数其齿②。告邻人曰:"吾富可待矣。"

【注释】

①契:契据。　　②密:精细、周到。齿:古代刻木为契,木契上刻出的齿痕,须与符相合,以辨别契约的真伪。《易林》:"符左契右,相与合齿。"

【译文】

齐国有个人在路上游逛,拾到一张别人废弃的契据。他连忙拿回家藏起来,仔仔细细地清点着契据上的刻齿,然后告诉邻居说:"我富贵的日子不远啦!"

人有枯梧树者,其邻父言枯梧之树不祥,其邻人遽而伐之①。邻人父因请以为薪。其人乃不悦,曰:"邻人之父徒欲为薪而教吾伐之也②。与我邻,若此其险,岂可哉!"

【注释】

①遽:惶恐,窘急。　　②徒:只。

【译文】

有个人家里的梧桐树凋枯了,邻人的父亲告诉他枯梧桐树是不祥之物,吓得他慌忙把枯树砍倒。邻人的父亲于是请求把枯树送给他作柴火。

这个人听了就很不高兴,说:"邻人的父亲只是想要柴火才教我把梧桐树砍掉的。同我比邻而居,却这样阴险,做人难道可以这样的吗?"

有亡铁者[①],意其邻之子,视其行步,窃铁也;颜色,窃铁也;言语,窃铁也;动作态度,无为而不窃铁也。俄而抇其谷而得其铁[②]。他日复见其邻人之子,动作态度无似窃铁者。

【注释】

①铁:通"斧"。   ②抇(hú):本作"撜",作"掘"解。本字又可读作"骨"(gǔ),"掘"(jué)。

【译文】

有一个人丢失一把斧头。他怀疑是邻家的儿子偷的,看他走路的姿势,像是偷斧头的;面部表情,像是偷斧头的;说话的声音,像是偷斧头的,所有的动作态度,无不像是一个偷斧头的人。不久,这个人在山谷里掘土,找到了自己丢失的斧头。第二天,他又看见邻家的儿子,动作和态度再也没有一点像是偷斧头的人了。

白公胜虑乱[①],罢朝而立,倒杖策[②],锐上贯颐[③],血流至地而弗知也。郑人闻之曰:"颐之忘,将何不忘哉?"意之所属箸[④],其行足踬株埳[⑤],头抵植木,而不自知也。

【注释】

①虑乱:谋划作乱。   ②杖策:马棰。古代用以鞭马的杖,杖头有尖锐的铁刺。   ③锐上贯颐:马棰端的铁针向上刺穿了下巴。锐(zhuì),马棰头上的铁刺。   ④属箸:高度专注的意思。属(zhǔ),专注。箸,通"着",固定。⑤踬(zhì):被绊倒。株:露出地面的树桩。埳:同"坎",凹坑。

【译文】

楚国大夫白公胜整天思考着叛乱的阴谋,朝见结束后还站着不动,倒拿着马棰,棰端的铁针刺穿了他的下巴,鲜血一直流到地下,他还没有察觉。郑国的老百姓听说这件事,说:"自己的下巴都忘了,还有什么不会忘记呢?"意念高度专注,走路时脚绊在树桩地洞上,头撞到直立的树木上,自己都不知道。

昔齐人有欲金者,清旦衣冠而之市[①],适鬻金者之所[②],因攫其金而去[③]。吏捕得之,问曰:"人皆在焉,子攫人之金何?"对曰:"取金之时,不见人,徒见金。"

【注释】

　　①衣冠：古代士以上戴冠，衣冠连称，是士以上的人的服装。这里"衣冠"用作动词，即穿戴齐整的意思。　　②鬻（yù）：卖。　　③攫（jué）：夺取。

【译文】

　　从前齐国有一个贪图金子的人，清早穿戴整齐来到市场上，走进一家卖金子的店铺，抓起一块金子就跑。官吏捉住了他，责问道："这么多人都在那里，你为什么还偷人家的金子？"他回答："我拿金子的时候，没有看见人，只看见金子。"